云南大学"一带一路"沿线国家综合数据库建设项目
中国周边外交研究省部共建协同创新中心

联合推出

"一带一路"沿线国家综合数据库建设丛书 | 林文勋 主编

企聚丝路
海外中国企业高质量发展调查
坦桑尼亚

李湘云 等 著

Overseas Chinese Enterprise and
Employee Survey in B&R Countries
TANZANIA

中国社会科学出版社

图书在版编目（CIP）数据

企聚丝路：海外中国企业高质量发展调查．坦桑尼亚/李湘云等著．
—北京：中国社会科学出版社，2020.10
（"一带一路"沿线国家综合数据库建设丛书）
ISBN 978 - 7 - 5203 - 7325 - 8

Ⅰ.①企…　Ⅱ.①李…　Ⅲ.①海外企业—企业发展—研究—中国
Ⅳ.①F279. 247

中国版本图书馆 CIP 数据核字（2020）第 186791 号

出 版 人	赵剑英	
责任编辑	马　明	李金涛
责任校对	王福仓	
责任印制	王　超	

出　　版	中国社会科学出版社
社　　址	北京鼓楼西大街甲 158 号
邮　　编	100720
网　　址	http://www.csspw.cn
发 行 部	010 - 84083685
门 市 部	010 - 84029450
经　　销	新华书店及其他书店
印　　刷	北京明恒达印务有限公司
装　　订	廊坊市广阳区广增装订厂
版　　次	2020 年 10 月第 1 版
印　　次	2020 年 10 月第 1 次印刷
开　　本	710 × 1000　1/16
印　　张	17. 25
字　　数	251 千字
定　　价	86.00 元

总　　序

党的十八大以来，以习近平同志为核心的党中央准确把握时代发展大势和国内国际两个大局，以高瞻远瞩的视野和总揽全局的魄力，提出一系列富有中国特色、体现时代精神、引领人类社会进步的新理念新思想新战略。在全球化时代，从"人类命运共同体"的提出到"构建人类命运共同体"的理念写入联合国决议，中华民族为世界和平与发展贡献了中国智慧、中国方案和中国力量。2013 年秋，习近平主席在访问哈萨克斯坦和印度尼西亚时先后提出共建"丝绸之路经济带"和"21 世纪海上丝绸之路"的重大倡议。这是实现中华民族伟大复兴的重大举措，更是中国与"一带一路"沿线国家乃至世界打造政治互信、经济融合、文化包容的利益共同体、命运共同体和责任共同体的探索和实践。

大国之路，始于周边，周边国家是中国特色大国外交启航之地。党的十九大报告强调，中国要按照亲诚惠容理念和与邻为善、以邻为伴周边外交方针深化同周边国家关系，秉持正确义利观和真实亲诚理念加强同发展中国家团结合作。[①] 当前，"一带一路"倡议已从谋篇布局的"大写意"转入精耕细作的"工笔画"阶段，人类命运共同体建设开始结硕果。

---

① 习近平:《决胜全面建成小康社会　夺取新时代中国特色社会主义伟大胜利——在中国共产党第十九次全国代表大会上的报告》（2017 年 10 月 18 日），人民出版社 2017 年版，第 60 页。

在推进"一带一路"建设中，云南具有肩挑"两洋"（太平洋和印度洋）、面向"三亚"（东南亚、南亚和西亚）的独特区位优势，是"一带一路"建设的重要节点。云南大学紧紧围绕"一带一路"倡议和习近平总书记对云南发展的"三个定位"，努力把学校建设成为立足于祖国西南边疆，面向南亚、东南亚的综合性、国际性、研究型一流大学。2017 年 9 月，学校入选全国 42 所世界一流大学建设高校行列，校党委书记林文勋教授（时任校长）提出以"'一带一路'沿线国家综合数据库建设"作为学校哲学社会科学的重大项目之一。2018 年 3 月，学校正式启动"'一带一路'沿线国家综合数据库建设"项目。

一是主动服务和融入国家发展战略。该项目旨在通过开展"一带一路"沿线国家中资企业与东道国员工综合调查，建成具有唯一性、创新性和实用性的"'一带一路'沿线国家综合调查数据库"和数据发布平台，形成一系列学术和决策咨询研究成果，更好地满足国家重大战略和周边外交等现实需求，全面服务于"一带一路"倡议和习近平总书记对云南发展的"三个定位"。

二是促进学校的一流大学建设。该项目的实施，有助于提升学校民族学、政治学、历史学、经济学、社会学等学科的建设和发展；调动学校非通用语（尤其是南亚、东南亚语种）的师生参与调查研究，提高非通用语人才队伍的科研能力和水平；撰写基于数据分析的决策咨询报告，推动学校新型智库建设；积极开展与对象国合作高校师生、中资企业当地员工的交流，促进学校国际合作与人文交流。

项目启动以来，学校在组织机构、项目经费、政策措施和人力资源等方面给予了全力保障。经过两年多的努力，汇聚众多师生辛勤汗水的第一波"海外中国企业与员工调查"顺利完成。该调查有如下特点：

一是群策群力，高度重视项目研究。学校成立以林文勋书记任组长，杨泽宇、张力、丁中涛、赵琦华、李晨阳副校长任副组长，各职能部门领导作为成员的项目领导小组。领导小组办公室设在社科处，由社科处处长任办公室主任，孔建勋任专职副主任，陈瑛、许庆红任技术骨干，聘请西南财经大学甘犁教授、北京大学邱泽奇教授、北京大学赵耀辉教授、北京大学翟崑教授为特聘专家，对项目筹备、调研与成果产出等各个环节做好协调和指导。

二是内外联合，汇聚各方力量推进。 在国别研究综合调查数据库建设上，我校专家拥有丰富的实践经验，曾依托国别研究综合调查获得多项与"一带一路"相关的国家社科基金重大招标项目和教育部重大攻关项目，为本项目调查研究奠定了基础。国际关系研究院·南亚东南亚研究院、经济学院、民族学与社会学学院、外国语学院、政府管理学院等学院、研究院在问卷调查、非通用语人才、国内外资料搜集等方面给予大力支持。同时，北京大学、中国社会科学院、西南财经大学、广西民族大学等相关单位的专家，中国驻各国使领馆经商处、中资企业协会、企业代表处以及诸多海外中央企业、地方国有企业和民营企业都提供了无私的支持与帮助。

三是勇于探索，创新海外调研模式。 调查前期，一些国内著名调查专家在接受咨询时指出，海外大型调查数据库建设在国内并不多见，而赴境外多国开展规模空前的综合调查更是一项艰巨的任务。一方面，在初期的筹备阶段，项目办面临着跨国调研质量控制、跨国数据网络回传、多语言问卷设计、多国货币度量统一以及多国教育体系和民族、宗教差异性等技术难题和现实问题；另一方面，在出国调查前后，众师生不仅面临对外联络、签证申请、实地调研等难题，还在调查期间遭遇地震、疟疾、恐怖袭击等突发事件的威胁。但是，项目组克服各种困难，创新跨国调研的管理和实践模式，参与调查的数百名师生经过两年多的踏实工作，顺利完成了这项兼具开源性、创新性和唯一性的调查任务。

四是注重质量，保障调查研究价值。 项目办对各国调研组进行了多轮培训，强调调查人员对在线调查操作系统、调查问卷内容以及调查访问技巧的熟练掌握；针对回传的数据，配备熟悉东道国语言或英语的后台质控人员，形成"调查前、调查中和调查后"三位一体的质量控制体系，确保海外调查数据真实可靠。数据搜集完成之后，各国调研组立即开展数据分析与研究，形成《企聚丝路：海外中国企业高质量发展调查》报告，真实展现海外中国企业经营与发展、融资与竞争、企业形象与企业社会责任履行状况等情况，以及东道国员工工作环境、就业与收入、对中国企业与中国国家形象的认知等丰富内容。整个调查凝聚了 700 多名国内外师生（其中 300 多名为云南大学师生）的智慧与汗水。

《企聚丝路：海外中国企业高质量发展调查》是"'一带一路'沿线国家综合数据库建设"的标志性成果之一。本项目首批由 20 个国别调研组组成，分为 4 个片区由专人负责协调，其中孔建勋负责东南亚片区，毕世鸿负责南亚片区，张永宏负责非洲片区，吴磊负责中东片区。20 个国别调研组负责人分别为邹春萌（泰国）、毕世鸿（越南）、方芸（老挝）、孔建勋和何林（缅甸）、陈瑛（柬埔寨）、李涛（新加坡）、刘鹏（菲律宾）、杨晓强（印度尼西亚）、许庆红（马来西亚）、柳树（印度）、叶海林（巴基斯坦）、冯立冰（尼泊尔）、胡潇文（斯里兰卡）、邹应猛（孟加拉国）、刘学军（土耳其）、朱雄关（沙特阿拉伯）、李湘云（坦桑尼亚）、林泉喜（吉布提）、赵冬（南非）和张佳梅（肯尼亚）。国别调研组负责人同时也是各国别调查报告的封面署名作者。

今后，我们将继续推动"'一带一路'沿线国家综合数据库建设"不断向深度、广度和高度拓展，竭力将其打造成为国内外综合社会调查的知名品牌。项目实施以来，尽管项目办和各国调研组竭尽全力来完成调查和撰稿任务，但由于主、客观条件限制，疏漏、错误和遗憾之处在所难免，恳请专家和读者批评指正！

《"一带一路"沿线国家综合数据库
建设丛书》编委会
2020 年 3 月

目　录

第一章

坦桑尼亚宏观政治经济形势分析

2013 年以来，坦桑尼亚发展迅速，国内政治稳定，经济形势总体良好。但是贫富分化日益严重，社会内部矛盾逐渐显现，社会治安存在不安全因素。

2010 年 10 月，基奎特（Jakaya Kikwete，2005—2015 年当政）总统顺利连任，继续致力于维护国家稳定，促进坦桑尼亚的经济和社会发展。经历十多年的运行后，坦桑尼亚政党政治逐渐成熟，政党活动日益活跃，坦桑尼亚革命党（Chama Cha Mapinduzi，CCM）加强了与其他党派的合作。但是政党之间的竞争逐渐激烈，政治补选风波不断，修宪问题悬而未决，官员腐败问题依然严重，政府内阁时有改组。从经济发展角度来看，政府治理能力有所提高，经济增长速度一直保持在 6% 以上，国际援助资金仍处于非洲国家前列，但是经济形势依然严峻。从社会发展角度看，坦桑尼亚依然处于世界低收入国家行列。2013 年的数据显示，该国仍有 32% 的人口处于贫困线之下，青年失业问题依然严重。坦桑尼亚失业人口集中于 15—34 岁青年群体，而这一群体的平均失业率高达 13.4%，其中城市地区青年失业率已经达到 22.3% 的历史最高点。①

2015 年 10 月，约翰·马古富力（John Magufuli）顺利当选总统。马古富力政府锐意改革，新人辈出，整顿吏治，严惩腐败，增加税

---

① 李湘云：《当代坦桑尼亚国家发展进程》，浙江人民出版社 2014 年版，第 212 页。

率，推行工业化。政党政治方面，马古富力及其支持者手段狠辣，作风强硬。在坦桑尼亚革命党内部，他排除异己，引发革命党内部成员的强烈不满；在应对反对党方面，严格控制其他政党的活动，肆意抓捕反对党议员，与其他政党的关系日益紧张。治理腐败方面，着力于"幽灵"公务员的治理，成果显著。经济方面，制订了五年发展计划，优先考虑工业化，加大铁路建设，大力发展航空业，加强国家资源保护，促进旅游业发展。然而，坦桑尼亚经济基础薄弱，严重依赖外援。加之马古富力政府的新政，带来了一系列不良后果。对其他政党的打压，引发了西方国家的质疑，部分国家暂停了对坦援助；为推进中央铁路和斯蒂格勒峡谷水电站等基础设施建设，坦桑尼亚政府大幅度增税，对矿产资源类行业采取保护主义政策，引起国内外投资者的不满。

2018 年，坦桑尼亚实际国内生产总值增长率从 2016 年的 7% 下降至 5.5%。不稳定的投资政策，苛刻的税收条例，不断打击着投资者的商业信心，坦桑尼亚营商环境出现恶化倾向。根据世界银行营商环境项目组数据，2019 年，坦桑尼亚营商环境指数在 190 个经济体中排名第 144，而邻国肯尼亚则排名第 61。[①] 外交关系方面，坦桑尼亚继续采取多边合作政策，除了与东西方主要国家、传统捐助国保持友好关系外，还不断加强与土耳其、葡萄牙等国的关系。在周边国家关系方面，与卢旺达、乌干达等国加强交通设施建设，总体情况稳定。

目前，坦桑尼亚的增长速度仍高于大多数非洲国家。城市化的提升和人口的增长，巩固了坦桑尼亚的国内消费市场，服务业仍是坦桑尼亚经济增长的主要引擎。

---

① World Bank Group, "Doing Business 2019：Training for Reform, Economy profile of Tanzania", 2019 - 06 - 10, p. 3, http：//www. doingbusiness. org.

第一节　坦桑尼亚政治发展态势分析

一　坦桑尼亚的政党政治

（一）坦桑尼亚政党制度发展历程

坦桑尼亚独立初期，法律允许其他政党存在并参加政治活动。在坦桑尼亚大陆，除了执政的坦噶尼喀非洲民族联盟外，还存在着坦噶尼喀非洲国民大会、坦噶尼喀联合党、坦噶尼喀人民民主党、坦噶尼喀劳工联合会、坦噶尼喀穆斯林全国联盟等政党和政治团体，它们拥有合法地位，可以自由参加议会和总统的选举角逐。但由于坦噶尼喀非洲民族联盟在国家政治生活中的强势地位，其他政党均只在议会中取得少数席位。[①]

1964 年 4 月，坦噶尼喀和桑给巴尔联合共和国成立。1965 年，坦桑尼亚出台了第一部宪法。宪法规定，坦噶尼喀非洲民族联盟是坦桑尼亚大陆地区唯一合法政党和执政党；非洲设拉子党是桑给巴尔唯一合法政党和执政党。1977 年 2 月 5 日，坦噶尼喀非洲民族联盟与非洲设拉子党合并，坦桑尼亚革命党成立，由尼雷尔担任党主席，开启了坦桑尼亚政党政治的新阶段。坦桑尼亚革命党有一套完整的党内制度与鲜明的纲领，有深植于坦桑尼亚土地上的组织基础。到了 20 世纪 80 年代，坦桑尼亚已经建立了完整的社会制度和统一的政治制度。1980 年，坦桑尼亚举行两党合并后的首次国民议会选举和总统选举，尼雷尔再次当选总统。1985 年，尼雷尔宣布退出总统选举，姆维尼顺利当选总统。尼雷尔以引退的方式，为坦桑尼亚创造了一个和平的政治氛围，同时进一步完善了坦桑尼亚政党政治体系。

---

① 李湘云：《当代坦桑尼亚国家发展进程》，浙江人民出版社 2014 年版，第 100 页。

1990 年，坦桑尼亚面临着严峻的国内外形势。国际上美英等国推动"民主化"浪潮，国内经济上形势严峻，政治上机构臃肿，效率低下，贪污腐败严重。坦桑尼亚自上而下改革选举制度，开始实行"绝对代表制"，推动该国政党制度从一党制向多党制的转变。①

1992 年政党制度改革以来，坦桑尼亚革命党以广泛的政治和组织基础，一直处于执政党地位。随着政治经济的发展，坦桑尼亚民众政治参与度不断提高。但 2005 年以来，革命党的得票率一直在下降，民主发展党的得票率一直上升，在 2015 年议席占比达到了 13.28%，不断冲击革命党的执政地位。面对这种形势，坦桑尼亚革命党采取了一系列措施，如加强党内团结，促进与反对党的合作，提升政府行政效率以及严厉打击腐败问题，巩固革命党的执政地位。随着 2008 年国际金融危机的冲击加上桑给巴尔经济发展的要求，国内外对于制定新宪法的呼声越来越高。2012 年，宪法审核委员会成立并着手修宪。这次修宪，涉及政治体制、议会体制、教育、经济税收政策、土地、福利和权利等方面。

总体来看，坦桑尼亚政治由多党制到一党制再到多党制的过渡，都比较平稳。自 1995 年以来，五次多党制大选，政治局势总体平稳，政党制度日益成熟。2010 年以来，坦桑尼亚革命党励精图治，大力改善民生，促进经济发展，仍可保持执政的优势。

（二）坦桑尼亚政党概况

1. 现有政党

根据坦桑尼亚《政党法》的相关规定，基于政党的全国性和地域属性等相关规定，截至 2019 年 1 月，在坦桑尼亚正式注册登记并保持活动的政党共有 19 个（详见表 1-1）。

---

① 高天宜：《从选举制度变革探析坦桑尼亚政党政治的演变》，《西亚非洲》2018 年第 6 期，第 109 页。

表1-1	坦桑尼亚正式注册政党[①]	
政党	缩写	注册时间
坦桑尼亚革命党	CCM	1992（建立于1977年）
公民联合阵线	CUF	1993
民主发展党	CHADEMA	1993
多党民主联盟党	UMD	1993
全国建设与改革会议党	NCCR MAGEUZI	1993
全国民主联盟党	NLD	1993
联合人民民主党	UPDP	1993
国家重建同盟党	NRA	1993
坦桑尼亚民主联盟党	ADA-TADEA	1993
坦桑尼亚劳动党	TLP	1993
联合民主党	UDP	1994
马吉尼民主党	MAKINI	2001
民主党	DP	2002
人民之声党	SAU	2005
坦桑尼亚农民联盟党	AFP	2009
社会党	CCK	2012
民主变革联盟	ADC	2012
人民解放党	CHAUMA	2013
变革与透明联盟	ACT WAZALENDO	2014

2. 主要政党

坦桑尼亚具有较大影响力的政党大多是1992年至1994年间注册成功的政党。与大多数非洲国家相比，坦桑尼亚政党数量并不多，选票相对集中在坦桑尼亚革命党和一至两个反对党上，未出现党派林立

---

① The United Republic of Tanzania, Tanzania in Figures 2018, National Bureau of Statistics, Dodoma, June, 2019, p. 33.

的政党格局。当下，坦桑尼亚政治实力较大的政党，首屈一指的是坦桑尼亚革命党。该党认为社会主义和自力更生是建立一个公民享有平等与自由社会的唯一途径，主张通过发展经济，从教育和卫生等多个方面改善人民生活。现任主席为约翰·马古富力，秘书长为阿卜杜尔拉赫曼·基纳纳（Abdulrahman Kinana）。其党员数量约占全国总人口的 1/10，是坦桑尼亚实力最强大的政党。①

其他主要政党包括：（1）公民联合阵线（CUF），是桑给巴尔地区反对党中实力最强大的一个政党，1992 年由来自坦噶尼喀大陆的政治活动家詹姆士·马帕拉拉（James Mapalala）和桑给巴尔前首席部长塞义夫·沙里夫·哈马德（Seif Shariff Hamad）组建，在桑给巴尔地区拥有很高的声望，代表桑给巴尔的阿拉伯人与部分当地人的利益，主张成立联合政府及坦噶尼喀和桑给巴尔地方政府三个政府。（2）民主发展党（CHADEMA），1992 年 7 月成立，1993 年注册为正式党派。该党拥有一些富有经验的前革命党领导人，被尼雷尔誉为"除了革命党之外最想加入的党派"，1995 年以来，该党是继坦桑尼亚革命党之后大陆地区实力最雄厚的政党，该党主张坦桑尼亚大陆地区单独成立坦噶尼喀地方政府，反对种族歧视，提倡人人平等。（3）全国建设与改革会议党（NCCR MAGEUZI），1991 年由一些律师、学者、教授以及对坦桑尼亚革命党不满的年轻骨干精英组建成立，1993 年注册为正式党派，其目标是争取坦噶尼喀民族权利。（4）联合民主党（UDP），1994 年注册为正式党派，该党更重视社会发展，提出要加大对教育和医疗事业的资金投入。（5）变革与透明联盟（ACT WAZALENDO），2014 年成立，是最年轻的政党，但非常活跃，在2015 年大陆地区选举中，获得了 98763 张选票，虽然与革命党、民主发展党获得的支持率相差甚远，但居第三位，潜力巨大。其他较小

① 《坦桑尼亚国家概况》，2019 年 3 月 1 日，中华人民共和国外交部网站（http://www.fmprc.gov.cn/web/gjhdq_676201/gj_676203/fz_677316/1206_678574/1206x_0_678576）。

的党派或多或少仅限于地区，无论是政党实力还是选举策略，对于大选结果和政党政治的走向影响很小。①

（三）坦桑尼亚选举概况

1992—2019 年间，坦桑尼亚共举行了五次国民议会选举和总统选举。坦桑尼亚革命党、公民联合阵线、全国建设与改革会议党、联合民主党、民主发展党等政党参与了国民议会席位的角逐。这表明选举已成为坦桑尼亚各党派参与政治的重要途径。

从表 1-2 中可以看出，坦桑尼亚革命党在国民议会选举中占据绝对优势，在 1995 年至 2015 年的五次国民议会选举中，获得了一半以上选民的支持。在国民议会中取得了七成以上的席位。即便得票率最低的 2015 年，坦桑尼亚革命党依然获得了七成以上的议会席位，主导着坦桑尼亚的发展。

然而，我们从表 1-2 中也清楚地看到，2015 年坦桑尼亚国民议会选举中，坦桑尼亚革命党的支持率明显降低。从 2010 年的 60.20% 下滑到 55.04%。而最大的反对党民主发展党却异军突起，在国民议会选举中获得了 31.75% 的选票，取得了 13.28% 的议席。

表 1-2　　　　　坦桑尼亚 1995—2015 年国民议会选举结果②　　　（单位：%）

政党 年份	坦桑尼亚 革命党		公民 联合阵线		全国建设与 改革会议党		联合 民主党		民主 发展党		其他 政党	
	得票率	议席占比	得票率	议席占比	得票率	议席占比	得票率	议席占比	得票率	议席占比	得票率	议席占比
1995	59.22	80.17	5.02	10.34	21.83	6.90	3.32	1.30	6.16	1.30	4.45	0
2000	65.19	87.44	12.54	7.36	3.61	0.43	4.44	1.30	4.23	1.73	9.99	1.73
2005	69.99	88.79	14.24	8.19	2.21	0	1.44	0.43	8.20	2.16	3.92	0.43

① 参见《坦桑尼亚国家概况》，2019 年 3 月 1 日，中华人民共和国外交部网站（http：// www. fmprc. gov. cn/web/gjhdq _ 676201/gj _ 676203/fz _ 677316/1206 _ 678574/1206x 0_678576）。

② 参见 2019 年 3 月 10 日，坦桑尼亚国家选举委员会官网（http：//www. nec. go. tz）。

续表

政党 年份	坦桑尼亚 革命党		公民 联合阵线		全国建设与 改革会议党		联合 民主党		民主 发展党		其他 政党	
	得票率	议席占比	得票率	议席占比	得票率	议席占比	得票率	议席占比	得票率	议席占比	得票率	议席占比
2010	60.20	77.82	10.61	10.04	2.51	1.67	1.47	0.42	23.86	9.62	1.35	0.42
2015	55.04	73.43	8.63	12.5	1.50	0.39	0.09	0	31.75	13.28	2.99	0.39

资料来源：坦桑尼亚国家选举委员会（http：//ww.nec.go.tz）。

从总统选举看，革命党在多党制施行后的历届选举中均获胜利。1995年10月，坦桑尼亚举行了第一次全国多党总统大选。坦桑尼亚革命党候选人姆卡帕以61.8%的得票率当选为坦桑尼亚建立多党制以来的第一任总统。2000年到2015年的总统选举中，坦桑尼亚革命党的候选人姆卡帕（2000年71.7%）、基奎特（2005年80.3%，2010年62.8%）在大选中都获得了半数以上的支持率。[1]

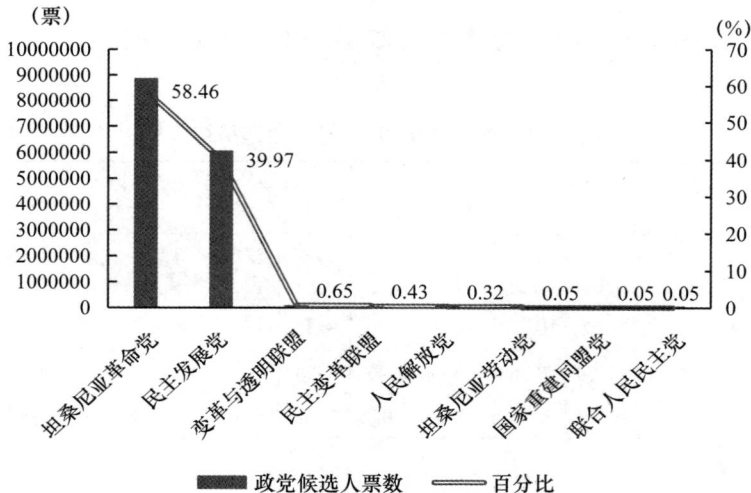

图1-1 2015年坦桑尼亚总统选举结果

① African Elections Database, 2019 -3 -2, http：//africanelections.tripod.com/zanzibar.html.

从图 1-1 中可以看出，2015 年总统选举中，坦桑尼亚革命党候选人马古富力获得了 8882935 票。得票率为 58.46%，高于民主发展党总统候选人近 20 个百分点。由此可见，虽然坦桑尼亚革命党的支持率有所下降，但是反对党的势力难以撼动革命党坚实的民众基础。

二　坦桑尼亚政治的稳定性

尽管坦桑尼亚的政局面临着一些挑战，诸如反对党联盟合作，革命党内部分化，桑给巴尔问题依然存在，腐败问题严重。但是，坦桑尼亚政治的稳定性依然极高。

从国民议会看，尽管反对党结盟合作，但是坦桑尼亚革命党依然占据主导地位。从图 1-2 中可以看出，坦桑尼亚革命党有 260 个席位，民主发展党、公民联合阵线、全国建设与改革会议党、变革与透明联盟等 4 个反对党共有 117 个席位。在总统提名、总检察长提名和众议院提名的 12 个人中，即便有反对党的成员，由于人数太少，没有多大作用。

从坦桑尼亚革命党的内部分化看，这是革命党发展过程中一直存在的问题。自 1977 年成立以来，革命党一直是坦桑尼亚最大的政党，也是为反对党培养人才的摇篮。1992 年，坦桑尼亚推行多党制后，有很多反对党的主席曾经是坦桑尼亚革命党党员。如：坦桑尼亚革命党在桑给巴尔的最大对手公民联合阵线的主席塞义夫·沙里夫·哈马德曾经是革命党党内经济事务与计划部的负责人。① 民主发展党 2015 年大选推荐的总统候选人爱德华·洛瓦萨（Edward Lowassa）原是革命党人，曾在基奎特政府时期担任坦桑尼亚联合政府总理。

从桑给巴尔问题看，应该不会过分影响坦桑尼亚的政局。桑给巴尔问题由来已久，涉及政治、经济、宗教、民族等问题。桑给巴尔有"丁香之岛"的美誉，在 1980 年以前因丁香贸易而繁荣。此后，往日

---

① 李湘云：《当代坦桑尼亚国家发展进程》，浙江人民出版社 2014 年版，第 169 页。

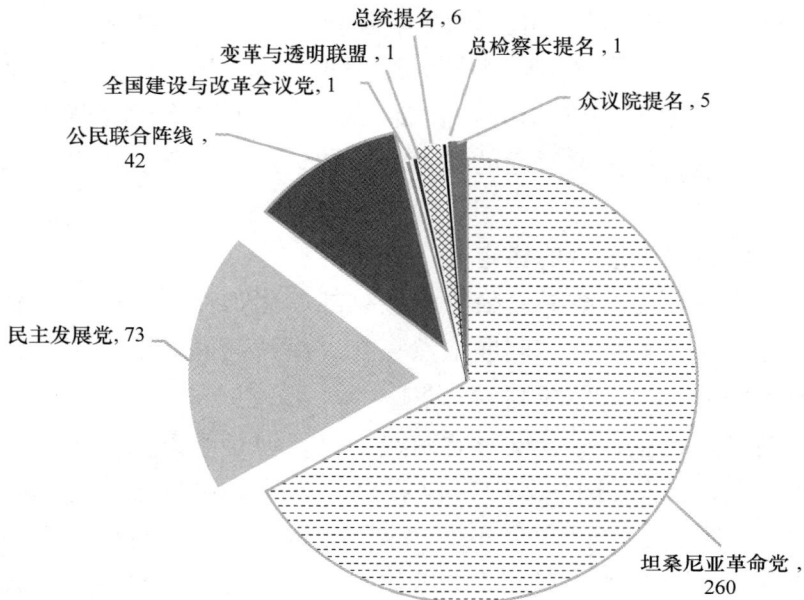

图 1 - 2 最近一次国民议会议席分布情况

数据来源：坦桑尼亚国民议会办公室。

荣光不在。1990 年以来，随着多党制的施行，政党斗争愈演愈烈。1995 年、2000 年的桑给巴尔选举，都曾发生游行示威，甚至引发严重的骚乱。① 2015 年桑给巴尔大选，革命党以选举存在舞弊为由要求中止选举，之后重新选举。公民联合阵线在言论上表示严重不满，但是在政治行为上表现克制。② 2016 年 4 月，桑给巴尔重新举行大选，革命党以 91.37% 的支持率赢得胜利（详见图 1 - 3）。

① 2000 年 10 月桑给巴尔总统选举后，反对党公民联合阵线拒不承认选举结果，多次举行游行示威。联邦政府坚决予以还击。2001 年 1 月 27 日，反对党在奔巴岛等地的游行示威，最终演变成严重的骚乱。

② 笔者在 2016 年 1 月访问桑给巴尔时，随机采访了一些居民。大多数居民对于重新举行大选，保持乐观平和的态度。

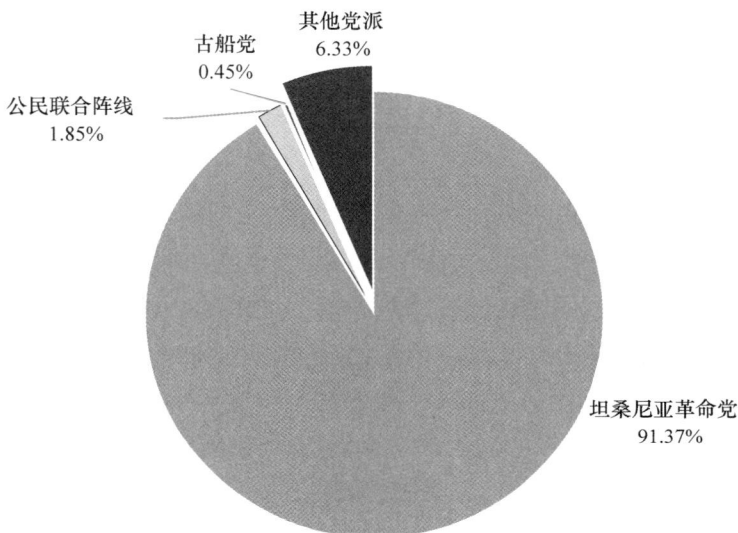

图 1 – 3　2016 年 4 月桑给巴尔总统选举结果①

　　反对党公民联合阵线拒绝参与重新举行的大选，给桑给巴尔的政治前景蒙上一层阴影。但是，在马古富力政府的强硬干预下，桑给巴尔地区的反对党势力在短期内难有起色。

　　腐败问题是非洲国家的沉疴宿疾，有着深厚的政治基础和文化基础。马古富力政府组建以来，厉行节约，整顿吏治，惩治腐败。如：削减政府宴请预算的 90%，用来为医院添置床位和道路整修；暂停所有公务人员的出境差旅，将官员出境审批权划归总统办公室；禁止在高级酒店举行政府会议和研讨会。② 严格公务员守则，提高服务效率；清理了吃空饷或持假学历的 32000 名公务员，节约经费 3780 亿坦桑尼亚先令；建立了反贪污法院，解雇了一批不诚

---

① The United Republic of Tanzania，Tanzania in Figures 2015，National Bureau of Statistics，Dar es Salaam，June，2016，p. 40.

② 殷悦：《坦桑尼亚总统约翰·马古富力》，《国际研究参考》2016 年第 4 期，第 39 页。

实的公务员，逮捕了 2015 年曝光的坦桑尼亚能源部门资金托管腐败案的两个幕后主谋。尽管如此，2018 年，在"透明国际 2018 年腐败感知指数"的排名中，坦桑尼亚得分 36 分，在 180 个国家中排名第 99 名。①

总之，坦桑尼亚的政治局势依然稳定。经历了 55 年的发展历程，坦桑尼亚依然坚持独立自主、自力更生的思想，在民主政治建设的道路上走得越发稳健，国家政治体系不断完善，革命党的执政能力有所提高。然而，贪污腐败问题、桑给巴尔问题，将继续困扰着坦桑尼亚的政治发展。

第二节　坦桑尼亚经济发展态势分析

一　坦桑尼亚的经济概况

坦桑尼亚属于低收入国家，然而在全球经济增长低迷的情况下，坦桑尼亚的宏观经济取得了不错的成绩，总体呈增长趋势。根据世界银行的数据，2018 年坦桑尼亚的经济发展状态良好。按现价美元计算，国内生产总值约 574. 37 亿美元，人均国内生产总值约 1050 美元。

自 1985 年以来，坦桑尼亚一直配合国际货币基金组织、世界银行等国际组织，推行经济自由化政策，取得了一定效果。2001 年后，国际货币基金组织和世界银行认定坦桑尼亚达到重债穷国动议完成点，将于 20 年内减免其 30 亿美元外债。2002 年 10 月，国际货币基金组织将其在非洲的第一个技术援助中心——东非技援中心设在坦桑尼亚。2011 年，坦桑尼亚出台《国家发展规划五年计划（2011—2015）》，确定了农业、基础设施、工业、旅游、人力资源、信息通

---

① 参见 2019 年 8 月 16 日，《坦桑尼亚》，透明国际网站（https：//www. transparency. org/country/TZA）。

信六大优先发展领域。2012 年，坦桑尼亚东南沿海发现了储藏量约
10 亿桶量的天然气，为坦桑尼亚经济发展提供了新的增长点。

2015 年，马古富力总统执政后，积极落实竞选承诺，大刀阔斧推
进改革，着力改善政府服务水平和民生问题。2016 年，坦桑尼亚政府
推出了《国家发展规划五年计划（2016—2020）》，将工业经济成型、
经济和人力发展整合、创造良好的营商投资环境和加强监管确定为四
大优先发展领域。从 2010 年到 2018 年，国内生产总值的年平均增速为
6. 67%，人均国内生产总值的平均增速保持在 3. 2%（详见图 1 - 4），
在国际上处于较快水平，说明坦桑尼亚具有巨大的经济发展潜力。

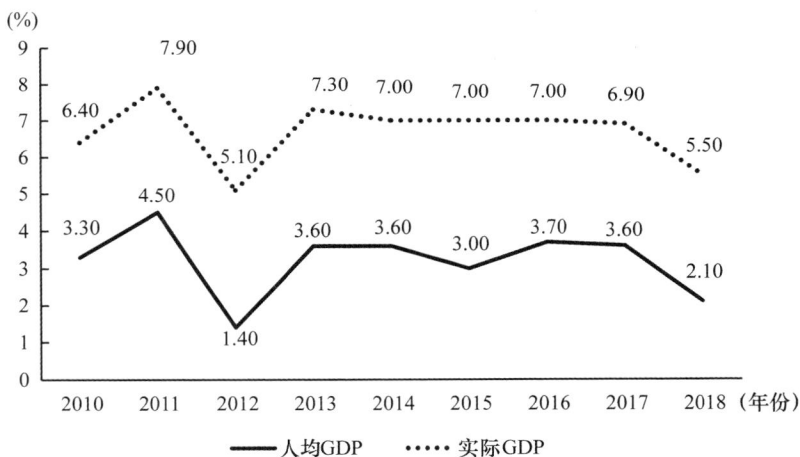

图 1 - 4　2010—2018 年坦桑尼亚实际 GDP 增速和人均 GDP 增速①
数据来源：世界银行。

坦桑尼亚是劳动力资源丰富的国家。从图 1 - 5 中可以看到，
坦桑尼亚的人口总数、劳动力人口和城镇人口总体呈上升趋势。
2012 年，坦桑尼亚全国总人口 49082997 人，其中，劳动力人口

---

① 参见 2019 年 2 月 28 日，世界银行网上数据库（https：//data. Worldbank. org/
country/tanzania？ view = chart）。

22388425 人，占比 45.6%；城镇人口 14476048 人，占比 29.5%。2017 年，坦桑尼亚总人口 57310019 人，其中，劳动力人口 26306084 人，占比 45.9%；城镇人口 18942681 人，占比 33.1%。

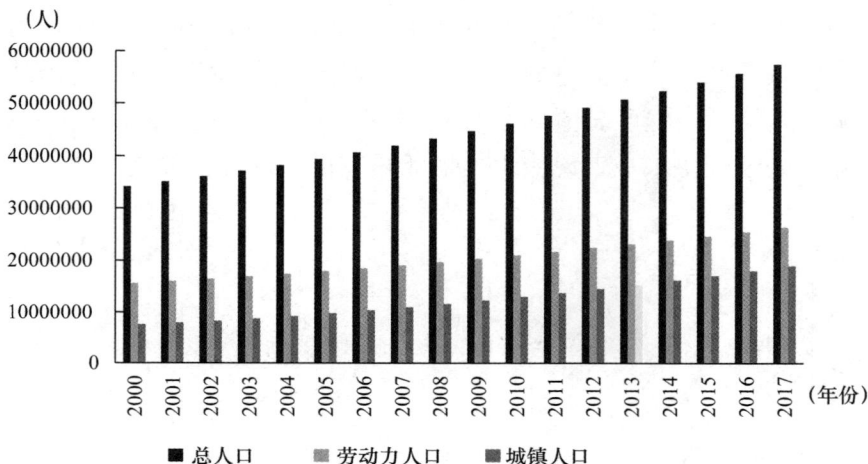

图 1-5 2000—2017 年坦桑尼亚总人口、劳动力人口及城镇人口增长趋势①
数据来源：国际劳工组织。

2013—2017 年，坦桑尼亚连续五年实际年均国内生产总值增速约 7%。2018 年，实际国内生产总值增速放缓至 5.5%。究其原因，不稳定的投资政策对投资者的信心和采矿业、能源业的增长有所影

---

① 劳动力总数包括所有年满 15 周岁、符合国际劳工组织对从事经济活动人口所作定义的群体：所有在特定阶段为货物和服务的生产提供劳力的人员。既包括就业者，也包括失业者。虽然各国在对待武装部队、季节工或兼职工的做法有所不同，但一般而言，劳动力包括武装部队、失业者、首次求职者，但是不包括料理家务者和非正规部门的其他无偿看护和工人。城镇人口是指生活在国家统计机构所定义的城镇地区的人口。该数据根据世界银行人口预测及联合国《世界城市化展望》所提供的城镇化比例计算得出。

响。在相对强劲的国内需求的推动下，服务业仍是坦桑尼亚经济增长的主要引擎。达累斯萨拉姆、坦噶、姆特瓦拉、巴加莫约等经济特区的开发，达累斯萨拉姆港的扩建，中央铁路标准轨距建设，坦桑尼亚与乌干达的天然气管道建设等项目，都将成为坦桑尼亚经济发展的新的增长点。

能源部门是另一个重要的增长行业，坦桑尼亚与乌干达的跨境原油管道于 2018 年初开工建设，计划 2020 年建成。能源行业的扩张，将有赖于更多的私人投资；然而随着坦桑尼亚投资政策的变化，对于私营企业的支持将越来越少，许多投资计划被搁置，经济表现不佳的风险也越来越大。①

二 坦桑尼亚的外贸与外资

虽然坦桑尼亚在世界银行的支持下积极扩大出口，同时减少政府开支和节制借款采购，但贸易赤字仍呈上升趋势。外国投资、外国援助和国际旅游收入用以弥补贸易赤字，每项大约各占 1/3。

坦桑尼亚出口以初级农产品为主，其中棉花、剑麻、腰果、咖啡、烟草、茶叶、丁香出口占外汇收入的 80%。工矿业出口产品主要有钻石、黄金、纺织品、服装、皮革制品、鞋、树胶、铝制品等。进口以工业生产资料和工业品为主，主要有仪器、饮料、机械设备、金属制品、交通运输工具、石油等。2018 年，坦桑尼亚对外贸易总额为 128.42 亿美元，其中出口额 49.25 亿美元，进口额 79.17 亿美元。主要贸易伙伴有中国、印度、德国、英国、日本、沙特阿拉伯、荷兰、意大利、新加坡、肯尼亚等。随着坦桑尼亚工业化战略的推行，其对外贸易的逆差略微增加。坦桑尼亚是东非物价最高的国家，虽然贫富差距较大，但消费水平总体并不低。目前，该国对于电脑、数码相机、手机等电子产品以及摩托车、农用机械等产品的需求正不断扩大，同时对于廉价日用消费品的需求也

---

① Economist Intelligence Unit, Country Report, *Tanzania*, Vol. 8 – 9, 2018, p. 2.

十分庞大。该国许多产品依靠进口，加之普通民众的品牌认知度较低，有利于新产品进入市场。

为吸引外资，1990 年坦桑尼亚投资促进中心成立，负责审批投资项目，向国内外投资商提供咨询。1997 年颁布《坦桑尼亚投资法》，2002 年颁布《出口加工区法案》。截至 2017 年底，坦桑尼亚吸引外资存量为 203.51 亿美元。由联合国贸易和发展会议发布的 2018 年《世界投资报告》显示，2017 年，坦桑尼亚吸收外资流量为 11.8 亿美元；外资主要集中在矿业、旅游业、农业、制造业和通信业等领域。目前，中国、英国、印度、肯尼亚、南非等国是坦桑尼亚的主要外资来源地，其中来自中国、南非、印度等新兴经济体的投资较为活跃。中国已经成为坦桑尼亚第一大外资来源国。[1]

外国援助在坦桑尼亚国民经济中占有重要地位。图 1-6 显示，

（美元）

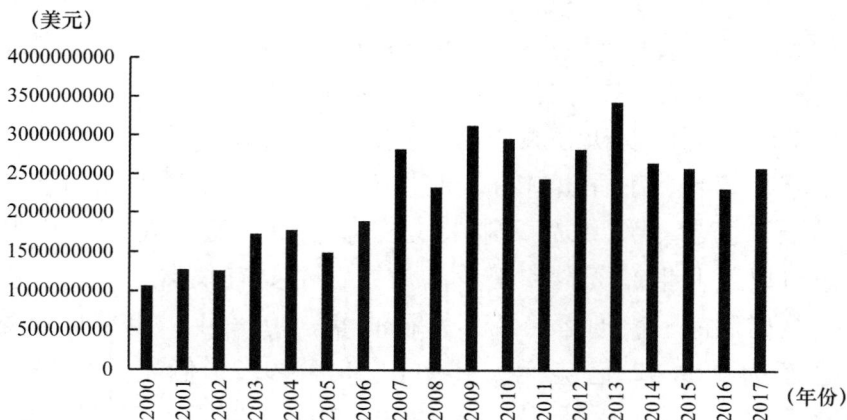

图 1-6　2000—2017 年坦桑尼亚接收的净官方发展援助

数据来源：经济发展与合作组织的发展援助委员会，《发展中国家的金融流动的地理分布》、《发展合作报告》以及《国际发展统计》数据库。

---

[1] 《坦桑尼亚国家概况》，2019 年 3 月 1 日，中华人民共和国外交部网站（http：// www. fmprc. gov. cn/web/gjhdq _ 676201/gj _ 676203/fz _ 677316/1206 _ 678574/1206x0_ 678576）。

2000—2017 年，坦桑尼亚接收的净官方发展援助①总体呈上升趋势。近年来坦桑尼亚每年接受的外国援助约 9 亿美元，坦桑尼亚的主要发展伙伴主要通过总体预算支持等方式提供援助。主要发展伙伴包括英国、印度、南非、荷兰、肯尼亚、美国、加拿大、意大利、德国等国家以及国际货币基金组织、世界银行、欧盟、非洲开发银行等组织。

三　坦桑尼亚的财政与货币政策

（一）财政政策

由于长期受国外援助的影响，坦桑尼亚外债较高，财政赤字现象严重，财政余额一直处于负数状态。

通过图 1 - 7 可以看出，坦桑尼亚的总税率变化不大，保持在44% 左右。但是，与世界平均水平相比，坦桑尼亚已经属于重税负国家，即企业需要上缴政府的税率达到了企业利润的 44% 左右。

2016 年，坦桑尼亚财政收入占国内生产总值的 14.9%，财政支出占国内生产总值的 18.4%。坦桑尼亚政府在 2017—2018 年度推行扩张性财政政策，通过资本投资和社会支出刺激经济增长，然后收紧财政以保持债务的可持续性。此外，政府还通过增加国内收入来缓解财政赤字现象。2017—2018 年度和 2018—2019 年度的税收预算超过国内生产总值的 14%，高于 2016—2017 年度 1 个百分点。政府采取一些政策措施，尤其是提高燃油税，以提高税收收入。同时，打击避税行为，以提高国家的收入。然而，这一战略的红利受到了私营部门活动低迷的影响。

为了偿还外债，马古富力政府采取了一系列严格控制支出、节约

---

① 净官方发展援助（ODA）包括以优惠条件提供的贷款的支付（减去本金偿还后的净额）和发展援助委员会（DAC）成员国的官方机构、多边机构以及非 DAC 国家提供的旨在促进 DAC 的 ODA 受援国名单中的国家和领地的经济发展和福祉的捐赠。包括至少具有 20% 的捐赠成分的贷款（以 10% 的贴现率计算）。数据按现价美元计。

成本的措施。政府经费预算因社会支出的需求而不断增加，随着坦桑尼亚的债务不断增加，政府的财政赤字在 2017—2018 年达到峰值，占国内生产总值的 3.8% 左右。此后，由于稳定的收入增长速度超过了支出增长速度，赤字将有所缩小。财政赤字将由国内和国际债务共同提供资金进行补偿，2016 年坦桑尼亚公共债务为 168 亿美元，占到国内生产总值的 37.8%，预计到 2022 年底，公共债务将攀升至国内生产总值的 43.5%。①

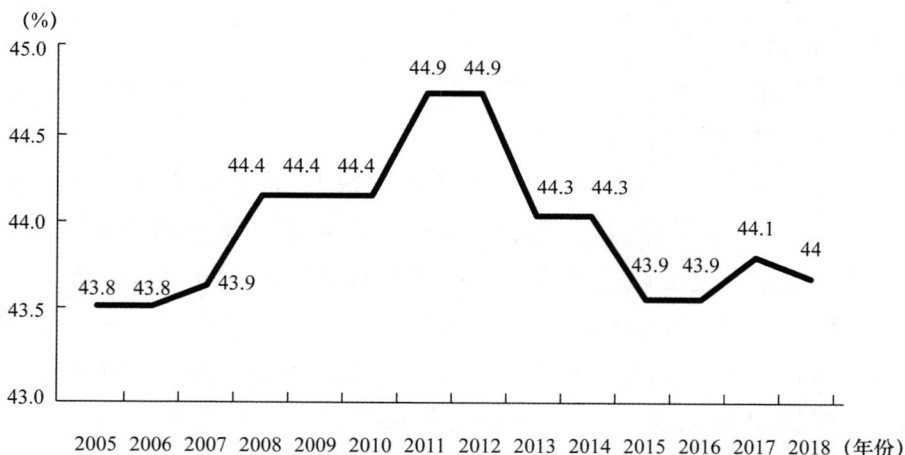

图 1-7 2005—2018 年坦桑尼亚总税率变化情况②

数据来源：世界银行营商环境项目。

（二）货币政策

马古富力总统上台以来，坦桑尼亚一直推行紧缩的财政政策，减少财政赤字，降低通货膨胀率。

---

① Economist Intelligence Unit, Country Report, *Tanzania*, Vol. 8-9, 2018, p. 7.

② 总税率度量企业在说明准予扣减和减免后的应缴税额和强制性缴费额占商业利润的比例。扣缴税款（如个人所得税）或收缴和汇给税务部门的税款（如增值税、销售税或商品及服务税）不包括在内。

通过图1-8可以看出，坦桑尼亚的通货膨胀率在2012年达到了顶峰（16%），随后一路下降，2017年，坦桑尼亚的通货膨胀率仅为5.32%，远低于其他非洲国家，看得出来，坦桑尼亚实行了较为稳定可控的宏观经济政策，国家经济处于可控预期范围。

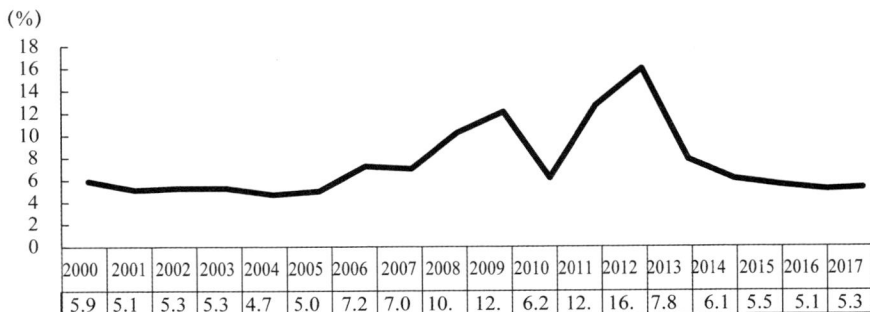

(%)	2000	2001	2002	2003	2004	2005	2006	2007	2008	2009	2010	2011	2012	2013	2014	2015	2016	2017
	5.9	5.1	5.3	5.3	4.7	5.0	7.2	7.0	10.	12.	6.2	12.	16.	7.8	6.1	5.5	5.1	5.3

图1-8　坦桑尼亚2000—2017年通货膨胀率变化情况①

数据来源：国际货币基金组织《国际金融统计》数据文件。

2016年，坦桑尼亚贷款利率为16.2%，存款利率为10.6%，货币市场利率为7.6%。② 坦桑尼亚的贷款利率较高，一定程度上影响了国内金融投资。在国际货币基金组织的技术支持下，坦桑尼亚中央银行正式转向以利率为基础的货币框架，以期改善迄今为止薄弱的货币流动传导机制。然而，中央银行将继续受到坦桑尼亚金融市场易变性的限制，价格仍将容易受到供需方面冲击的影响。

为了应对流动性紧张的情况，中央银行自2016年3月以来已连续将贴现率从16%下调至9%，并将在短期内保持宽松的货币政策。由于美元持续走强和油价上涨的威胁，央行在2020—2022年采取紧

① 按消费者价格指数衡量的通货膨胀反映出普通消费者在指定时间间隔（如年度）内购买固定或变动的一篮子货物和服务的成本的年百分比变化。通常采用拉斯佩尔公式进行计算。

② Economist Intelligence Unit, Country Report, *Tanzania*, Vol. 8-9, 2018, p. 8.

缩的货币政策之前，可能会在 2018—2019 年部分逆转降息。央行希望在应对增长放缓趋势的压力与通胀风险之间找到平衡。[①] 因此，坦桑尼亚总储备[②]近些年来在持续增加（详见图 1－9）。

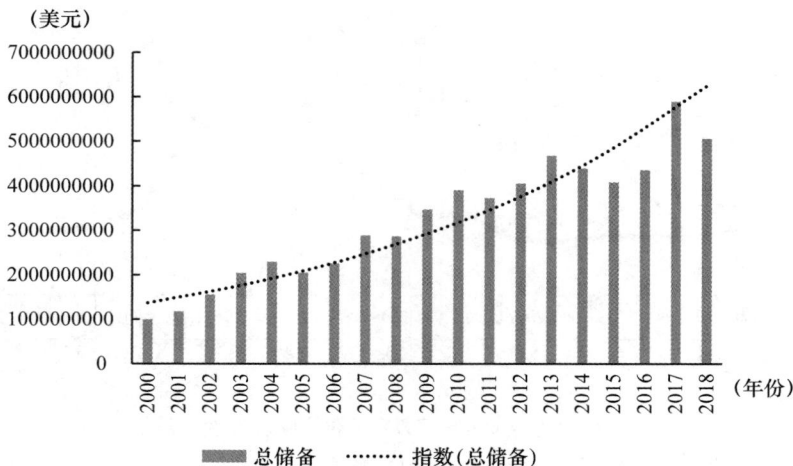

图 1－9　坦桑尼亚 2000—2018 年总储备变化情况

数据来源：国际货币基金组织《国际金融统计》数据文件。

预计 2018—2022 年坦桑尼亚先令对美元汇率将继续下滑。随着美国货币紧缩周期达到顶峰，中国经济增速放缓，预计新兴市场货币将在 2018—2019 年受到全球动态的拖累。这几年坦桑尼亚先令的贬值速度会相当快。2019 年后，坦桑尼亚对外融资需求的缩减将为坦桑尼亚先令提供一些支持。[③]

---

① Economist Intelligence Unit, Country Report, *Tanzania*, Vol. 8－9, 2018, p. 9.

② 总储备包括持有的货币黄金、特别提款权、IMF 持有的 IMF 成员国的储备以及在货币当局控制下的外汇资产。这些储备中的黄金成分的价值是根据伦敦年底（12 月 31 日）价格确定的。数据按现价美元计。

③ Economist Intelligence Unit, Country Report, *Tanzania*, Vol. 8－9, 2018, p. 2.

第三节　坦桑尼亚外交关系发展态势分析

独立以来，坦桑尼亚政府始终根据国内外形势的发展变化，及时调整对外政策，维护民族独立、国家主权和领土安全，为国民经济建设和社会发展创造了有利的外部环境。独立初期，坦桑尼亚主要奉行不结盟政策和政治外交；进入 21 世纪以来，坦桑尼亚以经济外交为主，全面发展与东西方各国的关系。

一　坦桑尼亚与美国的关系

美国重视坦桑尼亚地区大国的作用和发展潜力，支持其经济改革，是坦桑尼亚主要投资国和捐助国之一。美国国际开发署（the U. S. Agency for International Development，USAID）是坦桑尼亚的重要合作伙伴。

（一）坦美建交历史

坦桑尼亚大陆坦噶尼喀在 1961 年独立后，立即与美国建交。独立初期，坦噶尼喀与美国关系较好。1963 年，尼雷尔访美，两国签订了保护美国在坦噶尼喀投资的协议。坦桑尼亚联合共和国成立后，延续了同美国的外交关系。1965 年因美国"阴谋颠覆尼雷尔政权"，坦桑尼亚宣布美国驻坦桑尼亚使馆参赞和驻桑给巴尔领事为不受欢迎的人，随后双方召回各自大使。1969 年底，坦桑尼亚赶走美国"和平队"所有成员，并不时谴责美国侵略越南和支持南非种族主义政权，两国关系一度紧张，美国一度中断对坦桑尼亚的援助。1971 年，坦桑尼亚同美国关系开始缓和。1974 年，美国恢复并增加对坦桑尼亚的援助，提供了约 5000 万美元的援助，主要用于修建通往赞比亚的大北公路。[①]

[①] 裴善勤编著：《列国志·坦桑尼亚》，社会科学文献出版社 2008 年版，第 554 页。

随后，两国关系进一步改善，尤其在坦桑尼亚进行经济结构调整之后，美国增加了对坦桑尼亚援助，双方进一步加强了合作。

（二）美国对坦桑尼亚的援助

近年来，美国致力于加强坦桑尼亚的民主，并在妇女和儿童健康、艾滋病、营养和粮食安全、经济、能源、可持续发展和安全等领域，与坦桑尼亚开展合作。通过多项总统倡议和美国机构，向坦桑尼亚提供发展援助，帮助其进行能力建设，解决卫生和教育问题，鼓励民主治理，促进基础广泛的经济增长，改善地区和国内安全。[①]

医疗卫生方面，美国一直在坦桑尼亚推行总统防治艾滋病救济紧急计划（The President's Emergency Plan for AIDS Relief）和总统防治疟疾行动计划（The President's Malaria Initiative），通过增加其政府资源，帮助坦桑尼亚抗击艾滋病，防治疟疾，减少疟疾的发病率和死亡率。教育方面：美国国际开发署提供资金，促进早期阅读，提供教师培训和高质量的教学材料，增加女童入学注册率和留校率，改善人们对女童教育价值的认识。和平队志愿人员在坦桑尼亚担任中学数学和科学教师，作为信息和通信技术教师的培训师，担任增加基本卫生知识和改善卫生态度和行为的卫生教育项目的领导人，以及担任环境项目的领导人，维持村级自然资源的可持续性发展。民主治理方面：为了促进有效的民主管理，美国国际开发署支持当地媒体；加强坦桑尼亚组织监测、收集和利用数据开展宣传工作的能力，重点加强对选举和政治进程的参与和监督。农业方面：美国国际开发署通过提高农业增长率、促进农产品市场发展，扩大农业贸易，以便提高农民的收入；投资于农产品创新研究，解决妇女儿童营养不良的问题。美国国务院和美国鱼类及野生动物服务部门帮助坦桑尼亚建设打击野生动物贩运的执法能力。[②]

---

① 《美坦关系》，2018 年 10 月 8 日，美国国务院网站（https：//www. state. gov/u-s-relations-with-tanzania）。

② 《坦桑尼亚》，2019 年 8 月 10 日，美国国际开发署网站（https：//www. usaid. gov/tanzania）。

（美元）

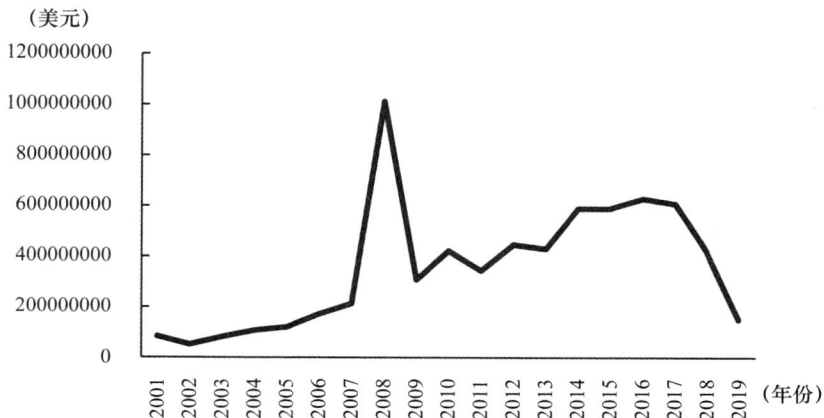

图 1 - 10　美国援助坦桑尼亚的实际经费情况

数据来源：美国国际开发署。

图 1 - 10 显示，2001 年以来，美国对坦桑尼亚的援助逐年增长，到 2008 年达到了最高值 10 亿美元。2008 年 2 月，布什总统访问坦桑尼亚，宣布美国在 5 年内向坦桑尼亚提供 6.98 亿美元援助，帮助坦桑尼亚改善道路、供电及供水等基础设施建设。这是美国"千年挑战账户"设立以来向单个国家提供的最大一笔经济援助。

2013 年 6 月，美国总统奥巴马访问塞内加尔、南非、坦桑尼亚三国时，提出"电力非洲"计划。[①] 2014 年 8 月，两国签署了《美坦电力非洲备案录》。"电力非洲"计划涉及非洲国家的石油、天然气、电网、地热、水电、风电和太阳能等领域。截至 2018 年 12 月，坦桑尼亚的发电装机容量为 1504 兆瓦，水电装机容量 568 兆瓦，火力装机容量 925 兆瓦，其他可再生能源装机容量 82.4 兆瓦，电网通电率 32.7%。[②]

---

① "电力非洲"计划由美国奥巴马总统提议，旨在增加撒哈拉以南国家的用电人数，目标是到 2030 年，新增 3 万兆瓦的发电量，新增通电人数 6000 万人，最终用电人数达到 3 亿人。美国 12 个政府机构和 140 多家私营公司以及 18 个双边和多边发展伙伴参加了这一计划。电力非洲计划涉及非洲西非、东非和南部非洲 19 个国家。

② 《电力非洲计划》，2019 年 8 月 10 日，美国国际开发署网站（https：//www. us-aid. gov/powerafrican）。

2016 年，美国国际开发署和坦桑尼亚政府签署了 4.07 亿美元的援助协议。协议期限为 5 年，援助资金主要用于卫生、农业、自然资源管理、教育、能源和政府管理等领域。美国国际开发署表示，该笔援助是美国政府支持坦桑尼亚 2025 年远景规划的一部分，以帮助坦桑尼亚实现向中等收入国家转型。2016 年 4 月，因桑给巴尔选举问题，美国千年挑战账户暂时停止了 4.72 亿美元的贷款。2016 年 6 月，美国驻坦桑尼亚大使与马古富力总统举行会谈时承诺，美国对坦桑尼亚的双边援助将不会受到千年挑战账户资金的影响，美国将向坦桑尼亚提供总额约 12.1 亿美元的援助资金，并先期支付 8 亿美元。2016 年，美国实际援助坦桑尼亚约 6.29 亿美元。此后，美国的援助金额略微下降。2017 年约 6.24 亿美元，2018 年约 4.22 亿美元。（详见图 1 – 10）

（三）美国与坦桑尼亚的高层互访

在基奎特总统任期内，美国与坦桑尼亚的关系最为密切。2009 年 5 月，基奎特总统访问美国，美国总统奥巴马会见了他，基奎特总统因此成为奥巴马就任总统后会见的首位非洲国家元首。2011 年 6 月，美国国务卿希拉里访问坦桑尼亚，承诺向坦桑尼亚提供总计 1 亿美元的援助，用于坦桑尼亚农业发展和粮食安全以及应对艾滋病等项目。2012 年 5 月，基奎特总统赴美进行工作访问。2013 年 7 月，美国总统奥巴马访问坦桑尼亚。在坦桑尼亚总统基奎特举行的新闻发布会上，美国总统奥巴马宣布，美坦双方在贸易合作的基础上建立一种新型合作模式，坦桑尼亚是美国最好的合作伙伴之一。访问期间，他还专门参观了美国人在坦桑尼亚经营的一家电厂，以鼓励美国企业在坦的投资。[①]

二 坦桑尼亚与英国、德国、法国和北欧四国的关系

（一）坦桑尼亚与英国的关系

英国与坦桑尼亚有较深的历史渊源，也是坦桑尼亚外交工作的重点国家。

---

① 李安山：《奥巴马非洲之行及其对中国的影响》，《当代世界》2013 年第 10 期。

坦噶尼喀独立后，与英国关系密切。1964 年 1 月，英国军队帮助坦噶尼喀平定了兵变。1965 年 12 月，由于英国支持罗得西亚（今津巴布韦）殖民主义者片面独立，坦桑尼亚宣布与英国断交。此后，坦桑尼亚谴责英国支持南罗得西亚史密斯政权和向南非出售武器，宣布停付前英国殖民官员的养老金。英国中断了对坦桑尼亚的援助，1968 年 7 月两国复交。复交后两国关系得到稳步发展。英国增加了对坦桑尼亚的援助。援助资金主要用于支持坦桑尼亚政府的财政预算。英国援建的项目有综合性农场、医院、省级公路和粮库等。英国还向坦桑尼亚派出专家和志愿者。

目前，英国是坦桑尼亚主要援助国和重要投资者之一。坦桑尼亚对英国的出口以原料为主，即茶叶、烟草和宝石。英国是坦桑尼亚茶叶最大的欧洲买家，而英国对坦桑尼亚的出口主要以汽车和电子产品为主。根据坦桑尼亚投资中心的数据，英国是坦桑尼亚的第一大投资者，占外国直接投资的 35%。1990 年至 2013 年 6 月期间，英国公司在坦桑尼亚投资了约 51 亿美元，创造了 271000 个就业岗位，是其他投资者的 4 倍。双边贸易价值 3.4 亿美元。英国公司在坦桑尼亚能源、通信、建筑、银行、农业和新兴的石油和天然气等核心部门都发挥着重要作用。

坦桑尼亚是与英国签署高水平繁荣伙伴关系（High Level Prosperity Partnership）的五个非洲国家之一。该项目重点关注四个优先领域：农业、采油、可再生能源和改善商业环境。此外，英国还与坦桑尼亚政府合作，执行八国集团坦桑尼亚土地透明度倡议。2017 年 8 月，英国非洲事务大臣斯图尔特·罗里访问坦桑尼亚，他向马古富力总统表示，英国为坦桑尼亚发展提供 4.5 亿美元的援助。①

（二）坦桑尼亚与德国的关系

坦噶尼喀曾是德国的殖民地。独立后，即与当时的联邦德国建交，

---

① 《英国提高援助》，2019 年 8 月 10 日，坦桑尼亚事务网（https：//www. tzaffairs. org/2018/01/uk-aid-boost/）。

并于 1962 年与其签署了发展合作协议，规定联邦德国通过贷款和赠款方式向坦噶尼喀提供经济发展援助。1964 年坦桑尼亚联合共和国成立后，承认民主德国，联邦德国停止了对坦桑尼亚的援助，20 世纪 70 年代，两国复交，联邦德国恢复了对坦桑尼亚的经济援助，此后两国关系得到稳定发展。两国合作的主要发展项目有坦桑尼亚铁路、输电线路和输变电站设备、公路管理、城镇和乡村地区供水和自然资源管理等。德国援助坦桑尼亚的项目较多，范围也广，包括向坦桑尼亚派出了一些专家、工程师、教师和医生等。德国私人公司在坦桑尼亚投资也很大，投资主要方向在贸易、零售贸易、纺织工业、农业等领域。

2000 年以来，德国政府调整了与坦桑尼亚的合作战略，根据坦桑尼亚的《国家增长和减贫战略》，将双方的合作项目集中在三个重点领域：一是供水和卫生设施；二是医药卫生（艾滋病防治）；三是支持地方治理。德国政府每年提供 4100 万欧元的资金，用于这些项目的实施。这些项目主要通过国际迁移与发展中心（CIM）、德国发展服务局（DED）、德国技术合作公司（GTZ）、国际能力建设公司（InWent）和德国复兴信贷银行（KFW）来施行。除此之外，德国政府每年提供约 400 万欧元的经费支持各类基金会、非政府组织、教会组织等机构在坦桑尼亚的活动。除了政府间的合作，德国政府还鼓励德国公民到坦桑尼亚旅游。2017 年，德国成为继美国、英国之后的坦桑尼亚第三大国际游客客源国。

（三）坦桑尼亚与法国的关系

坦桑尼亚同法国建交很早。然而，坦桑尼亚与法国的关系直至 20世纪 80 年代，特别是 90 年代中后期才得到全面发展。90 年代后期，法国调整其对非洲的政策，即除保持同法语非洲国家的友好关系外，还要积极发展同其他非洲国家的关系。这种调整，为坦桑尼亚发展同法国的关系提供了机遇。90 年代以来，大湖地区的几个法语非洲国家卢旺达、布隆迪和刚果（金）相继出现动乱，是坦桑尼亚通过调解，维持了大湖地区的相对稳定。法国重视坦桑尼亚在维护大湖地区和平与稳定方面发挥的不可替代的作用，赞赏坦桑尼亚为此所做的坚持不懈的努力，愿意同坦桑尼亚加强合作，共同维护大湖地区的和平与稳定；另外，坦桑尼亚地处非洲中心地区，对于法国来说，发展同坦桑尼亚的关系有利于它发展同东部和南部英语非洲国家的关系。

80 年代以来，坦桑尼亚同法国领导人和政府高级官员的互访增加，标志着两国政治和外交关系的发展。两国领导人和政府高级官员的互访，增进了双方的相互了解，建立了友谊，推动了坦桑尼亚和法国在各个领域里的合作，比如在军事、文化和教育领域的合作，法国使馆在达累斯萨拉姆和阿鲁沙开办了"法语之家"，为坦桑尼亚人学习法语提供方便。此外，双边贸易也不断增大。

（四）坦桑尼亚与北欧四国的关系

瑞典、挪威、丹麦和芬兰是坦桑尼亚的传统友好国家和主要捐助国。自坦桑尼亚独立以来，北欧四国一直为其提供各种援助。北欧四国开展援助的初期，援助方式分为贷款和赠款两种方式。20 世纪中后期，北欧四国先后免除了坦桑尼亚的债务，对坦桑尼亚的援助全部变成了无偿捐赠。

1994 年底，因对当时坦桑尼亚的管理问题不满，挪威冻结了援助坦桑尼亚的 720 万美元，随后，瑞典、丹麦、芬兰也停止了援助。姆卡帕政府上台后，瑞典、芬兰、挪威三国的发展合作部长于 1996 年初先后访问坦桑尼亚，对新政府打击贪污腐败、加强财税管理的措施表示满意，逐步恢复了援助。1995 年，桑给巴尔大选引发动乱，北欧四国于 1996 年 6 月相继宣布暂停对桑给巴尔的发展援助。2000 年桑给巴尔大选引发骚乱，直至 2001 年形势好转后，他们才恢复了对桑给巴尔的援助。

进入 21 世纪，坦桑尼亚开始执行《结构调整和减贫计划》，北欧四国加大了对坦桑尼亚援助的力度。第一，继续对坦桑尼亚政府的预算给予支持，四国每年对坦桑尼亚政府支持的重点为教育、卫生、供水、道路、农业、司法和防治艾滋病等项目的预算。第二，紧紧围绕坦桑尼亚减贫战略计划目标，按照坦桑尼亚实际需要，为其提供专项减贫援助或继续正在实施的援助项目，并形成了各自援助的侧重点。2008 年，国际金融危机后，北欧四国的援助有所减少。

三 坦桑尼亚与日本的关系

（一）坦日建交历史

坦噶尼喀 1961 年独立后即同日本建立外交关系，1964 年坦桑尼亚联合共和国建立后延续同日本的外交关系。1966 年日本在坦桑尼亚设立大使馆，1970 年坦桑尼亚在东京设立大使馆。建交初期，坦桑尼亚与日本的关系一般，直至 20 世纪 70 年代才得到一定发展。80 年代中期以来，坦桑尼亚开始重视发展同日本的关系，把日本定位为"坦桑尼亚发展同东亚、东南亚国家关系的重点国家"，面对"减贫战略"任务，坦桑尼亚政府加强了同日本的交往。

（二）坦日经济与贸易关系

近年来，日本政府认为坦桑尼亚有重要的地缘战略位置，在非洲政治舞台上举足轻重，为坦桑尼亚提供了大量援助。日本对坦桑尼亚的援助主要集中在三方面：一是提高水稻产量，促进经济增长，减少民众贫穷；二是发展交通、电力供应、供水等基础设施，加强水资源管理，提高经济增长率；三是帮助坦桑尼亚政府提高行政效率。[①]

目前，坦桑尼亚已经成为日本在撒哈拉以南非洲地区的最大受援国。日本政府鼓励非政府组织、日本国际合作署（Japanese International Cooperation Agency，JICA）以及私营企业到坦桑尼亚发展，支持坦桑尼亚的减贫战略。例如：在坦桑尼亚北部开展农业灌溉援助项目；为达累斯萨拉姆市的道路改造提供大量援助，等等。

除此之外，日本政府还通过资助基层民众安全项目（Grant Assistance for Grassroots Human Security Projects，GGHSP）计划，继续支持当地社区和当地人民，根据坦桑尼亚地方政府、教育或医疗机构和非

---

① 参见《坦桑尼亚与日本的经济合作》，2018 年 10 月 17 日，日本驻坦桑尼亚大使馆网站（https：//www. tz. emb-japan. go. jp/e_bilateral/enjo. htm）。

政府组织的发展需求，实施各类基层项目。根据该计划，日本政府将重点放在人的基本需求领域和人道主义领域，如教育、卫生和包括水电供应在内的基础设施建设。优先考虑的项目是那些对大多数基层民众有益的项目，或者那些能够用小规模资金提供高捐助水平的项目，特别是满足紧急人道主义需要的项目。日本在坦桑尼亚的保健中心建造产科病房，为预产妇女提供安全和更好的环境，或建造供水系统，以改善村民安全用水环境。

此外，日本大使馆还实施了职业培训和工业部门的项目。例如，在伊林加地区建立了手工艺中心，以支持听力残疾人，该中心设有住宿服务和自助餐厅，现已成为该地区的旅游景点之一。另一个例子是支持当地农业合作社的农业加工业。在该项目中，日本大使馆提供了一台向日葵油精炼机，供大多数坦桑尼亚人在日常生活中使用。①

日本是坦桑尼亚最大的贸易伙伴之一。在2004年至2014年期间，日本对坦桑尼亚的出口增长了275%，2014年达到2.667亿美元。同期，坦桑尼亚对日本的出口实现了193%的显著增长，2014年达到2.1亿美元。② 坦桑尼亚出口日本的商品主要有金属矿石、芝麻、咖啡、烟草和鱼类等海产品，从日本进口的产品主要是汽车（占进口的50%以上，主要是二手汽车、公交车和卡车）、钢铁产品和塑料制品。

四　坦桑尼亚与印度的关系

（一）坦印建交历史

由于历史和地理的原因，印度与非洲在传统和人文上有着一定的联系。19世纪初，来这里经商的印度人越来越多，到19世纪末坦噶

---

① 《为基层民众安全项目计划提供援助》，2018年10月17日，日本驻坦桑尼亚大使馆网站（https：//www.tz.emb-japan.go.jp/e_bilateral/kusanone_en.htm）。

② 《为基层民众安全项目计划提供援助》，2018年10月17日，日本驻坦桑尼亚大使馆网站（https：//www.tz.emb-japan.go.jp/e_bilateral/kusanone_en.htm）。

尼喀和桑给巴尔的印度人达到 10 万左右，控制了坦桑尼亚的商业。这种传统的联系为两国友好关系的发展奠定了基础。此外，两国都是英联邦的成员国，英语是两国的官方语言之一，更便于两国的交流。

据报道，印度首任驻坦噶尼喀高级专员在坦噶尼喀独立前就抵达达累斯萨拉姆。独立后，两国关系一直很好。1967 年坦桑尼亚实行国有化政策，部分印度移民受到打击，两国关系受到影响，但是到 1971 年以后就开始好转。在冷战后的政策调整中，印度和坦桑尼亚几乎同时启动了经济改革计划，对外关系的目标是更广泛的国际政治和经济参与，培育国际商业关系和促进外国投资。近年来，坦印关系已发展成为一种现代和务实的关系，坦桑尼亚与印度建立了更广泛和多样化的经济参与和发展伙伴关系，印度为坦桑尼亚提供了更多的能力建设培训、优惠贷款和赠款。

（二）坦印经贸往来

2011 年 5 月，印度总理辛格在出席第二届印度—非洲论坛峰会后对坦桑尼亚进行正式访问，印度向坦桑尼亚提供了 1.9 亿美元信贷用于支持及改善供水和教育。两国签署了避免双重征税及防止偷税漏税的协议，同意加强在反恐及打击海盗等领域的合作。印度是坦桑尼亚重要外资来源地，其投资主要集中在矿业、信息通信、旅游、基础设施、制造业等领域。印度人在坦桑尼亚经营的公司有巴罗达银行（Bank of Baroda）、印度银行、塔塔国际有限公司（Tata International Limited）、信实工业有限公司（Reliance Industries Ltd.）、卡迈勒工业集团（Kamal Group of Industries）等。随着两国经贸合作的不断拓展，双方陆续签署了经济技术合作协议、航空服务协议、贸易协定、邮政和电信领域技术合作备忘录等文件。坦桑尼亚主要向印度出口腰果、豆类、蔬菜、香料（主要是丁香）、木材、矿石和金属废料、宝石、鞣制品、染色和染色材料、有色金属、精油、皮革、黄金、白银、棉花、树脂等，进口石油产品、药品、钢铁、机动车辆、电线和电缆、糖、电气机械、药品、电子配件、化学用品、塑料、纺织品、亚麻油、谷物等。坦桑尼亚进口的药品中，约 36% 来自印度。印度主要的制药公司在坦桑尼亚都有经销商和代表。

坦桑尼亚矿藏丰富，有丰富的金矿、钻石、蓝宝石等资源，当然也有近年来受到国际珠宝市场广泛欢迎的坦桑石矿藏。印度是世界上宝石加工产业最为发达的国家之一，在宝石开采、加工、打磨等方面的工艺非常成熟。坦桑尼亚的宝石原矿进口到了印度之后，从粗加工、精细打磨、包装到投入市场，都有完整的产业链条，两国在这方面已经实现了共赢合作。

（三）坦印文化往来

为了支援坦桑尼亚的发展，印度政府近年来为坦桑尼亚培养了大量人才。印度政府为坦桑尼亚青年提供了多种形式的奖学金，如在联邦奖学金、研究金计划和一般文化奖学金计划下，2014—2015 学年由印度文化关系委员会（Indian Council for Cultural Relations）提供了24 项奖学金。两国的关系由此变得更加紧密。

2010 年 12 月，坦桑尼亚印度文化中心成立。该中心除了提供由印度教师授课的瑜伽课、手鼓及其他乐器的培训，还与当地艺术家、文化实体和出版界建立伙伴关系，开展文化交流项目。如：2015 年 9 月举行的印地蒂凡斯的庆祝仪式（Hindi Divas celebrations）。2015 年 6 月21 日，在达累斯萨拉姆、桑给巴尔、阿鲁沙、姆万扎、塔波拉和莫罗戈罗等地庆祝了首届国际瑜伽日，在达累斯萨拉姆可可海滩（Coco Beach）举办了 2000 人的瑜伽表演，并在国际瑜伽中心举办了瑜伽展览。2015 年 5 月，中心在达累斯萨拉姆的国家博物馆举办了一场关于卡尔帕纳（Kalpana）的画展——当代印度绘画杰作。2014 年 10 月，印度文化中心还举办了一场关于印度西部（古吉拉特邦、果阿邦、马哈拉施特拉邦和拉贾斯坦邦，Gujarat，Goa，Maharashtra and Rajasthan）的展览。中心还与当地文化机构联合举办多个项目，包括与达累斯萨拉姆大学的艺术和音乐系合作，举办印非音乐会、摄影展览、时装表演、印地语喜剧表演、本地艺术家绘画和雕塑展、电影放映等活动。在坦桑尼亚大约有 20 个印度社区，其中大多数在达累斯萨拉姆。这些社区定期组织印度文化和社会活动，当地居民大多时候也参与其中，偶尔也有来自印度的艺术家助演。

坦桑尼亚是印裔侨民较为集中的非洲国家，印裔侨民总数超过 5 万人。他们绝大多数来自印度古吉拉特邦（Gujarat），主要来自库奇和卡蒂亚瓦德地区（Kutch and Kathiawad regions）。他们的祖先早在 19 世纪初就来到了这里，作为商人、水手和铁路建设工人。他们集中生活在达累斯萨拉姆、阿鲁沙、多多马、莫罗戈罗、桑给巴尔、姆万扎和姆贝亚等主要城市中心。时至今日，生活在印度社区的印裔侨民仍在坦桑尼亚的贸易和工业中发挥着重要作用。他们促进了印度与坦桑尼亚的融合，为坦桑尼亚的经济和社会发展做出了自己的贡献。①

五　坦桑尼亚与周边国家的关系

（一）加强次区域合作

坦桑尼亚在地区事务中奉行"广交友、不树敌、促和平、谋发展"的政策。重视与周边邻国发展睦邻友好关系，同肯尼亚、乌干达、布隆迪等国关系密切。重视在地区事务中发挥作用，致力于维护地区和平与稳定。

坦桑尼亚是东非共同体的发起国之一。1967 年，肯尼亚、坦桑尼亚、乌干达三国签订了东非合作条约，建立了东非共同体。1977 年东非共同体解体。80 年代末期，坦桑尼亚主动与肯尼亚修好，双方的经济合作逐渐发展起来。进入 90 年代以后，肯、坦、乌三国加强合作的意识越来越强。1994 年，三国重建了东非共同体，总部设立在坦桑尼亚阿鲁沙。

坦桑尼亚是南部非洲发展共同体的发起国之一。南部非洲发展共同体的前身是南部非洲发展协调会议。1980 年，"南部非洲发展协调会议"成立。1992 年，经成员国领导人讨论，改"南部非洲发展协调会议"为"南部非洲发展共同体"。坦桑尼亚积极参加该组

---

① 《印坦关系》，2018 年 10 月 14 日，印度政府对外事务部网站（https://mea.gov.in/Portal/ForeignRelation/Tanzania_15_01_20162016.pdf）。

织的各项工作，加强与南共体成员国间的贸易往来，密切南共体成员国之间的联系。

（二）坦桑尼亚与周边国家关系的成绩

从 20 世纪 70 年代开始，坦桑尼亚政府就以人道主义精神收留来自布隆迪、卢旺达、刚果（金）等周边国家的难民。1972 年以来，50 多万布隆迪难民滞留坦桑尼亚。此外，还有许多难民融入了坦桑尼亚社会。大量难民长期滞留不归给坦桑尼亚本身并不完善的社会服务系统造成沉重负担，严重影响当地坦桑尼亚居民的正常生活。但是，坦桑尼亚从来没有限制难民人数，也没有强制遣返难民，持续承受着巨大的经济和社会负担，表现出东非大国的责任，为维护大湖地区的和平与稳定做出了积极贡献。

2008 年，坦桑尼亚政府启动新的接受外国难民计划。2010 年 10 月，坦桑尼亚宣布授予 16.2 万难民坦桑尼亚公民资格。与此同时，呼吁国际社会正视坦桑尼亚的社会现实，希望国际社会增加相应的援助，这也得到了国际社会的同情和响应。除了援助和捐献外，澳大利亚、加拿大、美国、挪威、瑞典、贝宁、布基纳法索等许多欧美国家和非洲国家，协助收留和安置了部分滞留在坦桑尼亚的难民，缓解了坦桑尼亚政府的压力。

为保障坦桑尼亚经济发展、改善国家发展环境、维护社会安全和稳定，坦桑尼亚领导人还参与调停工作。2004 年 11 月，坦桑尼亚总统姆卡帕在达累斯萨拉姆主持召开大湖地区和平与安全地区峰会，相关 11 个国家的领导人与会，会议签署了《达累斯萨拉姆宣言》，内容包括在大湖地区实现和平、安全、民主、良政、经济发展和地区合作。会议还决定成立一个部长级委员会，负责落实大会的有关文件。峰会的召开和宣言的签署为这个资源丰富但战乱频发的地区实现持久和平与发展奠定了基础。2015 年 7 月，布隆迪陷入大选后的骚乱，马古富力总统上任后立即指派外交部长积极参与布隆迪问题调解。他称将继续坚持睦邻友好政策，全力促进区域经济合作。

（三）坦桑尼亚与周边国家关系的挑战

虽然坦桑尼亚致力于务实外交，积极发展与地区邻国关系，但是近年来，在政治、经济、安全等问题上与东非邻国时有矛盾发生。东非国家认为坦桑尼亚更亲近南共体，对东非经济一体化"阳奉阴违"，尤其对其市场不够开放和对其土地、人员的管控政策不满。

坦桑尼亚与肯尼亚在整个区域的贸易政策上存在利益分歧，再加上双方因双边贸易而反复争吵，导致两国的关系越发紧张。另外，坦桑尼亚和肯尼亚现总统肯雅塔关系紧张。国际刑事法院曾以反人类罪为由传唤肯尼亚总统肯雅塔到荷兰海牙受审，肯雅塔不想去欧洲，提议在坦桑尼亚的阿鲁沙开庭，但坦桑尼亚不想得罪西方国家，拒绝为其开庭，肯雅塔对此极为不满。此外，马古富力是肯尼亚前总理、反对派领袖奥廷加的密友，两人曾同在工程界进行大刀阔斧的改革，惺惺相惜，肯雅塔对两人关系有所忌讳。

坦桑尼亚曾积极介入刚果（金）东部问题，打击卢旺达和乌干达支持的地方武装，引起两国不满。因此，在东非共同体内，肯尼亚、乌干达、卢旺达三国结为意愿联盟（Coalition of the Willing），意图孤立坦桑尼亚。马古富力在上任前仅有过 6 次外访经历，外交经验匮乏，如何与东非邻国增信释疑，修复关系，是对其外交智慧的考验。

总的来说，坦桑尼亚的外交关系有可能变得越来越紧张。坦桑尼亚的海外合作伙伴，如美国、英国等国，越来越怀疑坦桑尼亚政府对民主的承诺及其对外国投资的开放性。此外，对马古富力总统来说，外交政策不是优先事项，预计马古富力政府不会做出太多努力来缓解外国伙伴的担忧。因此，坦桑尼亚的援助流入量可能会逐渐减少。尽管如此，坦桑尼亚与亚洲国家的政治、商业和经济联系仍将大体保持不变。

第四节　中坦关系发展态势分析

一　中坦关系发展态势

中非关系是中国对外关系中极为重要的一环。进入 20 世纪 90 年代，中非关系面临新的时代背景与历史条件，拥有了新的基础与动力、新的时代特征和内容。中非关系开始从理想主义的政治主导型关系转向政治、经济、文化全方位合作且更为务实的关系，一种"政治上平等互信、经济上互利共赢、文化上交流互鉴"的新型战略伙伴关系正在形成。①

中国与坦桑尼亚有着良好的合作关系。1961 年坦噶尼喀独立，中国立即与坦噶尼喀建交；1964 年 1 月，桑给巴尔人民共和国成立，中国立即与之建交；1964 年 4 月，坦噶尼喀与桑给巴尔联合，宣布组成新的联邦制国家，中国随即与坦桑尼亚联合共和国建交，承认坦桑尼亚联合共和国的合法性，从外交上支持坦桑尼亚。1965 年 2 月 10 日，两国签订政府间的贸易协定。中国在政治、经济、文化、科技、军事、卫生等方面给予了坦桑尼亚极大的支持。如：建设坦赞铁路、帮助建设军队、派遣医疗队、援建友谊纺织厂和姆巴拉利农场等。另外，坦桑尼亚在中国重新加入联合国常务理事国等重要问题上，给予了极大的支持。中非合作论坛建立以来，中坦关系进入了全新的发展阶段。

（一）中坦政治关系

近年来，两国高层交往密切。2013 年 3 月，中国国家主席习近平首次访问非洲，首站访问坦桑尼亚，其间与基奎特总统举行会谈，会见了桑给巴尔总统谢因和坦桑尼亚前总统姆卡帕，在尼雷尔国际会议

---

① 刘鸿武：《论中非新型战略伙伴关系的时代价值与世界意义》，《外交评论》2017 年第 1 期，第 17 页。

中心发表演讲，向中国援坦专家公墓献花圈。2013 年 5 月，中国公安部副部长杨焕宁访问坦桑尼亚，中坦安全部门决定在巩固两国安全、打击象牙和毒品贸易等跨国有组织犯罪等方面进一步加强合作。2013 年 10 月，坦桑尼亚总理平达访华，共签署了 12 项双边协议，涉及能源、输变电、出口工业区、房地产和科技等领域。2013 年 5 月，桑给巴尔总统谢因访问中国，他代表桑给巴尔革命政府和中国政府签署了包括卫生、海洋、信息技术、通信领域四个方面的发展协议和培训协议。2014 年 6 月，中国国家副主席李源潮应邀访问坦桑尼亚。2014 年 10 月，坦桑尼亚总统基奎特应邀访问中国。2015 年 3 月，全国政协副主席、中联部部长王家瑞访问坦桑尼亚，并出席第三届中非青年领导人论坛活动；11 月，习近平主席特使、全国人大常委会副委员长张平访问坦桑尼亚，出席新任总统马古富力的就职仪式。2016 年 4 月，坦桑尼亚革命党主席基奎特应邀访问中国，开展党际交流。2016 年 10 月，商务部副部长钱克明率中国政府经贸代表团访问坦桑尼亚。2016 年 11 月，中央军委副主席范长龙访问坦桑尼亚。

（二）中坦经贸关系

当前，中坦经贸关系发展顺利。从原先中国单方面向坦桑尼亚提供援助，开展贸易或者承包工程，发展为涉及工业、农业、矿业、贸易、旅游、金融等领域的双边经贸关系。中国对坦桑尼亚的投资主要集中在铁路、港口、房地产建设、路桥、天然气管道和风电农场。这些投资促进了坦桑尼亚经济发展，创造了 10 万余个直接就业机会。中资企业的坦桑尼亚员工人数逾 15 万，超过 35 万的坦桑尼亚人从事与中国贸易相关工作。当前中资企业占据了坦桑尼亚基建市场约 70% 的市场份额，中资企业在电信业、制造业、矿业方面也取得了较好的业绩。中国已成为坦桑尼亚第一大贸易伙伴。中国投资和贸易已走进了坦桑尼亚经济体系的各个领域，融入了人民生活的各个方面，受到了坦桑尼亚政府和人民的广泛赞誉。

2011 年 11 月，中国政府经贸代表团访问坦桑尼亚，召开了两国经贸联委会第四次会议，签署了两国经济技术合作备忘录。2012 年 3

月，中国政府经贸代表团访问坦桑尼亚，双方签署了两国经济技术合作协定。2014年，中国政府将坦桑尼亚、肯尼亚和埃塞俄比亚作为工业产能转化计划的示范国家。在这一计划下，更多有竞争力的中国企业在坦桑尼亚开设运营。继"一带一路"、亚洲基础设施投资银行等倡议之后，在全球经济舞台上，中国又亮出了一张新牌——国际产能合作。坦桑尼亚是第一批加入中国国际产能合作进程的非洲国家。目前，中坦产能合作工作机制已经建立。坦桑尼亚走在中非产能合作的前端，为其他非洲国家抓住中国产能转移的历史发展机遇、加快工业化进程提供了绝好的样本。此外，中国还为坦桑尼亚急需发展的基础设施建设和重大民生项目提供了20多亿美元优惠贷款。

坦赞铁路是中、坦、赞三国乃至中非关系中具有里程碑意义的伟大工程。经过近40年的运营，该项目设备老化，管理不善，运量和运力均大幅下滑。为此，中、坦、赞三国政府正积极探讨对该项目进行维修改造。拟以特许经营为前提，以政府主导、企业主体、市场化运作为模式，为坦赞铁路注入新活力，确保其未来可持续发展。该项目的修复改造必将积极带动铁路沿线农业、矿产及旅游资源的综合开发，大大提升坦桑尼亚经济和人民生活水平。[①]

2013年，中国与坦桑尼亚签署了16个协议。其中，巴加莫约（Bagamoyo）港口建设项目，是坦桑尼亚的重要建设项目，港口吞吐量将是达累斯萨拉姆港的20多倍，建成后将成为非洲最大最现代化的港口，成为马拉维、卢旺达、布隆迪、乌干达和赞比亚等国进出口的主要港口。2016年11月21日，中坦相关部门举行该项目会谈纪要签字仪式，巴加莫约港被纳入坦桑尼亚的中长期战略规划。总投资约5亿美元的达累斯萨拉姆港13、14号泊位建设项目及总金额达56亿—60亿美元的达累斯萨拉姆天然气发电厂、多个输变电项目，以及风能发电等大中型项目正在推进中。

---

① 林治勇：《中坦经贸上台阶　共筑互利共赢梦》，《国际商报》2013年3月26日第B3版，http：//epapers.comnews.cn/news.php？newsid=1034752。

2012 年，继松戈松戈岛和姆纳兹湾后，英国天然气集团、挪威国家石油公司在坦桑尼亚海域再次发现高储量的天然气气田。坦桑尼亚政府开始加速用于电力供应的油气开发建设。2012 年 7 月，由中国石油管道局工程有限公司、中国石油技术开发有限公司联合承建坦桑尼亚天然气处理厂及管道工程。该项目由中国进出口银行提供 12.25 亿美元的贷款，是非洲国家中使用中国优惠贷款最多的单一项目，标志着坦桑尼亚成为累计签约和使用中国资金特别是优惠性质贷款最多的国家。2016 年 10 月，坦桑尼亚石油开发公司举行天然气管理工程终交仪式。该项目完成后，极大地解决了困扰坦桑尼亚多年的电力短缺问题，打通了坦桑尼亚经济发展的瓶颈，为其工业化发展奠定了坚实的基础。①

农业领域也是中坦经济合作的新亮点。中国农业发展集团投资开发的 1200 多公顷剑麻种植与纤维加工项目已投入生产多年，经济效益和社会效益良好。在为我国提供大量优质纤维的同时，为坦桑尼亚人民提供了大量的就业机会，并为当地民众提供了大量免费医疗和教育资源，深受坦桑尼亚政府和人民的欢迎。由江苏杰龙农产品加工有限公司、江苏杰龙麦芽有限公司共同出资注册的杰龙控股（坦桑尼亚）有限公司，总投资 3000 万美元，占地面积 50 英亩，建筑面积 58320 平方米，主要从事棉籽、葵花籽、米糠油等食用油加工，棉短绒生产、销售，注塑、包装，肥皂制作，饲料加工以及物流服务，葵花籽种植等业务，现已成为坦桑尼亚最大规模的棉籽、葵花籽油生产加工企业。② 此外，更有多家企业大规模投资开展农业种植及生物质发电站项目和糖厂项目建设。

---

① 林治勇：《中坦经贸上台阶　共筑互利共赢梦》，《国际商报》2013 年 3 月 26 日第 B3 版，http：//epapers.comnews.cn/news.php？newsid = 1034752。

② 施广权、祁风洲：《射阳农业龙头企业走出国门受到坦桑尼亚国家总理夸赞》，2018 年 7 月 15 日，新华报业网（https：//news.sina.com.cn/o/2018 - 07 - 15/doc-ihfkf-fak0796643.shtml）。

二　中坦关系的主要影响议题

（一）工业化

工业化是指发展中国家的"经济发展"与"现代化"。现代工业的产生与成长是工业化、现代化发展的核心内容。工业化被认为是发展中国家提高经济增长速度和国民生活水平的必由之路。① 坦桑尼亚的发展速度超过了 2005 年以来撒哈拉以南非洲国家的平均增长率，宏观经济表现强劲。虽然 67% 的人口仍然受雇于农业部门，但是 2010 年以来，坦桑尼亚逐渐出现产业转型的初步迹象。根据世界银行的数据，2018 年，农业、林业、渔业产值占国内生产总值的 29%，工业产值占比 25%，商品服务进出口占比 32%，其他约 14%。然而，薄弱的工业基础依然是制约坦桑尼亚经济发展的重要因素，以制造业为主导的结构转型是实现坦桑尼亚经济可持续增长的重要途径。

坦桑尼亚工业化进程始于建国初期，经历了五个发展阶段。一是工业体系初创时期（1964—1967 年），尼雷尔政府在原殖民地工业企业的基础上，建立了坦桑尼亚的工业体系。工业企业主要生产满足民众生活需要的基础产品，如棉花、剑麻、烟草、啤酒等。二是乌贾马运动时期（1967—1985 年）。1967 年，尼雷尔政府颁布了《阿鲁沙宣言》，在工业领域推行企业国有化，建设省级工业区，发展中小型企业，生产中间产品。然而，70 年代的两次石油危机以及乌坦战争，彻底摧毁了坦桑尼亚的经济基础，以农产品加工为主的工业体系遭受重创。三是经济结构调整时期（1986—1995 年）。姆维尼政府接受了国际货币基金组织的经济调整计划，推进企业私有化进程，经济逐渐复苏，但是工业制造业没有起色，反而呈萎缩趋势。四是重返实业发展时期（1996—2015 年）。1996 年，工业产值占国内生产总值的 13.02%。1999 年，坦桑尼亚政府制定了《2025 年愿景》，提出了可持续发展的工业化目标，大力吸引外资，加强工业部门的可持续发

---

① 刘树成主编：《现代经济词典》，江苏人民出版社 2005 年版，第 275 页。

展。2011 年，工业产值占国内生产总值的 26.38%。五是工业发展新时期（2016 年至今）。2016 年，坦桑尼亚政府出台了《国家发展规划五年计划（2016—2020）》（以下简称《第二个五年计划》），并且按照预期目标，推进工业化战略，工业产值在国内生产总值中的占比稳定在 24% 以上。

坦桑尼亚工业主要包括制造业、采矿和采石业、电力和煤气生产、水的供应、建筑业。2013 年，坦桑尼亚国家统计局与工业、贸易和投资部联合相关部门，在坦桑尼亚大陆开展了第四次工业生产普查。普查报告显示，坦桑尼亚工业部门具有三个特点。一是以小型企业为主，小型企业占比 97.3%。二是以加工制造业企业为主，加工制造业占比 98.4%。三是企业具有明显的地域性。坦桑尼亚企业最多的省份依次是：达累斯萨拉姆市、马拉省、鲁伍马省和莫罗戈罗省。[①] 中国农业大学王海民副教授认为："在坦桑尼亚的各业构成中，在 2000—2010 年这 11 年中，不仅在工业制造业中比例变化不大，其他产业的变化也不是很大，尽管坦桑尼亚近期的发展远远快于 20 世纪 80—90 年代，但并没有一个引起结构变化的经济起飞阶段出现。"[②]

经济全球化和亚洲国家的产能转移政策，给坦桑尼亚的工业化带来了契机。坦桑尼亚驻中国大使馆原大使阿布杜·扎哈曼·辛博先生认为，"坦桑尼亚总的工业战略，是建立在区域市场发展机遇和相关挑战以及贸易全球化动力的基础之上的。坦桑尼亚若要发展为一个半工业化国家，制造业对国民经济的贡献至少要占到国内生产总值的 40%。因此，为达到理想的社会经济转型和更高的增长率，坦桑尼亚经济基础必须经历这样的转型，即由自然资源开采和采掘垦殖工业（农业、旅游业和采矿业）为主导，向制造业、加工业和包装业为主导的生产和出口贸

---

① Antonio Andreoni, Mapping industrial production in Tanzania: A disaggregated analysis based on the 2013 mainland census, UNIDO, 2017, p. 6.

② 李小云等：《处在十字路口的坦桑尼亚——历史遗产与当代发展》，世界知识出版社 2015 年版，第 98 页。

易转型"。① 他认为，坦桑尼亚必须同中国合作，希望中国经验帮助坦桑尼亚达到 2025 年发展愿景。坦桑尼亚《第二个五年计划》对中国、印度、巴西等国的成功经验进行了深入分析，提出了较为详细的采矿业、农产品加工业、制造业、交通业、旅游业等行业的发展战略。制造业方面，将重点发展食品加工业、纺织服装业、皮革和皮革产品业、制药业、珠宝加工业等资本密集型产业。因此，基于坦桑尼亚工业化发展战略，支持中国企业到坦桑尼亚投资和发展，是近年来中坦合作的重要议题。

（二）文化交流

文化交流，是中坦两国相互理解和相互尊重的基础。中坦两国曾分别于 1962 年和 1992 年签署了双边《文化合作协议》。该协议是国家层面的协议，主要强调教育、文化、科学、技术、医疗、旅游和媒体等领域的合作，并由中非合作论坛进一步推动，强调在青年、妇女、非政府组织和学术机构等不同群体间展开密切合作和交流。

教育方面，在中国的坦桑尼亚留学生已经超过千人，其中平均每年有两百名坦桑尼亚学生有机会获得奖学金资助到中国完成学业。中国政府奖学金的数量随着时间的推移不断增加。此外，坦桑尼亚在达累斯萨拉姆大学、多多马大学、桑给巴尔大学等高等院校设立了孔子学院或者孔子学堂，为坦桑尼亚青年创造了学习中国语言和文化的机会。

医疗方面，除了设置各种医学课题奖学金，中国从 1964 年以来就一直向坦桑尼亚大陆和桑给巴尔派遣医疗队。两国还开展了传统医学研究领域的合作。基于中国医疗专家及技术的可靠性，该项合作不断拓展，特别是在研究和交流项目方面。

此外，为推进坦中双方更稳固的文化交流与合作，应在现有的合作基础上，推进两国更广泛领域的合作。如：加强两国间的艺术文化交流，鼓励两国的学者及大学间的学术交流，鼓励两国青年学习对方国的语言。

---

① ［坦］阿布杜·扎哈曼·辛博：《创造互利共赢的坦中关系新未来》，《中国投资》2016 年第 12 期，第 34 页。

三 "一带一路"倡议与坦桑尼亚的发展

2013 年，中国政府提出了"一带一路"倡议。该倡议得到了世界各国的广泛响应。160 多个国家和国际组织积极参与了"一带一路"倡议。

中坦两国有着深厚的传统友谊，以及良好的合作和发展前景。从地理上讲，坦桑尼亚处在"一带一路"的关键位置。通过与中国共同建设"一带一路"，坦桑尼亚可以加快发展自身基础设施，实施工业化战略，促进国民经济发展。同时，也可以有更多的机会促进中坦两国人民的相互了解，为中坦关系的发展奠定更加牢固的民意和群众基础。此外，还可以为中坦两国在共同参与国际事务，维护发展中国家的共同利益等方面提供更多的契机，有利于两国在和平安全领域的合作，提升坦桑尼亚的国际地位，维护坦桑尼亚的社会稳定和国家安全。

2017 年，中坦双边贸易额达 34.52 亿美元。目前中国已成为坦桑尼亚最大贸易伙伴、最大工程承包方和主要投资来源国。[①] 中资企业在坦投资超过 66 亿美元，两国合作成果体现在坦桑尼亚经济发展的各个领域和人民生活的各个方面。2016 年，由中铁建工东非公司承建的尼雷尔大桥顺利通车，该桥是东非地区最大的斜拉式跨海大桥；[②] 2016 年 6 月，由中石油天然管理局承建的坦桑尼亚天然气管道工程完工并投产一次成功，有效解决了坦桑尼亚电力严重短缺和严重依赖柴油发电的高价运行难题。该项目是中国对坦桑尼亚的重要援建项目，被誉为"新时期能源坦赞铁路"[③]。2017 年 11 月，由中国科达洁能与森大集团

---

① 邹如意、周仕兴：《坦桑尼亚民众点赞中国—东盟博览会》，《光明日报》2018年 8 月 29 日。

② 魏晞：《从坦赞铁路到尼雷尔大桥：中坦两国站在新"交汇点"》，2016 年 12 月 15 日，中国新闻网（http://www.chinanews.com/sh/2016/12-15/8094776.shtml）。

③ 中石油天然气管道局国际事业部：《坦桑尼亚天然气管道项目荣获金奖》，中国驻坦桑尼亚大使馆，2017 年 6 月 12 日，搜狐网（https://www.sohu.com/a/148289267_265558）。

共同出资建设的坦桑尼亚特福陶瓷厂，宣布正式投入生产运营；① 中坦产能合作已经初见成效，为双方进一步深化"一带一路"框架下的合作打下了良好基础。

中国的投资项目不仅带来了所需的资金，还带来了大量先进技术，帮助坦桑尼亚培养了一大批技能人才。中国通信建设集团有限公司建造的坦桑尼亚国家骨干光纤传输网项目，实现了坦桑尼亚网络应用从无到世界高端的直接跨越，一定程度上弥合了其与发达国家间的数字鸿沟，带动了信息通信产业的迅速发展，使其电话资费降低了58%，互联网费降低了50%，成为非洲东部重要的通信枢纽。阳光集团在坦桑尼亚投资的制卡印刷项目，填补了坦桑尼亚智能卡片生产的市场空白，满足了坦桑尼亚乃至东非地区银行、电信等行业对智能卡的需求。华为和中兴等中国公司都在坦桑尼亚投资，帮助坦桑尼亚加快了通信产业发展步伐。②

中国企业到坦桑尼亚开展投资合作，在推动坦桑尼亚经济发展的同时，也积极履行社会责任，成为促进当地社会发展的积极因素。在中国驻坦桑尼亚大使馆的组织和动员下，在坦中资企业踊跃参加回报当地社会的各项活动。通过为坦桑尼亚修建小学教室、实验室、足球场、送桌椅板凳和课本、为社区打井供水、修建公路和社区活动站、送医送药等多种形式，帮助当地改善民生，让百姓共享中坦互利共赢的合作成果，受到了坦桑尼亚政府和人民的广泛欢迎。

"一带一路"倡议，加深了中国与坦桑尼亚双方在基础设施建设、物流、农业、制造业、旅游、港口建设等领域的合作。

---

① 《中国陶瓷之花再次绽放非洲 坦桑尼亚特福陶瓷厂项目正式投产》，2017年11月27日，科达网（http://www.kedachina.com.cn/index.php/show-15-123.html）。

② 冯其予：《"一带一路"为坦桑尼亚带来发展良机》，《经济日报》2017年3月22日，新华网（http://www.xinhuanet.com/silkroad/2017-08/22/c_129686177.htm）。

第 二 章

坦桑尼亚中资企业调查
技术报告

2013 年，中国政府提出"一带一路"倡议以来，共有 125 个亚洲、非洲、欧洲国家积极支持与响应，与中国政府签署了合作文件。作为"一带一路"倡议的重要实践者，中资企业在海外积极推进设施联通、贸易畅通、资金融通和民心相通四大重点领域的建设，助推东道国的经济发展，共享经济发展成果。本次调查以在坦桑尼亚的中资企业负责人和坦桑尼亚籍员工为主要调查对象，建立雇主雇员匹配的立体数据库。本章内容包括坦桑尼亚国别组的调查方案、企业数据描述和员工数据描述。

第一节 调查方案

根据本项目的工作目标，坦桑尼亚国别组制定了详细的调查方案。调查方案由调查准备、实地调查、数据整理与分析组成。

一 调查准备阶段

本阶段自 2018 年 5 月至 2019 年 1 月，历时 9 个月。在此期间，坦桑尼亚国别组主要完成以下四项工作。

一是实地调研组成员招募。时间：2018 年 7 月至 10 月。结合工作要求，从专业、阅历等方面对中国访员进行遴选，最终确定 8 名中方访员，专业领域涉及英语语言文学、历史学、国际关系学、社会学、计算机技术、软件工程等专业。

二是拟订企业访问计划。时间：2018 年 7 月至 2019 年 1 月。通过商务部对外投资企业备案表的检索，整理出中国在坦桑尼亚投资的企业名单。按照制造业、建筑业、能源业、科技服务业等行业标准，对这些企业进行分类，拟订项目组的访问计划。使用电话、微信、邮箱等联系方式，展开与中国驻坦桑尼亚企业的联系工作，在出发前，确定了 10 家接受访问的企业。联系中国驻坦桑尼亚的有关单位，寻求各方力量的支持。

三是与达累斯萨拉姆大学、姆贝亚科技大学建立合作关系。请达累斯萨拉姆大学、姆贝亚科技大学帮助招募当地学生或者老师作为访员；与对方确定访问的时间、培训地点。

四是问卷调查技能培训。本次调查使用的面访系统，专业性较强，实地调查的师生需要学会调研工具的使用、熟悉调研问卷的内涵和题意。一方面确保到达访问国后，能够顺利地将数据传回国内，保证访问质量；另一方面确保到达当地后，立即开展调研工作，提高访问效率。

二　实地调查阶段

本阶段时间自 2019 年 1 月 15 日至 2 月 8 日，历时 25 天。在此期间，坦桑尼亚实地调研组在坦桑尼亚达累斯萨拉姆市、姆贝亚市和桑给巴尔西区开展调查问卷工作。国别组的其他成员在国内开展相关法律法规翻译和整理工作。调查问卷分为企业问卷和员工问卷。企业问卷的调查对象包括在坦桑尼亚经开区经营实体的中资企业负责人、在坦中资企业的负责人；员工问卷的调查对象是中资企业雇用的坦桑尼亚籍员工。

坦桑尼亚实地调研组于 1 月 15 日离开中国，当地时间 15 日下午到达坦桑尼亚达累斯萨拉姆尼雷尔国际机场。1 月 17 日，调研组访问达累斯萨拉姆大学，培训当地访员。1月18日，坦桑尼亚调研组与当地访员一起，全面展开坦桑尼亚中资企业调研工作。1月19日，调研组兵分两路，调研组6名成员留在达累斯萨拉姆市继续开展中资企业问卷调查；2名调研组成员前往坦桑尼亚西部城市姆贝亚开展中资企业问卷调查。1月25日，调研组合二为一，继续在达累斯萨拉姆市开展问卷调查。2月4日，调研组前往桑给巴尔岛开展问卷调查。2月7日，调研组结束问卷调查，返回中国。

实地调研分为两个阶段：第一阶段以国有控股企业为主，时间是1月18日至1月25日；第二阶段以民营企业为主，时间自1月26日至2月6日。从企业的资金来源看，既有国有控股企业，也有中国独资的民营企业，还有中坦合资的民营企业。从行业性质看，涉及了制造业、能源业、建筑业、科技服务业、餐饮业等行业。

本次调研，调研组共访问了36家企业，获得有效企业样本35份；访问了640名当地员工，获得有效员工样本640份。

三　数据整理与分析阶段

本阶段自2月10日到8月10日，历时6个月。在此期间，坦桑尼亚国别组主要完成以下工作。

一是撰写实地调研纪实。时间自2月10日至3月10日。该项任务由实地调研组的成员完成。实地调研组成员整理个人日记，撰写实地调研实录。

二是拟定总报告的大纲。时间自3月10日至4月10日。在原有报告大纲的基础上，根据实地调研情况，拟定调研报告写作提纲。确定写作组成员，整理实地调研数据，开始数据分析工作。

三是完成数据分析。时间自3月10日至8月10日。写作组成员整理调研数据，分析调研数据。与数据组紧密合作，开展数据描述和分析工作。

第二节 企业数据描述

基于坦桑尼亚三个地区收集到的企业样本，我们对坦桑尼亚中资企业的受访者职务、行业分布、企业规模、加入商会、在中国的母公司等情况进行了统计，以呈现坦桑尼亚中资企业的基本情况。

一 受访者职务情况

表2-1给出了中资企业受访者的职务情况。受访者以其他职务人员居多，占比48.57%；其次是企业所有者，占比25.71%。这与实地调研组到达坦桑尼亚的时间有一定关系。调研组到达坦桑尼亚调研适逢中国传统节日春节前后，多数中资企业负责人回国参加总公司的年终总结或者回国休假过年，因此，调研组访问到的企业负责人以部分民营企业负责人或者中层经理为主。

表 2-1　　　　　　　中资企业受访者职务情况　　　　（单位：%）

受访者职务	比重
企业所有者	25.71
总经理或 CEO	17.14
副总经理	8.57
其他	48.57

二 企业的基本情况

（一）企业行业分布

工业行业包括采矿业、制造业（食品制造、饮料制造、纺织品制造、服装与皮革制造、木材制品、纸制品、金属制品等）、电力、煤气和水的供应、建筑业。服务业行业包括批发和零售业，汽车、摩托车及个人和家庭用品的修理，旅馆和餐馆，运输、存储和通信业，金融业，房地产业，租赁和商业活动，研究发展和科学技术，教育，污水与垃圾处理，家政服务等。

表2-2给出了受访企业的行业分布情况。数据显示，工业企业比服务业企业占比多出近9个百分点。

表2-2 不同行业类型企业分布 （单位：%）

行业类型	比重
工业企业	54.29
服务业企业	45.71

（二）企业是否在坦桑尼亚经开区内

坦桑尼亚没有经开区，但是有类似于经开区的出口加工区和经济特区。

出口加工区分布在坦桑尼亚大陆地区，主要以两种形式存在，一种是工业园，另一种是独立经营的企业，由于工业园安置企业的空间和管理企业的能力均有限，允许独立经营的企业在自己选定的区域建设工厂或租赁企业用地，享受与园区内企业同样的优惠待遇。出口加工区入驻企业以出口型生产企业为主，目前分布在达累斯萨拉姆市、阿鲁沙和巴加莫约三个地区的5个出口加工区。

坦桑尼亚已建成本杰明·威廉·姆卡帕经济特区，该园区位于首都达累斯萨拉姆曼德拉高速公路附近姆邦戈（Ubungo）区，所有权属于坦桑尼亚政府。经济特区以出口加工制造以外的其他行业企业为主。①

中资企业较少参与出口加工区和经济特区，目前只有6家中资企

---

① 参见中华人民共和国国家税务总局《中国居民赴坦桑尼亚投资税收指南2018》，第7—8页，2019年6月12日，http：//www.chinatax.gov.cn/n810219/n810744/n1671176/n1671206/c2581565/content.html。

业进驻。① 从表 2－3 中可以看出，绝大部分中资企业不在坦桑尼亚经开区内，占比 74.29%。在坦桑尼亚经开区内的企业仅占 17.14%，有的企业既不在城市里，亦不在坦桑尼亚经开区，而是在较为偏远的其他地区。

表 2－3　　　　　　中资企业在坦桑尼亚经开区的情况　　　　（单位：%）

是否在坦桑尼亚经开区	比重
否	74.29
是	17.14
其他	8.57

（三）企业规模

企业规模是产品生产能力、实收资本、固定资产或劳动力在一个企业内的集中程度，是企业经济效益的决定因素之一。表 2－4 给出了不同规模中资企业的比重。数据显示，绝大多数中资企业是中型以上的企业，近六成为大型企业。

表 2－4　　　　　　　　中资企业规模情况　　　　　　（单位：%）

企业规模	比重
小型企业	14.29
中型企业	28.57
大型企业	57.14

（四）企业加入中国商会的情况

随着中坦经贸关系的深入发展，到坦桑尼亚投资工作的中国人逐渐增多。坦桑尼亚现有中国商会 11 家，包括坦桑尼亚工程承包商会、

---

① 中华人民共和国商务部：《〈对外投资合作国别（地区）指南〉之〈坦桑尼亚〉（2018 年版）》，第 65 页，2019 年 5 月 27 日，http：//fec. mofcom. gov. cn/article/gbdqzn/in-dex. shtml。

坦桑尼亚中华总商会、坦桑尼亚华人华侨联合会、中非民间商会、中国卡利亚库商会、坦桑尼亚浙江商会、坦桑尼亚福建同乡会、坦桑尼亚山东商会、坦桑尼亚湖南商会、坦桑尼亚河南商会、中国矿业（坦）联合会、中坦旅游餐饮协会等华人华侨组织。

表 2 - 5 给出了中资企业加入坦桑尼亚中国商会的情况。大多数中国企业加入了在坦桑尼亚的中国商会，占比为 71.43%。未加入中国商会的企业占比为 28.57%。

表 2 - 5　　　　　　　中资企业加入坦桑尼亚中国商会的情况　　　　（单位：%）

是否加入坦桑尼亚中国商会	比重
是	71.43
否	28.57

（五）企业内部建立工会的情况

表 2 - 6 给出了中资企业内部建立工会的情况。数据显示，近 3/4 的中国企业在企业内部没有成立工会组织，成立工会组织的企业仅占 25.71%。

这种情况可能与坦桑尼亚工会的性质有关。按照坦桑尼亚对工会的定义，坦桑尼亚工会是职工权益的代理人，是协调职工与用人单位矛盾的中间人，其职能主要是带领职工进行维权活动。[1] 因此，大多数中资企业没有建立企业内部工会组织。

表 2 - 6　　　　　　　　企业内部的工会组织情况　　　　　　（单位：%）

是否有自身工会	比重
是	25.71
否	74.29

---

[1]　张晓颖、沈丹雪：《中非工会差异及中资企业在非应对劳资矛盾的行为逻辑——基于对坦桑尼亚的调研》，《中国劳动关系学院学报》2018 年第 4 期，第 114 页。

（六）国有控股企业的情况

国有控股企业，又称"国有控股公司"，是指混合所有制企业中由国家控股的企业。在这些企业的全部资产中，相对于其他任何一个所有者，国有资产（股份）占资（股）最多。国有控股企业是国有资产产权经营的一种重要组织形式。以控股形式建立的国有资产产权经营机构在世界上是普遍存在的，[1] 可分为生产经营型国有控股企业、管理型国有控股企业和投资型国有控股企业。

从表 2 - 7 中可以看出，近六成的企业不是国有控股企业，国有控股企业占比为 42.86%。

表 2 - 7　　　　　　　国有控股企业比例分布　　　　　（单位：%）

是否为国有控股企业	比重
是	42.86
否	57.14

（七）中国母公司的情况

表 2 - 8、图 2 - 1 给出了与中资企业母公司相关的数据，包括企业是否有中国母公司、中国母公司的类型分布等内容。

从表 2 - 8 中可以看出，51.43% 的中资企业有中国母公司，近五成的企业没有中国母公司。一方面说明，有中国母公司的中资企业仍然是在坦桑尼亚投资的中资企业主体；另一方面也说明了越来越多的自然人或者投资公司到坦桑尼亚投资。

表 2 - 8　　　　　　　企业是否有中国母公司占比　　　（单位：%）

是否有中国母公司	比重
是	51.43
否	48.57

---

[1]　刘树成主编：《现代经济词典》，江苏人民出版社 2005 年版。

图 2-1 给出了受访企业中国母公司的资本构成情况。50% 的企业为国有企业；22.22% 的企业为私人控股企业。

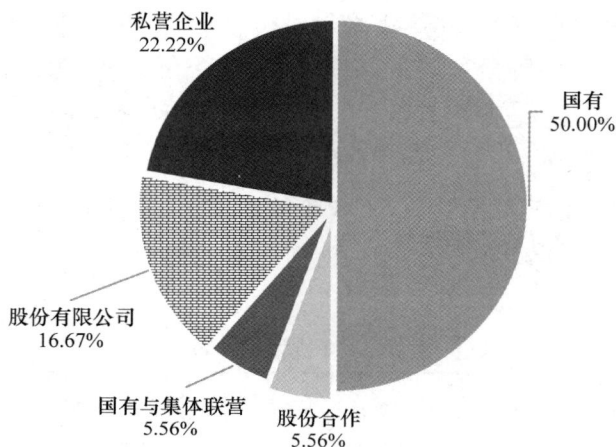

图 2-1 企业的中国母公司类型分布

从以上数据可以看出，国有企业仍是中国投资坦桑尼亚的主力军。但是，私营企业正在兴起，并形成一定规模。此外，股份有限公司和混合制企业正在悄然加入。

三 企业在中国商务部投资备案情况

表 2-9 给出了企业在中国商务部申请海外投资备案的情况。数据显示，在中国商务部备案的企业占比 48.57%，没有备案的企业占比 51.43%。没有备案的企业高于备案过的企业 2.86 个百分点。

表 2-9 企业是否在中国商务部备案占比 （单位：%）

是否在中国商务部备案	比重
是	48.57
否	51.43

四 企业是否有女性高管

表2-10给出了企业中是否有女性高管。这里的女性高管，包括中国女性高管和坦桑尼亚女性高管。数据显示，有女性高管的企业占比48.57%，略低于没有女性高管的企业。但是二者差距较小，仅差2.86个百分点。

表2-10　　　　　　　公司是否有女性高管占比　　　　　　（单位：%）

是否有女性高管	比重
是	48.57
否	51.43

从上面的数据描述可以发现，近一半的企业愿意聘用女性作为高级管理人员。这一数据一方面展现了坦桑尼亚女性地位的变化，另一方面说明坦桑尼亚社会治安环境总体良好，越来越多的中国女性愿意到坦桑尼亚工作。

第三节　员工数据描述

基于坦桑尼亚达累斯萨拉姆、姆贝亚、桑给巴尔三个地区收集到的640个员工样本，我们对当地员工的年龄、受教育程度、族群、宗教信仰、婚姻状况、出生地等分布情况进行了统计，以呈现中资企业当地员工的基本情况。此外，我们对管理人员与非管理人员的年龄分布进行了比较；对员工在当前企业的工作年限情况进行了统计。

一 员工的基本情况

（一）员工年龄分布

图2-2给出了按性别划分的员工年龄分布情况。男性员工的年

龄分布比例为：16—25岁，占比28.87%；26—35岁，占比49.33%；36岁及以上，占比21.8%。女性员工的年龄分布比例为：16—25岁，占比33.33%；26—35岁，占比60.68%；36岁及以上，占比5.98%。

从上面的描述可以发现，当地员工的年龄普遍较为年轻。无论是男性员工还是女性员工，年龄主要集中在16—35岁之间。这一年龄区间的男性员工占比78.2%；女性员工占比则高达94.01%。

其次，坦桑尼亚男性的职业生涯比女性时间长。从图2－2中可以明显发现，36岁及以上的女性员工仅有5.98%。

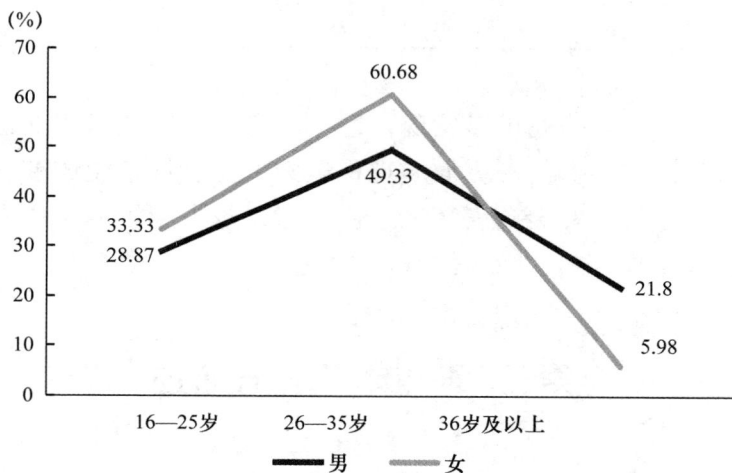

图2－2　按性别划分的员工年龄分布（N＝640）

（二）员工受教育程度分布

基于调查样本，我们从以下两个维度对员工受教育程度的分布情况进行考察：一是从性别的角度，二是从年龄的角度。

图2－3给出了按照性别划分的员工受教育程度分布情况。其中，男性员工的受教育程度分布为：未上过学的员工占比3.64%；小学学历的员工占比43.68%；中学或专科学历的员工占比40.04%；本

科及以上学历的员工占比12.64%。女性员工的受教育程度分布为：未上过学的员工占比2.56%，小学学历的员工占比25.64%；中学或专科学历的员工占比52.14%；本科及以上学历的员工占比19.66%。

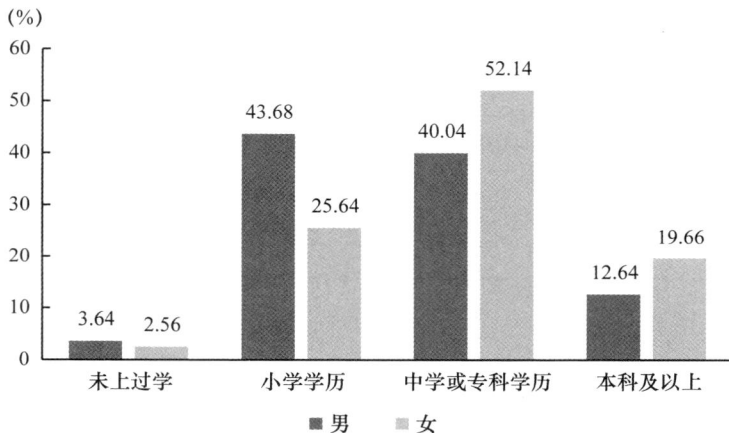

图2-3　按性别划分的员工受教育程度分布（N=639）

从上面的描述可以发现，男性员工的学历普遍低于女性员工。女性员工接受中学及以上教育的比例为71.8%；而男性员工仅为52.68%。这一数据表明，坦桑尼亚的女性必须接受更好的教育才能在中资企业工作。当然，这一数据与我们访问的企业有一定关系，女性员工多数在办公室工作，受教育的程度较高。男性则不然。从图2-3中，我们可以看出，男性员工主要集中在小学、中学或专科学历，占比为83.72%。

表2-11给出的是按年龄组别划分的员工受教育程度分布。按15—25岁、26—35岁、36岁及以上三个年龄段考察，15—25岁的员工，受教育程度集中在小学、中学或专科学历层次，其中中学或专科学历占比49.47%，小学学历占比41.05%。26—35岁的员工，受教育程度主要集中在中学或专科学历层次，占比为42.55%。这一阶段的当地员工有一个明显的特征，就是本科及以上层次的员工比例最高，占比为

18.54%。36 岁及以上的当地员工，学历层次以小学学历为主，占比为
50.83%。

表 2-11　　　　按年龄组划分的员工受教育程度分布（N=639）　　（单位：%）

最高学历	15—25 岁	26—35 岁	36 岁及以上
未上过学	2.11	2.74	7.50
小学学历	41.05	36.17	50.83
中学或专科学历	49.47	42.55	30.00
本科及以上	7.37	18.54	11.67

（三）员工族群分布

图 2-4 给出了按性别划分的员工族群分布情况。坦桑尼亚现有
126 个民族。数据显示，大部分员工属于其他民族，男性员工占比
77.76%，女性员工占比 76.07%。苏库马族男性员工占比 5.42%，
女性员工占比 4.27%；尼亚姆韦齐族男性员工占比 4.84%，女性员
工占比 3.42%；查加族男性员工占比 3.09%，女性员工占比 5.98%；
赫赫族男性员工占比 5.42%，女性员工占比 5.13%；哈亚族男性员
工占比 3.48%，女性员工占比 5.13%。

从上面的描述可以看出，以苏库马族、尼亚姆韦齐族、查加族、
赫赫族、哈亚族为代表的 100 万以上人口的较大民族，就业人数相对
较多；这与它们的经济发展水平和受教育程度有关。以苏库马族为
例。苏库马族是坦桑尼亚最大的民族，其人口有 300 余万人。苏库马
族人主要生活在维多利亚湖周边地区，从事棉花种植及其相关产业，
是坦桑尼亚经济水平相对较高的民族。

表 2-12 给出了按年龄段分布的员工族群差异情况。数据显示，
从年龄段上看，以其他民族为例，16—25 岁的年龄段，绝大多数员
工（82.98%）属于其他民族；26—35 岁的年龄段，占据优势地位的
仍是其他民族（79.14%）。有趣的是，从年龄段分布看，"苏库马

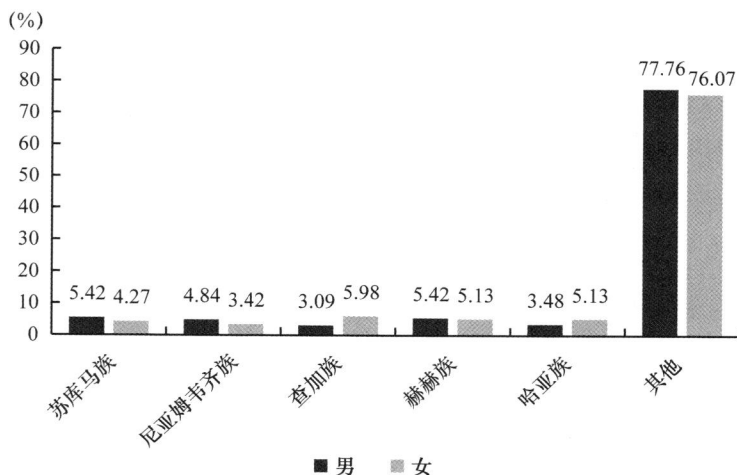

图 2 - 4　按性别划分的员工族群分布（N = 634）

族""查加族""赫赫族"均呈上升趋势。观察查加族的数据可以发现，其在 16—25 岁的员工样本中占比 2.13%，在 26—35 岁的员工中占比 3.37%，在 36 岁及以上的员工中占比 6.78%。

　　总体来说，来自苏库马族和赫赫族的员工占比都在 5% 以上，来自尼亚姆韦齐族的员工占比 4.59%，但是大量的员工来自其他民族，占比为 77.53%。

表 2 - 12　　　　　　按年龄段分布的员工族群差异（N = 607）　　　　（单位：%）

族群	16—25 岁	26—35 岁	36 岁及以上	总计
苏库马族	4.79	4.91	6.78	5.22
尼亚姆韦齐族	3.72	3.37	9.32	4.59
查加族	2.13	3.37	6.78	3.64
赫赫族	2.66	5.52	8.47	5.22
哈亚族	3.72	3.68	4.24	3.80
其他	82.98	79.14	64.41	77.53

（四）员工宗教信仰分布

表 2-13 给出的是按性别划分的员工宗教信仰分布情况。从调查数据看，坦桑尼亚员工信仰伊斯兰教和基督教的人员较多。中资企业男性员工信奉伊斯兰教的占 49.90%；信奉基督教的占比为 43.79%；女性员工则大多数信仰基督教。信奉伊斯兰教的比例为 34.19%，信奉基督教的比例为 61.54%。

表 2-13　　　　　　按性别划分的员工宗教信仰分布（N = 640）　　　　（单位：%）

宗教信仰	男	女
伊斯兰教	49.90	34.19
基督教	43.79	61.54
天主教	4.02	2.56
新教	1.15	0.00
锡克教	0.00	0.85
其他	1.15	0.85
合计	100.00	100.00

从表 2-13 中可以看出，男性信仰伊斯兰教的人数较多。大约有一半的男性员工信仰伊斯兰教。女性员工大多数信仰基督教。信仰其他宗教的比例极低。

（五）员工婚姻状况分布

图 2-5 给出的是按性别划分的员工婚姻状况分布情况。数据显示，男性员工中，单身或者未婚的比例为 50.1%，已婚的比例为 47.04%；女性员工中，单身或者未婚的比例为 75.21%，已婚的比例为 23.08%。总的来说，单身或者未婚的人员比例高于已婚人员。

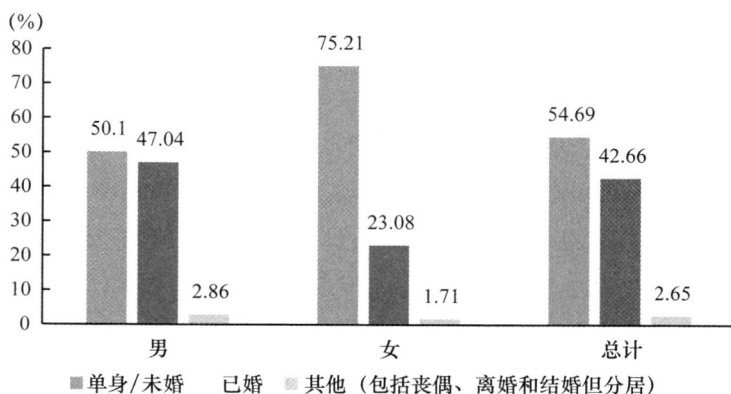

图 2 - 5　按性别划分的员工婚姻状况分布（N = 640）

（六）员工出生地分布

我们从两个维度对员工出生地分布情况进行了考察。一是从性别的角度，二是从年龄的角度。

图 2 - 6 给出了按性别划分的员工出生地分布情况。数据显示，大多数员工来自城市。其中，来自城市的男性员工与来自农村的男性员工比较相近，来自农村的人数比例为 47.80%，来自城市的人数比例为 52.20%。来自城市的女性员工与来自农村女性的比例差距较大，来自农村的人数比例仅为 37.61%，来自城市的人口比例为 62.39%。

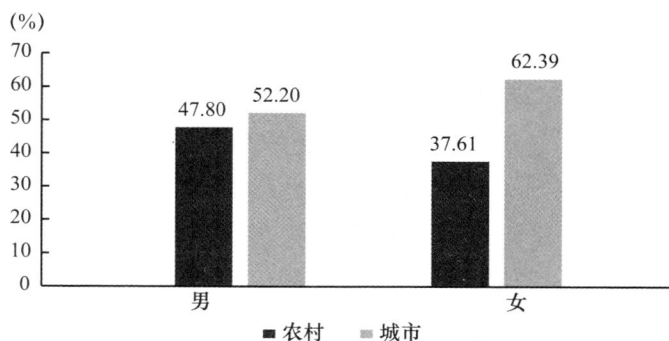

图 2 - 6　按性别划分的员工出生地分布（N = 640）

这一数据表明，城市女性外出工作的概率远大于农村女性。

表 2 - 14 给出了按年龄组划分的员工出生地分布情况。15—25 岁年龄组的员工，主要来自城市，城市占比 57.37%，这是三个年龄组中城市比例最高的一组。26—35 岁年龄组的员工，来自城市的员工多于来自农村的员工，他们的占比分别是 53.80% 和 46.20%。36 岁及以上年龄组的员工中，来自农村和城市的人数几乎均等，农村比例略高于城市。来自农村的员工占比为 50.41%。

表 2 - 14　　　　按年龄组划分的员工出生地分布（ N = 640 ）　　　（单位：%）

出生地	15—25 岁	26—35 岁	36 岁及以上
农村	42.63	46.20	50.41
城市	57.37	53.80	49.59

二　管理人员与非管理人员的年龄差异

图 2 - 7 比较了管理人员与非管理人员的年龄差异。通过比较调查样本，我们发现，员工样本绝大多数来自非管理人员，占比 91.84%。从各年龄段的分布来看，非管理人员的占比总体上呈现递减趋势，16—25 岁占比 97.37%；26—35 岁占比 89.94%；36 岁及以上占比 88.24%。与之相反，管理人员在各年龄段中所占比例，则呈现了随年龄增长而增长的趋势。管理人员样本显示，16—25 岁的管理人员占比 2.63%，36 岁及以上的管理人员占比 11.76%。

从上面的描述我们发现，非管理人员因工种、技术等原因，呈现出低龄化的特征；管理岗位有受教育程度、技术水平、管理能力、工作经验等基本素质的要求，因此年龄稍长的员工，从事管理工作的可能性越大。

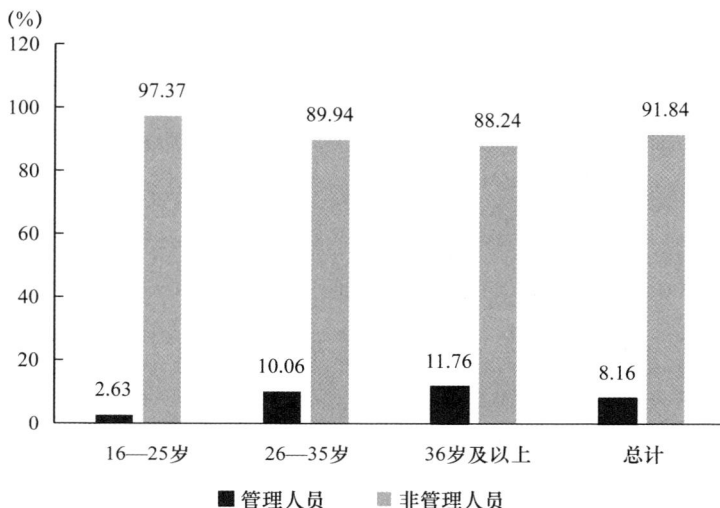

图 2-7 管理人员与非管理人员的年龄差异 (N = 637)

三 员工在当前企业的工作年限

表 2-15、表 2-16 从年龄和性别的角度，比较了当前企业不同工作年限的员工差异。表 2-15 的数据显示，16—25 岁的员工，在当前企业的工作年限较短。工作时间达七年以上的员工仅占 0.53%，此年龄段的员工工作年限主要集中在 1—2 年间。26—35 岁的员工则主要集中在 1—5 年间，但总体比例呈递减趋势。36 岁及以上的员工则波动较大。该年龄段内，工作一年的员工占比 20.69%；工作两年的员工仅有 8.62%，工作三年和四年的员工占比都在 10% 以上；工作七年以上的员工占比为 28.45%。

表 2-15   在当前企业工作年限不同的员工的年龄差异 (N = 634) (单位：%)

年龄	一年	两年	三年	四年	五年	六年	七年	七年以上
16—25 岁	36.51	26.98	16.40	6.88	7.94	2.12	2.65	0.53
26—35 岁	22.80	18.24	13.07	12.46	10.03	9.42	6.99	6.99
36 岁及以上	20.69	8.62	10.34	11.21	7.76	6.03	6.90	28.45
总计	26.50	19.09	13.56	10.57	8.99	6.62	5.68	8.99

从上面的描述可以看出，16—25 岁的员工是企业的新鲜血液。就工作年限在 1—3 年之间的员工中，16—25 岁的员工的占比高于平均值，尤其是第一年，高于均值 10 个百分点。36 岁以上的员工，相对稳定。工作七年以上的员工占比高于平均值 3 倍多。26—35 岁的员工相对活跃。在具备一定经验后，有可能去寻找新的工作机会。

表 2 - 16 的数据显示，男性员工和女性员工的工作年限均呈曲线式波动。工作一年的男性员工占比 27.75%，高于女性员工 7 个百分点，高于平均值 1 个百分点。工作两年的男性员工与女性员工的比例接近。工作三年的女性员工占比 21.37%，高于平均值近 8 个百分点。男性员工的高峰值主要在一年、两年和七年以上；女性员工的高峰值主要出现在一年、三年和五年。

表 2 - 16　　　　在当前企业工作年限不同的员工的性别差异（N = 636）（单位：%）

性别	一年	两年	三年	四年	五年	六年	七年	七年以上
男	27.75	19.46	12.14	11.18	8.48	5.97	4.82	10.21
女	20.51	17.09	21.37	7.69	11.11	9.40	9.40	3.42
总计	26.42	19.03	13.84	10.53	8.96	6.60	5.66	8.96

综上所述，员工在当前企业工作年限与年龄的关系较为密切。36 岁及以上的员工更容易认同企业文化，留在企业继续工作。从性别上看，男性的就业机会高于女性。在本企业工作七年以上的员工以男性居多。

第 三 章

坦桑尼亚中资企业生产
经营状况分析

中国与坦桑尼亚有着良好的经济贸易合作关系。20 世纪 90 年代，中国实行改革开放政策，部分中国企业到坦桑尼亚拓展业务，投资于坦桑尼亚的基础设施、电力、水利、纺织、通信、农业等领域。经历十余年的发展后，中资企业积累了丰富的海外投资经验，并且逐渐适应当地的营商环境，占领了较大的市场份额。

90 年代中后期，坦桑尼亚推行经济自由化政策，设立国家投资中心，推行一系列投资优惠政策，第一批中国新移民[①]到达坦桑尼亚，开始寻找个人的发展机会。在这些新移民中，有人成功淘到第一桶金后，开始投资建厂、办企业。2006 年，中非合作论坛北京峰会后，越来越多的企业和国民到非洲发展，中资企业如雨后春笋般迅速发展起来。

本章基于调研组从达累斯萨拉姆、姆贝亚、桑给巴尔三个地区获得的企业样本，重点分析了中资企业的基本情况、生产经营状况和融资状况。

---

① 新移民指改革开放以来移居国外的中国大陆公民。大陆新移民大规模进入非洲始于 20 世纪 90 年代末。本定义来自李鹏涛《中非关系的发展与非洲中国新移民》,《华侨华人历史研究》2010 年第 4 期, 第 24 页。

第一节　中资企业基本情况分析

本节主要分析坦桑尼亚中资企业的基本情况，内容包括中资企业的注册时间、运营时间、注册资金、实际投资额、企业股权结构及变动情况、企业母公司的类型、企业在中国商务部备案的情况，以及企业参与中国商会的情况。

一　中资企业运行的基本情况

（一）企业注册与运营时间分布

图 3-1 给出的是调研企业的注册时间和经营时间。数据显示，企业注册时间与经营时间略有差异，但基本一致。1995 年以前企业的注册时间和运营时间重合度较高，两个比例仅相差 0.08 个百分点。

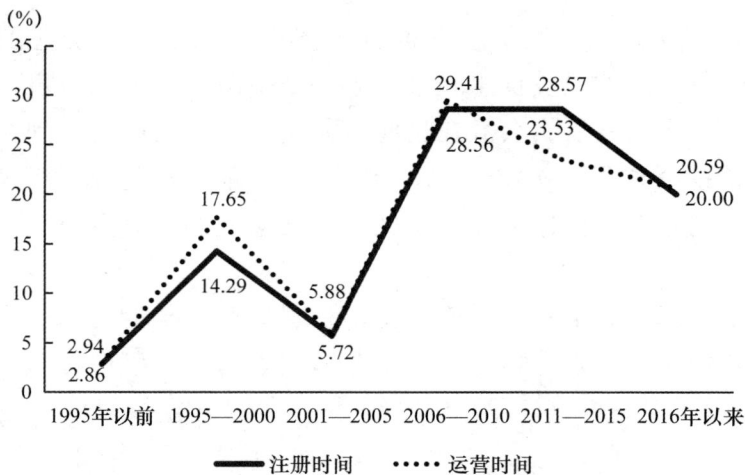

图 3-1　企业注册与运营时间年份分布

从注册时间看，中国企业投资坦桑尼亚基本呈稳步增长趋势，数据显示，中国企业在坦桑尼亚注册的高峰期出现在 2006—2015 年间。有近六成的企业在此期间注册并运营。2016 年以来企业注册量略微下降，不过，仍有少量企业注册和运营。另外，1995—2000 年，曾有一个小高峰。注册企业占比 14.29%，在此期间，运营的企业占比为 17.65%。

从以上数据可以看出，中资企业投资坦桑尼亚的时间与坦桑尼亚经济发展趋势基本一致。总体上是逐渐增长的趋势。然而，坦桑尼亚国内政治和经济局势对于投资形势依然有影响。2001—2005 年间，投资和运营的中资企业较少。2000 年，桑给巴尔众议院和总统选举引发骚乱，坦桑尼亚国内政治形势严峻，投资环境恶化，前往坦桑尼亚投资的中国企业急剧减少；2016 年以来，中资企业投资略微下降，部分中资企业撤资。

（二）企业股权分布情况

图 3-2 给出的是企业的股权分布情况。可以看出，中国私人资本和中国国有资本控股的公司达到 94.79%。其中，中国私人资本控股企业占比 56.91%，中国国有资本企业占比 37.88%。此外，坦桑尼亚国有控股、坦桑尼亚私人股份和其他国私人股份亦有体现。

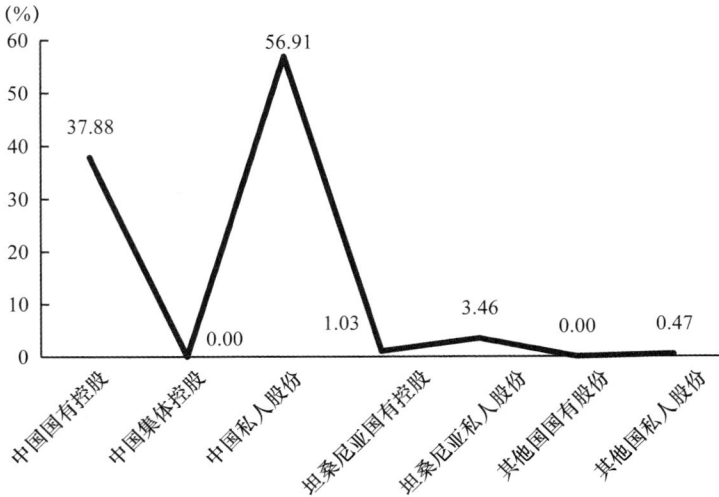

图 3-2　企业股权比例分布

　　从以上描述可以发现，随着中资企业投资的深入，中国企业进入坦桑尼亚经济领域的行业越来越多。根据《坦桑尼亚投资法》、《金融法（1997 年全面修正）案》等相关规定，坦桑尼亚政府鼓励投资的主导行业包括农业与畜牧业、自然资源、旅游业、制造业、油气资源开发与生产、交通业、房地产、服务业、金融机构、通信业等行业。但是对于旅游业、矿业和药品生产、海洋捕捞等行业有限制。按照规定，设立旅游、矿业企业，坦桑尼亚公民至少占有 25% 的股份；从事药品生产的，必须与当地人共同经营。[①] 因此，坦桑尼亚国有控股和私人股份的出现，说明中国企业已涉足坦桑尼亚的医药、旅游业等服务行业。

　　（三）企业的股权变化情况

　　表 3 - 1、表 3 - 2、表 3 - 3 主要从注册时间、是否有中国母公司以及是否在坦桑尼亚经开区运营的角度，考察中资企业的股权变化情况。

　　表 3 - 1 给出了不同注册时间企业的股权变化状况。从数据上可以看出，注册时间超过五年的企业，股权主要以中国股东为主。29.17% 的坦桑尼亚股东一直控股，12.50% 的其他国家股东一直不控股。注册时间少于五年的企业中，有 81.82% 的中国股东一直控股；曾经控股的中国股东和一直不控股的中国股东各占 9.09%。此外，开始出现坦桑尼亚股东和其他国家股东，其中，9.09% 的坦桑尼亚股东一直控股，9.09% 的其他国家股东一直控股。

　　表 3 - 2 给出了是否有中国母公司的中资企业股权变化情况。从数据中可以看出，无论有没有中国母公司，都存在着股权变化。有中国母公司的企业，中国股东股权有变化，一直控股的股东为 88.89%。没有中国母公司的企业，中国股东的股权基本没变化，控股率 100%。

---

　　① 商务部：《〈对外投资合作国别（地区）指南〉之〈坦桑尼亚〉（2017 年版）》（2017 年 9 月），第 53 页，2018 年 5 月 22 日（http：//fec. mofcom. gov. cn/article/gbdqzn/#）。

表 3 - 1　　　　　　　　注册时间不同的企业股权变化状况　　　　　（单位：%）

注册时间	中国股东股权变化				坦桑尼亚股东股权变化				其他国家股东股权变化			
	一直控股	以前控股	一直不控股	一直没有东道国股东	一直控股	以前控股	一直不控股	一直没有东道国股东	一直控股	以前控股	一直不控股	一直没有东道国股东
超过五年	100.00	0.00	0.00	0.00	0.00	0.00	29.17	70.83	0.00	0.00	12.50	87.50
少于五年	81.82	9.09	9.09	0.00	9.09	0.00	18.18	72.73	9.09	0.00	9.09	81.82

表 3 - 2　　　　　　　是否有有中国母公司的企业股权变化状况　　　　（单位：%）

是否有中国母公司	中国股东股权变化				坦桑尼亚股东股权变化				其他国家股东股权变化			
	一直控股	以前控股	一直不控	一直没有东道国股东	一直控股	以前控股	一直不控	一直没有东道国股东	一直控股	以前控股	一直不控	一直没有东道国股东
是	88.89	5.56	5.56	0.00	5.56	0.00	16.67	77.78	5.56	0.00	11.11	83.33
否	100.00	0.00	0.00	0.00	0.00	0.00	35.29	64.71	0.00	0.00	11.76	88.24

表 3 - 3 给出了是否在坦桑尼亚经开区运营的企业的类型。从数据可以看出，不在坦桑尼亚经开区内运营的企业性质类型众多。包括国有企业、股份合作企业、国有与集体联营企业、股份有限公司和私营企业，其中 52.94% 为国有企业。然而，在坦桑尼亚经开区运营的企业，100% 为股份有限公司。

表 3 - 3　　　　　　　是否在坦桑尼亚经开区的企业类型分布　　　　（单位：%）

是否在坦桑尼亚经开区	国有企业	股份合作企业	国有与集体联营企业	股份有限公司	私营企业
否	52.94	5.88	5.88	11.76	23.53
是	0.00	0.00	0.00	100.00	0.00

综上所述，中资企业的股权总体稳定。绝大多数中资企业由中国投资者控股，股权变化趋势不明显。部分企业存在股权变化。坦桑尼亚股东和其他国家股东控制的股权较少，最高仅为9.09%（见表3-1"注册时间少于五年"的企业部分）。

二 企业在中国商务部备案年份分布

图3-3给出了企业在中国商务部备案年份的分布情况。数据显示，2006—2010年，在商务部备案的企业数最多，比例达到35.72%；其次是两个平直区。2000年以前和2010年以后，在商务部备案的企业占比都在14%左右。

从以上数据分析可以看出，中资企业在坦桑尼亚的投资时间主要分布在两个时间段。第一个时间是中国改革开放以后，中国企业探寻"走出去"发展道路的时期。这一时期，以国有企业为主。2006年，中国企业掀起了到坦桑尼亚投资办企业的新高潮。

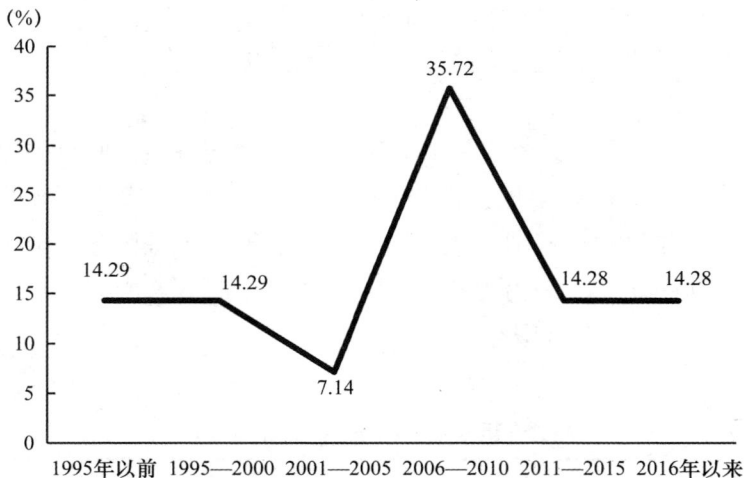

图3-3 企业在中国商务部备案年份分布

第二节　中资企业生产经营状况分析

本节主要描述中资企业具体的生产经营状况，包括企业的营业时间、销售市场、定价方式、市场份额、企业竞争力、竞争形势等内容。

一　中资企业的生产状况

（一）企业营业时间分布

图 3 - 4 给出了中资企业营业时间分布。每周平均营业时间在 41—50 小时的企业占比 45.71%；51—60 小时的企业占比 20%。30 个小时以下的企业很少，占比为 5.72%。

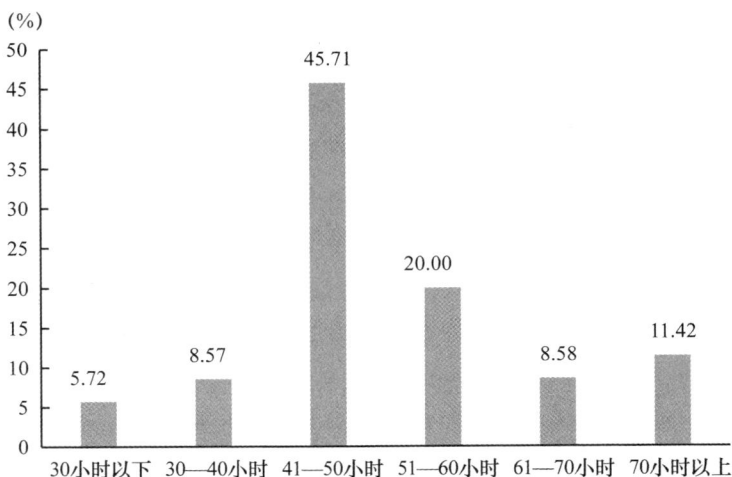

图 3 - 4　企业每周平均营业时间分布

坦桑尼亚 2004 年《就业与劳工关系法》之"工作时间"部分第 19 条第 1 款的规定是"在符合本条规定的情况下，雇主不得要求或者准许雇员每天工作超过 12 个小时"。第 2 款的规定是"除本条另有规定外，雇员获准或者必须工作的标准天数或者时间的上限是：a. 每周工作六天；b. 每周 45 小时；c. 每天 9 小时"。第 3 款规定是 "除本条另有规定外，雇主不得要求或者准许雇员超时工作"。[①] 从调研数据可以看出，绝大多数企业按照当地劳动法的规定，确定企业的工作时间或者营业时间。工作时间主要集中在 5—6 天之间。部分企业以倒班制的方式保证营业时间。

（二）企业产品主要销售市场情况

表 3 - 4 给出了中资企业产品的主要销售市场情况。从表格数据可以看出，从注册时间、企业在坦桑尼亚经开区、是否在中国商务部做境外投资备案、是否加入坦桑尼亚中国商会四个维度，得到的结果有所不同。

表 3 - 4　　　　　　企业产品的主要销售市场情况　　　　　（单位：%）

分组依据	具体内容	本地	坦桑尼亚国内	中国	国际
注册时间	超过五年	16.67	75.00	4.17	4.17
	少于五年	63.64	27.27	0.00	9.09
是否在坦桑尼亚经开区	否	23.08	73.08	3.85	0.00
	是	33.33	33.33	0.00	33.33
	其他	100.00	0.00	0.00	0.00
是否在中国商务部做境外投资备案	是	23.53	70.59	0.00	5.88
	否	38.89	50.00	5.56	5.56
是否加入坦桑尼亚中国商会	是	24.00	68.00	4.00	4.00
	否	50.00	40.00	0.00	10.00

从注册时间的角度看，注册时间超过五年的企业，销售重点依然在坦桑尼亚国内市场，占比市场为 75%，本地占比较低，有一定的中国国内市场和国际市场；注册时间少于五年的企业，销售重点主要

①　"The United Republic of Tanzania", *Employment and Labor Relations*, No. 6, 2004, p. 19.

集中在公司所在地，即当地市场，坦桑尼亚国内其他地区的份额有限，基本不在中国国内销售，有一定的国际市场。

从企业驻地是否在经开区的角度看，不在坦桑尼亚经开区内的企业，主要以坦桑尼亚国内市场和企业所在地市场为主，两者合计96.16%。在坦桑尼亚经开区的企业则呈现出本地市场、坦桑尼亚国内其他地区市场、国际市场三分天下的局面。选择了其他选项的企业则100%是企业所在地市场。

从是否在中国商务部做境外投资备案的角度看，在商务部做了境外投资备案的企业，销售市场以坦桑尼亚国内其他市场为主。未在商务部做境外投资备案的企业则是当地市场稍低于坦桑尼亚国内市场。

从是否加入坦桑尼亚中国商会的角度看，加入坦桑尼亚中国商会的企业主要以坦桑尼亚国内市场为主，占比68%。未加入坦桑尼亚中国商会的企业则以企业所在地的市场为主，占比50%。

从以上的数据描述可以看出，由于坦桑尼亚各省份对外国投资者的政策执行力度不一，老牌的注册时间超过五年以上的企业，其销售市场除了当地市场外，还扩大到了坦桑尼亚的其他地区。新进入坦桑尼亚的企业则以当地市场为主，同时兼顾坦桑尼亚国内市场和国际市场。

（三）企业主营产品的市场份额分布

表3-5给出了中资企业主营产品的市场份额分布情况。表格中的"本地"特指企业的主营产品卖到企业所在的同一城市或者地区；"中国"特指企业的主营产品卖回中国国内。

从本地市场看，有22.22%企业的产品以绝对的优势占据本地市场。有超过一半企业的产品市场份额不足10%。从坦桑尼亚国内市场看，中资企业的产品零星分布所有市场份额区间内。其中，五成以上的企业市场占有率在10%以下；市场份额在11%—20%、51%—70%、71%—100%的企业占比均为5%，说明中资企业的产品在坦桑尼亚国内市场上占有率不高。

数据还显示，卖回中国的产品并不多，但是市场占有率还不错，在31%—50%区间。从国际市场看，市场占有率在20%以下。

表3-5　　　　　　　　企业主营产品的市场份额分布　　　　　　（单位：%）

市场份额 市场类型	小于1%	1%—10%	11%—20%	21%—30%	31%—50%	51%—70%	71%—100%
本地	11.11	44.44	0.00	11.11	0.00	11.11	22.22
坦桑尼亚国内	25.00	30.00	5.00	20.00	10.00	5.00	5.00
中国	0.00	0.00	0.00	0.00	100.00	0.00	0.00
国际	50.00	0.00	50.00	0.00	0.00	0.00	0.00

从上面的数据描述可以看出，中资企业的产品份额主要集中在本地和坦桑尼亚国内市场。事实上，中资企业在坦桑尼亚国内市场占据主导地位的产品极少。调查数据显示，中资企业的市场占有率普遍不高，仅有5%的企业市场占有率在71%以上。结合调查数据和现场调查，中资企业主营产品的国际市场以东部非洲国家为主，市场占有率处于初级阶段，占有率在20%以下。

（四）企业的定价方式

表3-6给出了中资企业定价方式的分布情况。

从注册时间看，注册时间超过五年的企业，定价方式具有多样性，包括市场定价、成本加成、进口商品定价、买方议价和商业联盟定价等方式，市场定价是这类企业的主要定价方式，有70.83%的企业采用了这一方式。注册时间少于五年的企业，绝大多数采用了市场定价方式，少数企业采用成本加成和买方议价方式，但没有采用进口商品定价和商业联盟定价方式的企业。由此可见，无论注册时间长短，在坦桑尼亚的中资企业主要按市场的供需情况定价。

从企业所在地看，无论在坦桑尼亚经开区的企业，还是不在坦桑尼亚经开区或者在其他地区运营的企业，都主要遵循市场定价原则。从数据上看，不在坦桑尼亚经开区的企业，选择市场定价方式的企业比例比坦桑尼亚经开区的企业高出将近26.92个百分点；在其他地区运营的企业更是高达100%。在坦桑尼亚经开区的企业采用买方议价方式定价的占比33.33%。

从企业是否在中国商务部做境外投资备案看，绝大多数在中国商务部做过境外投资备案的企业采用了市场定价方式，少量企业采用进口商品定价、买方议价或者商业联盟定价方式。未在商务部做过境外投资备案的企业主要采用市场定价和成本加成两种方式。

从是否加入坦桑尼亚中国商会看，90%的未加入坦桑尼亚中国商会的企业采用了市场定价方式；加入坦桑尼亚中国商会的企业以市场定价为主，其他定价方式为辅。

表 3 - 6　　　　　　　企业在坦桑尼亚的定价方式分布　　　　（单位：%）

分组依据	具体内容	市场定价	成本加成	进口商品定价	买方议价	商业联盟定价
注册时间	超过五年	70.83	12.50	8.33	4.17	4.17
	少于五年	81.82	9.09	0.00	9.09	0.00
是否在坦桑尼亚经开区	否	76.92	11.54	7.69	0.00	3.85
	是	50.00	16.67	0.00	33.33	0.00
	其他	100.00	0.00	0.00	0.00	0.00
是否在中国商务部做境外投资备案	是	82.35	0.00	5.88	5.88	5.88
	否	66.67	22.22	5.56	5.56	0.00
是否加入坦桑尼亚中国商会	是	68.00	16.00	8.00	4.00	4.00
	否	90.00	0.00	0.00	10.00	0.00

从上述分析可以看出，在坦桑尼亚投资的中资企业，基本上遵循市场的供需情况来确定主营产品的价格。样本企业多数采用市场定价方式。

（五）企业产品的出口类型

表 3 - 7 给出了中资企业产品的出口类型情况。

从注册时间看，注册时间在五年以上的中资企业，出口产品的类型多样，包括原始设备制造商、原始设计制造商、原始品牌制造商以及其他类型。五成（50%）的中资企业在当地创建了自己的品牌。注册时间少于五年的中资企业，出口产品的类型为其他类型。

从企业所在区域看，不在坦桑尼亚经开区的中资企业，有57.14%是原始品牌制造商。在坦桑尼亚经开区的企业，100%是其他类型的出口企业。

从是否在中国商务部做境外投资备案看，在中国商务部做了境外投资备案的企业，有近七成（66.67%）出口的产品为其他类型。未在中国商务部做境外投资备案的企业，有一半（50%）是原始品牌制造商。

从是否加入坦桑尼亚中国商会看，加入坦桑尼亚中国商会的企业近六成（57.14%）是原始品牌制造商，未加入坦桑尼亚中国商会的企业，有五成是原始设备制造商，五成是其他类型的企业。

表 3 – 7 　　　　　　　　企业产品出口类型分布　　　　　　（单位：%）

分组依据	具体内容	原始设备制造商	原始设计制造商	原始品牌制造商	其他
注册时间	超过五年	12.50	12.50	50.00	25.00
	少于五年	0.00	0.00	0.00	100.00
是否在坦桑尼亚经开区	否	14.29	14.29	57.14	14.29
	是	0.00	0.00	0.00	100.00
是否在中国商务部做境外投资备案	是	0.00	0.00	33.33	66.67
	否	16.67	16.67	50.00	16.67
是否加入坦桑尼亚中国商会	是	0.00	14.29	57.14	28.57
	否	50.00	0.00	0.00	50.00

综上所述，中资企业产品出口类型以原始品牌制造商为主。从企业注册时间、是否在坦桑尼亚经开区、是否在中国商务部做境外投资备案、是否加入坦桑尼亚中国商会四个维度看，原始品牌制造商均占五成或五成以上（50.00%、57.14%、83.33%、57.14%）。然而，中资企业在原始设备制造商、原始设计制造商方面比例偏低。

二 企业的竞争情况

中资企业在投资和开拓坦桑尼亚市场，必然遇到企业的竞争。我们从企业竞争压力的来源、近五年来企业竞争状况以及竞争方式的变化方面，观察中资企业面对的市场竞争和市场变化。

（一）不同行业类别竞争压力的主要来源

表3－8给出了不同行业类别竞争压力的主要来源情况。调查数据显示，工业的压力主要来自外资同行，占比82.35%；服务业的竞争压力则主要来自坦桑尼亚同行，占比61.54%。从坦桑尼亚同行的竞争压力看，服务业高于工业43.89个百分点。

表3－8　　　　　　　不同行业类别竞争压力的主要来源　　　　　（单位：%）

行业类型	坦桑尼亚同行	外资同行
工业	17.65	82.35
服务业	61.54	38.46

从以上的数据描述可以发现，工业行业中资企业竞争压力的主要来源是外资同行，其中，建筑业的竞争压力更多的是来自中国的企业同行。

（二）企业竞争状况的变化情况

表3－9给出了近五年来企业的竞争状况变化情况。调查数据显示，近九成（89.47%）的工业企业感觉竞争更激烈，近七成（68.75%）的服务业企业感到竞争更激烈；近九成（88.24%）在商务部做过境外投资备案的企业感觉竞争更激烈；大多数（72.22%）未在中国商务部做过境外投资备案的企业感到竞争更激烈。无论是否加入坦桑尼亚中国商会，80%的企业都感觉到竞争更激烈。

表3－9　　　　　　　近五年来企业的竞争状况变化情况　　　　　（单位：%）

分组依据	具体内容	更好经营	没有变化	竞争更激烈
行业	工业	5.26	5.26	89.47
	服务业	12.50	18.75	68.75

续表

分组依据	具体内容	更好经营	没有变化	竞争更激烈
是否在中国商务部做境外投资备案	是	11.76	0.00	88.24
	否	5.56	22.22	72.22
是否加入坦桑尼亚中国商会	是	8.00	12.00	80.00
	否	10.00	10.00	80.00

以上描述呈现出的趋势是，近五年来，无论是工业还是服务业的企业，都认为市场竞争更激烈。除此之外，约有 17.76% 的企业认为更好经营了，有 24% 左右的企业认为竞争形势没有变化。

（三）企业竞争方式的变化情况

表 3-10 给出了近五年企业竞争方式的变化情况。

调查数据显示，从行业的角度看，工业和服务业的竞争方式有所不同。在工业行业企业中，认为价格竞争更激烈的企业占了四成（42.11%）；认为竞争方式没有变化的企业占三成（31.58%），认为质量竞争更激烈的企业有两成（21.05%）。在服务业行业中，认为质量竞争更激烈的企业占 43.75%，认为价格竞争更激烈的企业占 25%。

从是否在中国商务部做境外投资备案的角度看，在商务部备过案的企业认为，价格竞争更激烈，占比 35.29%，认为质量竞争更激烈的占比 29.41%。未在商务部备过案的企业认为，价格竞争和质量竞争都更激烈，占比均为 33.33%。

从是否加入坦桑尼亚中国商会的角度看，加入商会的企业认为，价格竞争更激烈，占比 40%；未加入坦桑尼亚中国商会的企业认为，质量竞争更激烈，占比 70%。

表 3 – 10　　　　　　　近五年来企业竞争方式的变化情况　　　　　（单位：%）

分组依据	具体内容	没有变化	价格竞争更激烈	质量竞争更激烈	广告战更激烈	其他
行业	工业	31.58	42.11	21.05	0.00	5.26
	服务业	18.75	25.00	43.75	6.25	6.25
是否在中国商务部做境外投资备案	是	29.41	35.29	29.41	0.00	5.88
	否	22.22	33.33	33.33	5.56	5.56
是否加入坦桑尼亚中国商会	是	32.00	40.00	16.00	4.00	8.00
	否	10.00	20.00	70.00	0.00	0.00

上述描述显示，近五年来，不同类型的中资企业面对市场环境时的表现有所不同。有的企业注重提高质量，以质量胜出；有的企业则降低价格，以低价谋取客源或者产品市场。总的来说，价格竞争和质量竞争正在加剧。广告业对于中资企业开拓市场的助力不大，仅有 6.25% 的服务业企业认为广告战更激烈。

三　企业的自主程度

本部分从不同行业类型的企业、企业是否在中国商务部备案以及企业是否加入坦桑尼亚中国商会三个维度，通过观察中资企业在产品生产、产品销售、技术开发、新增投资和员工雇用五个生产经营要素的自主程度，展示中国海外企业的自主权限。

（一）不同行业类型的企业的自主程度情况

表 3 – 11 给出了不同行业类型的企业自主程度。

数据显示，从工业行业企业看，近六成的工业行业企业，在产品生产（57.89%）、技术开发（57.89%）方面的自主程度可达到100%；63.16% 的工业行业企业在员工雇用方面的自主程度可达到100%。然而，在新增投资方面，则呈现出两端多的情况。如：42.11% 的工业企业在新增投资方面的自主程度在 19% 以下；47.37% 的工业企业可以自主地确定新增投资。从服务业看，半数的企业在产品生产（53.33%）、产品销售（53.33%）方面有100%的自主权。在新增投资方面，服务业企业的自主权明显高于工业企业，有六成企业的自主权为100%。

从上面的数据描述可以发现，近五成的企业自主程度极高。它们在产品生产、产品销售、技术开发、新增投资和员工雇用方面拥有100%的自主权。此外，企业的自主程度与行业类型的关系不大。

表3-11　　　　　　　　不同行业类型的企业自主程度　　　　　（单位：%）

具体内容	行业类型	0%—19%	20%—39%	40%—49%	50%—59%	60%—69%	70%—79%	80%—89%	90%—99%	100%
产品生产	工业	10.53	0.00	0.00	10.53	5.26	5.26	5.26	5.26	57.89
	服务业	13.33	13.33	0.00	6.67	0.00	6.67	0.00	6.67	53.33
产品销售	工业	15.79	0.00	0.00	5.26	5.26	0.00	5.26	15.79	52.63
	服务业	0.00	6.67	6.67	0.00	6.67	6.67	13.33	6.67	53.33
技术开发	工业	15.79	0.00	0.00	21.05	5.26	0.00	0.00	0.00	57.89
	服务业	40.00	0.00	6.67	0.00	0.00	0.00	6.67	6.67	40.00
新增投资	工业	42.11	0.00	5.26	0.00	0.00	0.00	5.26	0.00	47.37
	服务业	26.67	0.00	0.00	6.67	0.00	6.67	0.00	0.00	60.00
员工雇用	工业	5.26	0.00	0.00	0.00	0.00	5.26	0.00	26.32	63.16
	服务业	0.00	0.00	0.00	6.67	0.00	6.67	6.67	13.33	66.67

（二）是否在中国商务部备案与企业自主程度的关系

表3-12给出了是否在中国商务部备案与企业自主程度的关系。

数据显示，在商务部备案过的企业总体上自主程度相对偏低。没有备案过的企业自主程度较高。以自主权为100%的选项为例，没有备案过的企业和备案过的企业差距较大。从产品生产看，备案过的企业占比18.75%，没有备案过的企业占比88.89%；从产品销售看，备案过的企业占比18.75%，没有备案过的企业占比83.33%；从技术开发看，备案过的企业占比18.75%，没有备案过的企业占比77.78%；从新增投资看，备案过的企业占比12.50%，没有备案过的企业占比88.89%；从员工雇用看，备案过的企业占比37.50%，没有备案过的企业占比 88.89%。

从以上数据分析可以看出，企业的自主程度与企业是否在中国商务部做过海外投资备案的关系相对密切。在中国商务部作为海外投资备案的企业，在技术开发、新增投资等与资金有关的要素方面，自主程度偏低。在产品生产、产品销售以及员工雇用等生产要素方面，自主程度略微偏高。有五成以上在商务部做过海外投资备案的企业，产品生产、产品销售和员工雇用的自主程度可以达到 60% 以上。其中，在员工雇用方面的自主程度最高，有 37.50% 的企业有 100% 的自主权。

表 3 - 12　　　　　是否在中国商务部备案与企业自主程度关系　　　（单位：%）

具体内容	是否在中国商务部备案	0%—19%	20%—39%	40%—49%	50%—59%	60%—69%	70%—79%	80%—89%	90%—99%	100%
产品生产	是	25.00	12.50	0.00	12.50	6.25	12.50	6.25	6.25	18.75
	否	0.00	0.00	0.00	5.56	0.00	0.00	0.00	5.56	88.89
产品销售	是	18.75	6.25	6.25	6.25	12.50	6.25	12.50	12.50	18.75
	否	0.00	0.00	0.00	0.00	0.00	0.00	5.56	11.11	83.33
技术开发	是	43.75	0.00	6.25	25.00	6.25	0.00	0.00	0.00	18.75
	否	11.11	0.00	0.00	0.00	0.00	0.00	5.56	5.56	77.78
新增投资	是	68.75	0.00	6.25	6.25	0.00	6.25	0.00	0.00	12.50
	否	5.56	0.00	0.00	0.00	0.00	0.00	5.56	0.00	88.89
员工雇用	是	6.25	0.00	0.00	6.25	0.00	12.50	6.25	31.25	37.50
	否	0.00	0.00	0.00	0.00	0.00	0.00	0.00	11.11	88.89

（三）是否加入坦桑尼亚中国商会与企业自主程度的关系

表 3 - 13 给出了企业是否加入坦桑尼亚中国商会与企业自主程度的关系。

从产品生产看，加入坦桑尼亚中国商会的企业，自主程度相对较高。自主权在 70% 以上的企业占比为 79.17%。与之相比，未加入坦桑尼亚中国商会的企业，在产品生产的自主程度上呈中间少、两边多的分布状态。自主程度达到 100% 的企业占比 40%。自主程度在 20%

以下的企业占比20%。

从产品销售看，加入中国商会的企业，在每个比例段都有分布，但主要集中在90%以上，企业占比为70.83%。说明大多数企业在产品销售方面的自主程度很高。而未加入中国商会的企业则呈跳跃式分布，有四成的企业完全自主进行产品销售。

从技术开发看，加入中国商会的企业自主程度高于未加入的企业，两种类型的企业相差20个百分点。未加入中国商会的企业在技术开发方面，呈现出中间少、两端多的特点，自主程度为0—19%和100%的企业占比均为30%。

从新增投资看，企业加入中国商会与否，对企业的新增投资影响不大。在自主程序为100%的选项中，无论是加入中国商会的企业，还是未加入中国商会的企业，其占比均达到五成。加入坦桑尼亚中国商会的企业略高了四个百分点。

从员工雇用看，两种类型的企业自主程度都比较高。绝大多数企业的自主程度在90%以上。其中，加入中国商会的企业占比87.50%；未加入中国商会的企业占比80%。

表3-13　　　　是否加入坦桑尼亚中国商会与企业自主程度关系　　（单位：%）

具体内容	是否加入坦桑尼亚中国商会	0%—19%	20%—39%	40%—49%	50%—59%	60%—69%	70%—79%	80%—89%	90%—99%	100%
产品生产	是	8.33	4.17	0.00	8.33	0.00	8.33	4.17	4.17	62.50
	否	20.00	10.00	0.00	10.00	10.00	0.00	0.00	10.00	40.00
产品销售	是	8.33	4.17	4.17	4.17	4.17	4.17	12.50	58.33	
	否	10.00	0.00	10.00	0.00	10.00	0.00	20.00	10.00	40.00
技术开发	是	25.00	0.00	16.67	0.00	0.00	0.00	0.00	0.00	58.33
	否	30.00	0.00	10.00	0.00	10.00	0.00	10.00	10.00	30.00
新增投资	是	33.33	0.00	4.17	0.00	0.00	4.17	4.17	0.00	54.17
	否	40.00	0.00	0.00	10.00	0.00	0.00	0.00	0.00	50.00
员工雇用	是	0.00	0.00	0.00	4.17	0.00	8.33	0.00	20.83	66.67
	否	10.00	0.00	0.00	0.00	0.00	0.00	10.00	20.00	60.00

从以上数据的描述可以看出，坦桑尼亚中国商会对企业经营生产的影响有限。两种类型的企业差异较为明显的选项，分别是产品生产、产品销售和技术开发方面。可以看出，加入坦桑尼亚商会的企业，在生产和销售环节的自主程度较高；反之未加入坦桑尼亚商会的企业，在生产和销售环节自主程度相对较低。然而，在新增投资和员工雇用方面，是否加入中国商会这一因素，没有产生明显的影响。

四　企业承担的项目以及政府的履约情况

表3-14给出了企业注册时间与承担坦桑尼亚各类项目的情况。数据显示，注册时间超过五年的企业承担的项目范围广泛，涉足了建筑和电力、公路、铁路、水电、火电、航运以及其他项目。在公路项目上表现突出，七成以上（72.73%）的企业承担过或者正在承担公路项目。然而，注册时间少于五年的企业承担的项目主要集中在其他项目上，占比为66.67%。建筑和电力、公路等基础设施项目虽有涉及，但比例远低于注册时间超过五年的企业。其中，建筑、电力项目占比为27.27%；公路项目略高，占比33.33%。

表3-14　　　　　企业注册时间与承担坦桑尼亚各类项目情况　　　　（单位：%）

项目内容	注册时间超过五年		注册时间少于五年	
	是	否	是	否
建筑、电力	45.83	54.17	27.27	72.73
公路项目	72.73	27.27	33.33	66.67
铁路项目	9.09	90.91	0.00	100.00
水电项目	36.36	63.64	0.00	100.00
火电项目	9.09	90.91	0.00	100.00
航运项目	9.09	90.91	0.00	100.00
其他项目	45.45	54.55	66.67	33.33

从以上的描述可以发现，近五年来进入坦桑尼亚投资的中资企业除了继续参与基础设施建设项目外，开始投资旅游、酒店等服务业

行业。

图 3-5 给出了中资企业对坦桑尼亚政府履约程度的看法。数据显示，64.29%的企业认为坦桑尼亚政府的履约程度不太好，需要经常催促，不一定能履约；28.57%的企业认为坦桑尼亚政府的履约程度一般，需要 3—5 次催促才能正常完成合约。从上面的描述可以看出，坦桑尼亚政府的履约程度不高。

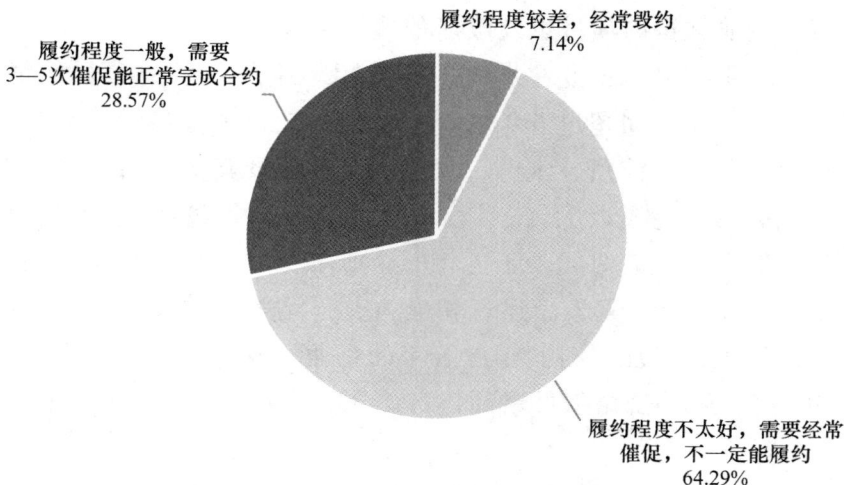

图 3-5　中资企业对坦桑尼亚政府履约程度的看法

五　企业的销售渠道

表 3-15 给出了企业的互联网销售渠道和传统销售渠道的比较情况。数据显示，从行业的角度比较，在工业行业中，所有的中资企业都认为传统销售渠道比互联网销售渠道好；在服务业行业中，有 90.91%的企业认为传统销售渠道更好（88.89%）。

从是否在中国商务部备案的角度比较，备案过的企业认为，传统销售渠道的效果更好；未在商务部备案的企业中，绝大多数企业认为传统的销售渠道更好。

从上面的数据描述可以发现，坦桑尼亚的互联网仍不够发达，人们更多的是通过电视、报纸、杂志等传统渠道了解企业的产品；企业主要从传统销售渠道获取项目。

表 3 – 15　　　　　企业的互联网销售渠道和传统渠道比较　　　　（单位：%）

分组依据	具体内容	传统渠道更好	差不多
行业	工业	100.00	0.00
	服务业	90.91	9.09
是否在中国商务部做境外投资备案	是	100.00	0.00
	否	88.89	11.11

表 3 – 16 给出了企业投放电视广告的情况。数据显示，从行业的角度看，工业企业从来不投放电视广告。服务业企业绝大多数企业不投放电视广告，仅有 25% 的企业投放电视广告，以促进产品销售。从是否在中国商务部备案的角度看，近七成（66.67%）在商务部备案过的企业不采用电视广告这一销售渠道；未在商务部备案过的企业更不喜欢投放电视广告，仅有两成的企业采用投放电视广告方式销售产品。

表 3 – 16　　　　　　　企业投放电视广告情况　　　　　　（单位：%）

分组依据	具体内容	是	否
行业	工业	0	100.00
	服务业	25.00	75.00
是否在中国商务部做境外投资备案	是	33.33	66.67
	否	20.00	80.00

图 3 – 6 给出了中资企业不投放电视广告的原因。数据显示，50% 的企业选择了 "不需要采用电视广告" 这一选项，说明企业主

要通过其他渠道获得的项目或者销售业绩。41.67%的企业选择了"坦桑尼亚电视广告宣传效果不好"的选项。

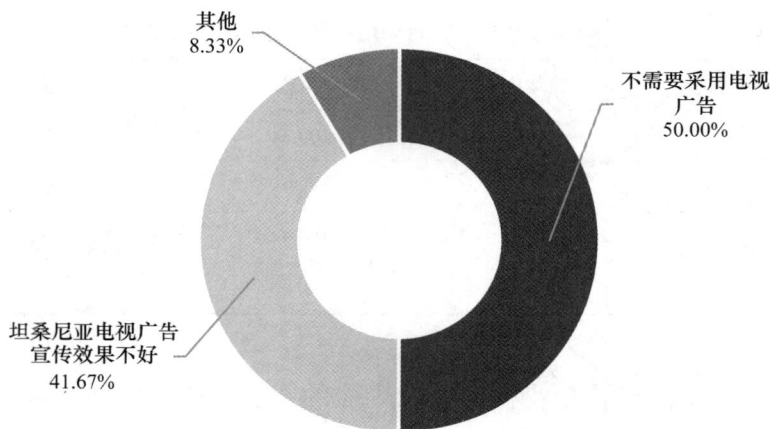

图3-6 中资企业未投放电视广告的原因

第三节 中资企业融资状况分析

本节主要描述中资企业的融资状况，主要从企业融资来源和企业未申请贷款的原因两个方面来分析。

一 企业融资来源分布情况

图3-7给出了中资企业融资来源分布情况。数据显示，有35.29%的企业资金来自中国母公司的拨款。有20%的企业资金来自坦桑尼亚银行机构贷款。有17.14%的企业资金来自其他来源。社会组织贷款占比为0%。

从以上描述可以发现，中资企业融资渠道多样。中国母公司的拨款占了35.29%；银行贷款占了三成以上（坦桑尼亚银行机构贷款20%，中国国内银行机构贷款11.43%）；赊购和商业信用占比11.43%。

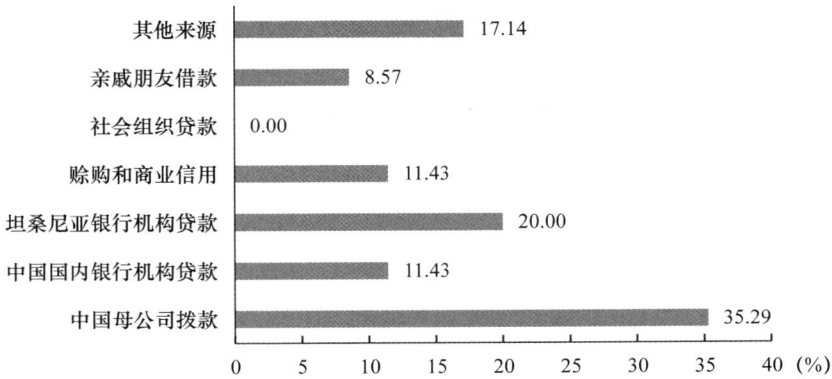

图3-7　中资企业融资来源分布

二　企业未申请贷款的原因

图3-8给出了企业未申请贷款的原因分布情况。调查数据显示，企业未申请贷款的原因主要有三个：申请程序复杂（占比74.07%）；无贷款需求（占比70.37%）；银行利率过高（占比66.67%）。除了这三个原因外，有44.44%的企业认为担保要求过高。

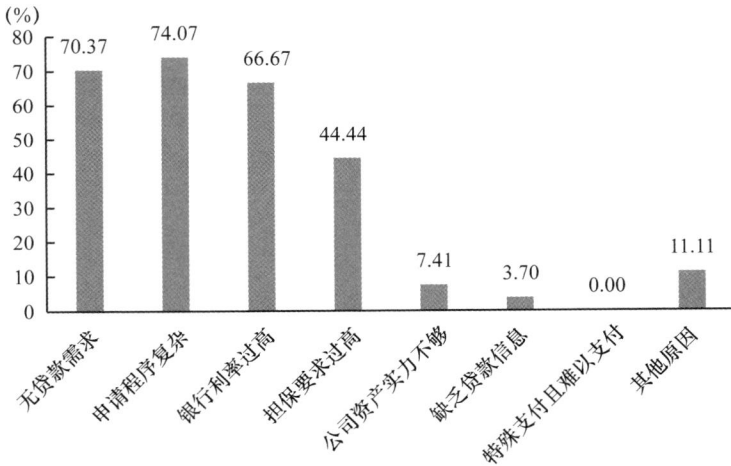

图3-8　企业未申请贷款的原因分布

从以上的描述可以看出，坦桑尼亚银行业提供的服务有限，无论是申请程序复杂，还是担保要求过高，都与坦桑尼亚金融业的发展状况有着密切的联系。其次，没有贷款需求，也是一个极其重要的原因。根据调查情况，没有贷款需求的原因较多，如：所有资金都来自中国母公司拨款，企业没有在投资国贷款的权限；企业资金充裕，不需要贷款，等等。

本章提要

本章主要考察坦桑尼亚中资企业的生产经营状况，并加以分析，内容包括企业的基本情况、生产经营状况以及融资状况。

第一节分析了坦桑尼亚中资企业的基本情况。包括注册与运营时间、股权构成与变化以及海外投资备案情况。

从注册时间和运营时间的比例看，中资企业的注册时间与运营时间基本一致。中资企业到坦桑尼亚投资的高峰期主要在 2006 年以后。在此之前，1995—2000 年有一个小高峰。这与中国的对外开放政策、坦桑尼亚的投资政策密切相关。此外企业的注册时间和运营时间略有差异，这与企业投资条件的成熟度有关。有的企业先注册再运营，有的企业先试运营再注册。

从股权分布上看，中资企业的类型众多。中国私人资本控股企业近六成，中国国有控股企业近四成。值得关注的是，坦桑尼亚国有控股、坦桑尼亚私人股份和外国私人股份亦有体现。我们发现，中资企业的股权构成开始复杂化。从股权变化看，中资企业的股权构成总体稳定，中国股东的股权变化不大。注册时间在五年以上的企业，中国股东的控股率是 100%。

从企业在中国商务部备案的时间分布看，中资企业的备案时间与企业的运营时间略有差异。企业在商务部做海外投资备案的时间主要集中在 2006 年以后，六成以上的企业在商务部申请了海外投资备案并获得批准。

第二节分析了坦桑尼亚中资企业的生产经营状况，包括企业的生产概况、企业的竞争情况、企业的自主程度、企业承担的项目、企业的销售渠道等内容。

企业的生产概况包括营业时间、市场份额、出口类型等内容。从企业营业时间看，大多数企业每周平均营业时间为41—50个小时。从产品的主要销售市场看，注册时间超过五年的企业，市场的范围较大，其销售市场除了当地市场外，还扩大到坦桑尼亚的其他省份；注册时间少于五年的企业，则以当地市场为主，部分企业兼顾国内市场和坦桑尼亚周边国家的市场。从主营产品的市场份额看，中资企业在坦桑尼亚国内市场占据主导地位的产品极少，绝大多数企业主营产品的市场份额在30%以下。值得注意的是，中资企业对坦桑尼亚周边国家的出口逐渐增加，以日常生活用品为主。从企业的定价方式看，绝大多数企业依据市场供需情况定价；从企业出口类型看，以原始品牌制造商为主。

从企业的竞争情况看，坦桑尼亚的市场竞争越来越激烈。我们考察了2013—2018年企业面临的压力情况。工业企业的竞争主要来自外资同行，服务业企业的竞争主要来自坦桑尼亚同行。价格竞争和质量竞争仍是主要的竞争方式，工业企业偏于价格竞争，服务业企业偏于质量竞争。

从企业的自主程度看，企业在生产环节的自主程度都较高，在涉及资金的环节则有所不同。比较不同行业、是否在中国商务部做过海外投资备案、是否加入坦桑尼亚中国商会的企业后，我们发现，在中国商务部做过海外投资备案的企业，企业的自主程度相对较低。企业所在行业以及企业是否加入坦桑尼亚中国商会，对于企业的自主程度影响不明显。

从企业承担的项目看，企业注册时间的长短，对于企业承担的项目影响不大。五成以上的中资企业承担过建筑和电力、公路、铁路、水电、火电、航运等项目，四成以上的企业承担了其他项目。新成立的企业主要涉足建筑、电力、公路和其他服务项目。

从企业的销售渠道看，绝大多数企业以传统渠道为主。极少数企业使用互联网的销售渠道。由于电视广告的效果不好，仅有三成的企业投放过电视广告。

第三节分析了中资企业的融资状况，包括资金来源分布和企业未申请贷款的原因。

数据显示，中资企业融资的渠道呈现多样化特点。中国母公司的拨款占了三成，银行贷款占据三成。其他来源占据近两成。从企业未申请贷款的原因看，申请程序复杂、无贷款需求、银行利率过高是主要原因。除此之外，担保要求过高也是不容忽视的原因。

第 四 章

坦桑尼亚营商环境和中国企业
投资风险分析

　　营商环境是指伴随企业活动整个过程（包括从开办、营运到结束的各个环节）的各种周围境况和条件的总和。[①] 营商环境包括三个方面的内容。一是市场要素环境。主要包括企业从事生产经营活动所需各种生产要素成本情况，涉及水电气、能源供给及价格、劳动力供给及价格、土地供给及价格、融资便利度及成本等，主要反映企业运营成本。二是软环境。主要包括企业注册、产权登记、税负水平、行政执法、公平竞争等指标，反映开办企业、产权登记的便利性，企业税费负担、政府行政执法公平公正以及企业之间竞争合理有序等。三是社会环境。主要是医疗、卫生、教育等配套服务情况，主要反映当地政府社会管理和社会服务情况。[②]

　　本章基于调研组获取的企业样本，分析了中资企业在坦桑尼亚开展生产经营活动过程中各种周围境况。包括坦桑尼亚基础设施环境，如：水、电、网、土地、建筑等基本生产要素的供给与企业的成本；坦桑尼亚公共服务环境，如税务机构检查、进出口许可申请、劳动法律法规、劳动力供给与成本等情况对中资企业生产运营的影响。讨论

[①] 《营商环境》，2019 年 8 月 17 日，百度百科（https：//baike. baidu. com/item/营商环境/10529773？ fr = aladdin）。

[②] 潘勇等：《营商环境监测评价指标体系研究》，《市场研究》2019 年第 6 期，第 12 页。

了税率、税收征收、工商许可、腐败、土地许可、政府管制与审批等软环境对中资企业生产经营的妨碍程度，评价了坦桑尼亚公共治理情况。最后考察了中资企业在坦桑尼亚投资可能存在的风险。

第一节　坦桑尼亚基础设施供给分析：中资企业视角

本节从中资企业的视角，观察了坦桑尼亚基础设施的供给情况。内容包括中资企业提交用水、用电、网络、建筑申请的比例，生产经营过程中遇到过的断水、断电、断网情况，以及企业在提交用水、用电、网络、建筑相关申请时，可能存在的非正规支付情况。

一　中资企业提交水、电、网、建筑申请的比例

企业成立之初，一般需要向东道国相关部门提交用水、用电、网络、建筑等基础设备的申请。我们从是否在坦桑尼亚经开区和按行业划分两个维度，考察了中资企业提交用水、用电、网络、建筑申请的情况。具体数据如表4-1、表4-2所示。

从表4-1中可以看出，不在坦桑尼亚经开区的企业，五成以上的企业向当地政府提交了用水、用电和使用网络的申请，其中，提交网络申请的企业相对较多（57.69%）。这与坦桑尼亚网络的普及率和便利度有着密切关系。此外，30.77%的企业提交了建筑相关申请。

在坦桑尼亚经开区的企业中，有一半的企业提交了用水和用电申请，有66.67%的企业提交了使用网络申请，四成的企业提交了建筑相关申请。

在其他地区的企业中，没有企业提交用水、用电申请，有66.67%的企业提交了建筑相关申请，所有企业都提交了网络申请。

表4-1　　　　　　　　按是否位于坦桑尼亚经开区划分的企业提交

水、电、网、建筑申请比例　　　（单位：%）

是否在坦桑 尼亚经开区	水		电		网		建筑	
	是	否	是	否	是	否	是	否
否	46.15	53.85	53.85	46.15	57.69	42.31	30.77	69.23
是	50.00	50.00	50.00	50.00	66.67	33.33	40.00	60.00
其他	0.00	100.00	0.00	100.00	100.00	0.00	66.67	33.33

通过上述分析，我们发现，坦桑尼亚非经开区的基础设施条件优于坦桑尼亚经开区。在坦桑尼亚经开区，水、电、网络、建筑等相关基本生产要素方面供给不足。这也说明了中国企业较少参与坦桑尼亚经开区建设的原因。此外，在其他地区的企业，网络和建筑相关的申请率最高。

表4-2给出了按行业划分，企业提交水、电、网、建筑相关申请的情况。数据显示，从工业行业看，分别有57.89%的企业提交了用水和网络申请，68.42%的企业提交了用电的申请，42.11%以上的企业提交了建筑相关申请。从服务业看，分别有25%、26.67%以上的企业提交了用水、用电和建筑相关的申请，68.75%的企业提交了网络申请。

表4-2　　　　　按行业划分的企业提交水、电、网、建筑申请比例　　　（单位：%）

行业类型	水		电		网		建筑	
	是	否	是	否	是	否	是	否
工业	57.89	42.11	68.42	31.58	57.89	42.11	42.11	57.89
服务业	25.00	75.00	25.00	75.00	68.75	31.25	26.67	73.33

从上述数据分析可以看出，工业企业对于水、电和建筑等基础设施条件的需求程度较高。工业企业提交用水、电和建筑相关申请的比例，是服务业的2倍左右。服务业企业的情况总体较好，仅有网络申请的比例略高于工业企业。

总的来说，坦桑尼亚的水、电和建筑等基础设施环境正在逐渐改善。企业可以根据所在地条件决定是否申请。此外，企业对于网络的需求很大，申请的工业企业和服务业企业占比分别为 57.69% 和 68.75%。一方面说明网络的普及率和便利度极高；另一方面说明坦桑尼亚的网络运营商较多，市场发育较为成熟。

二 中资企业断水、断电、断网的情况

就企业的运行和发展来看，供水、电力、网络等基础条件的影响大小不一。表 4-3、表 4-4 给出了中资企业的断水、断电、断网情况。

表 4-3　　　　　　　　按是否位于开发区划分的企业发生
断水、断电、断网的情况　　　　（单位：%）

是否在坦桑尼亚经开区	断水		断电		断网	
	是	否	是	否	是	否
否	42.31	57.69	88.46	11.54	44.00	56.00
是	16.67	83.33	100.00	0.00	66.67	33.33
其他	33.33	66.67	100.00	0.00	100.00	0.00

从表 4-3 中可以看出，不在坦桑尼亚经开区的企业，有四成以上的企业曾遇到过断水、断网的情况，有近 88.46% 的企业遇到过断电。在坦桑尼亚经开区的企业中，断电的情况十分严重，所有的企业都遇到过断电情况，66.67% 的企业遇到过断网的情况，断水情况较少。在其他地区的企业中，全都遇到过断电和断网的情况。

表 4-4　　　按行业划分的企业发生断水、断电、断网的情况　　　（单位：%）

行业类型	断水		断电		断网	
	是	否	是	否	是	否
工业	42.11	57.89	94.74	5.26	38.89	61.11
服务业	31.25	68.75	87.50	12.50	68.75	31.25

从表4-4中可以发现，在工业企业中，94.74%的企业遇到过断电情况，分别有42.11%、38.89%的企业遇到过断水、断网的情况。在服务业企业中，87.5%的企业遇到过断电情况，68.75%的企业遇到过断网的情况。工业企业断水、断电情况比服务业企业严重，但服务业断网情况甚于工业企业。

整体来说，坦桑尼亚基础设施薄弱，还需进一步加强建设。电力短缺是制约坦桑尼亚工业发展的主要因素。我们在实地调研中发现，所有的企业都遇到过停电问题，绝大多数企业购买了发电机，以备不时之需。此外，网络基础设施有限，时有断网现象。除了通信、服务类企业因业务需要，申请专用带宽外，绝大多数中资企业使用个人手机流量上网。

三　企业提交水、电、网、建筑申请的非正规支付比例

表4-5、表4-6给出了企业在提交水、电、网、建筑等相关基础设施申请时，是否支付非正规费用的情况。

表4-5　　　按是否位于开发区划分的企业提交水、电、网、建筑
申请的非正规支付比例　　　　（单位：%）

是否在坦桑尼亚经开区	水		电		网		建筑	
	是	否	是	否	是	否	是	否
否	25.00	75.00	50.00	50.00	6.67	93.33	100.00	0.00
是	100.00	0.00	66.67	33.33	0.00	100.00	100.00	0.00
其他	无	无	无	无	0.00	100.00	50.00	50.00

在表4-5中，不在坦桑尼亚经开区的企业，在提交使用建筑相关申请时，所有的企业都有非正规支付。提交电力申请次之，申请网络最低。在坦桑尼亚经开区企业，在提交水和建筑相关申请时，都有非正规支付。在提交用电申请时，2/3的企业有非正规支付。在其他

地区的企业在提交建筑相关申请时，一半的企业有非正规支付。

从生产区域看，坦桑尼亚经开区的企业的非正规支付比例高于其他地区。这是因为坦桑尼亚经开区刚刚起步，其内部规范性还有待提高。从水、电、网络、建筑等生产要素看，建筑相关申请的非正规支付比例最高，网络申请的非正规支付比例最低（此数据为0）。

表4-6 按行业划分的企业提交水、电、网、建筑申请
的非正规支付比例 （单位：%）

行业类型	水		电		网		建筑	
	是	否	是	否	是	否	是	否
工业	27.27	72.73	46.15	53.85	0.00	100.00	100.00	0.00
服务业	75.00	25.00	75.00	25.00	9.09	90.91	75.00	25.00

在表4-6中，工业企业在提交建筑相关申请时，必须交付非正规的费用；提交电力申请次之，提交网络申请无须交费。服务业企业中，分别有75%的企业在提交水、电、建筑相关申请时，有非正规支付；极少的企业在提交网络申请时有非正规支付（9.09%）。

从行业的角度看，服务业企业的非正规支付比例高于工业企业。无论是工业企业，还是服务业企业，在提交建筑相关申请时，都有非正规支付。在提交用水、用电申请时，时有非正规支付出现。这与坦桑尼亚的行业管理有着密切的关系。

总的来说，坦桑尼亚基础设施发展缓慢。建筑审核部门极不规范，非正规支付率最高。其次是电力供应，坦桑尼亚98%的电力由坦桑尼亚电力公司负责运营，属于行业垄断，所以非正规支付比例较高。企业在提交网络申请时，几乎没有非正规支付，这与坦桑尼亚电信行业的发展密切相关。2001年，坦桑尼亚电信公司私有化。2005年，坦桑尼亚大陆地区修改了电子通信许可证制度，即将传统的垂直许可证改革为横向许可证。这一改革促使更多的外国企业参与坦桑尼

亚的网络设施建设和网络服务运营。目前，非洲在线（Africa Online）、简单连接（Simply Connect）、坦桑尼亚电信有限公司（Tanzania Telecommunications Company Limited）等17家网络服务运营商为坦桑尼亚民众提供网络服务。因此，各运营商主要按市场规则运行，基本没有非正规支付。

第二节 坦桑尼亚公共服务供给分析：中资企业视角

本小节从中资企业的视角，考察了坦桑尼亚的公共服务供给情况。内容包括中资企业在应对当地税务机构检查和提交进出口许可申请时，是否有非正规支付；其次从企业的行业类别、企业所在地、是否有工会组织、是否有女性高层管理人员等维度，分析当地劳工政策、劳动力素质、人员招聘等因素对企业生产经营的影响。

一 税收机构的检查

表4-7、表4-8从行业和是否在坦桑尼亚经开区的维度，讨论近一年内当地税务机构检查企业的情况以及企业应对税务机构的非正规支付情况。

表4-7的数据显示，工业企业接受税务机构走访或检查的比例高达近九成（89.47%），工业企业在应对税务机构时的非正规支付达八成以上（81.25%）。服务业企业比工业企业略微好些，但是仍有八成的企业接受税务机构走访或检查，75%的企业应对税务机构时，存在非正规支付。

由此可见，当地税务机构经常走访企业。绝大多数企业迎接过税务机构的检查。在税务机构检查过程中，大多数企业有非正规支付。其中，税务机构走访或检查工业企业的比例高于服务业企业9.47个百分点，其非正规支付也高于服务业企业。

表4-7　　　　　　按行业划分的企业税务机构检查与非正规支付比例　　（单位：%）

行业类型	税务机构走访或检查		税务机构非正规支付	
	是	否	是	否
工业	89.47	10.53	81.25	18.75
服务业	80.00	20.00	75.00	25.00

从表4-7的数据分析可以看出，坦桑尼亚的税务机构检查频率极高，工业和服务业的平均值为84.73%。世界银行2019年营商环境报告显示，坦桑尼亚的企业平均每年缴税的次数为60次。纳税便利度指数50.85，低于撒哈拉以南非洲国家平均数（57.52），全球排名167名。[①]

税收是国家财政最重要的收入来源。2016年以来，受到国际政治关系的影响，坦桑尼亚的国外援助到账率不足，加之政府推进工业化战略，兴建了中央铁路标准轨距等基础设施，需要大量用钱，因此，坦桑尼亚政府加大了税收征缴力度。此外，由于坦桑尼亚税务检查制度存在漏洞和缺陷，腐败如毒瘤般与坦桑尼亚的公共服务机构融为一体，因此，绝大多数企业在应对税务机构检查和走访时有非正规支付。

表4-8　　　　　　按是否位于开发区划分的企业税务机构检查
与非正规支付比例　　　　　　　　（单位：%）

是否在坦桑尼亚经开区	税务机构走访或检查		税务机构非正规支付	
	是	否	是	否
否	84.62	15.38	80.95	19.05
是	100.00	0.00	80.00	20.00
其他	66.67	33.33	50.00	50.00

---

① World Bank Group, Doing Business 2019 "Training for Reform", Economy Profile of Tanzania, p. 37.

从表4－8中可以看出，税务机构走访了绝大多数中资企业。其中，坦桑尼亚经开区的企业比例最大，其他地区的企业比例最低。但是从平均值看，84.62%的中资企业被走访或者检查过。从非正规支付的比例看，不在坦桑尼亚经开区和在坦桑尼亚经开区的企业基本持平；在其他地区的企业比例略低一些。从平均值看，有70%的企业有非正规支付。

综上所述，我们发现，在近一年的时间里，84.62%的中资企业接受过税务机构的走访或者检查。剩余的企业因为上一年度刚接受过检查，所以税务机构没有"光顾"。此外，七成以上的企业有非正规支付，三成左右的企业没有非正规支付。

二　进口许可申请

因生产经营的需要，部分中资企业从中国、欧洲、中东以及非洲其他国家进口物资。根据坦桑尼亚相关法律规定，企业需向海关等部门提交进口许可申请。表4－9、表4－10给出了近三年中资企业提交进口许可申请以及非正规支付的情况。

表4－9　　　　　**按是否位于开发区划分的企业进口许可申请**
与非正规支付比例　　　　（单位：%）

是否在坦桑尼亚经开区	进口许可申请		进口许可申请的非正规支付	
	是	否	是	否
否	65.38	34.62	66.67	33.33
是	80.00	20.00	50.00	50.00
其他	33.33	66.67	100.00	0.00

从表4－9中可以看出，在坦桑尼亚经开区的企业提交进口许可申请的比例最高，绝大多数企业提交过进口许可申请；不在坦桑尼亚经开区的企业次之；其他地区的企业最少，仅有1/3的企业提出

了申请。

有趣的是，非正规支付的情况恰恰相反。其他地区的企业，在非正规支付方面的比例高达100%，而提交申请比例最高的坦桑尼亚经开区企业，在非正规支付方面的比例仅为50%。

由此可见，从生产经营区域看，出口加工区和经济特区有其政策的优越性。根据坦桑尼亚的优惠政策，在出口加工区的企业享有财政优惠政策、非财政优惠政策和程序优惠政策。因此，在进口许可申请的办理过程中的非正规支付相对少一些。

表4-10   按行业划分的企业进口许可申请与非正规支付比例   （单位：%）

行业类型	进口许可申请		进口许可申请的非正规支付	
	是	否	是	否
工业	78.95	21.05	61.54	38.46
服务业	46.67	53.33	71.43	28.57

从表4-10中可以看出，近三年来，大多数工业企业提交过进口许可申请，服务业企业的比例略低，仅有46.67%的企业提出了申请；非正规支付现象依然盛行，61.54%的工业企业在申请过程中都有非正规支付，而且服务业企业的支付比例高于工业企业近10个百分点。

由此可见，从行业上看，工业企业涉及生产原材料进口，进口申请比例较高。服务业企业低于工业企业32.28个百分点。

综上所述，我们发现，坦桑尼亚的进口政策较为严格。只要企业需要进口产品，都需要向海关等部门提出申请，等待审批。在办理进口许可的过程中，非正规支付现象突出。无论按企业的生产经营地，还是按行业划分，非正规支付的比例平均都在50%—70%。

三　劳动力市场因素的影响

（一）从行业维度分析劳动力市场因素的影响

1. 劳动力市场规制政策的影响

从图4－1中可以看出，绝大多数工业企业认为，劳动力市场规制政策或多或少对企业的生产经营造成影响。其中，五成以上的工业企业认为劳动力市场规制政策的影响程度达到了中等妨碍以上。

服务业企业的情况要好很多。有六成以上的企业认为，劳动力市场规制政策对企业的生产经营有影响。对于服务业企业来说，政策的影响程度一般，有一点妨碍（43.75%），仅有18.75%左右的企业认为劳动力市场规制政策的影响程度达到中等妨碍以上。

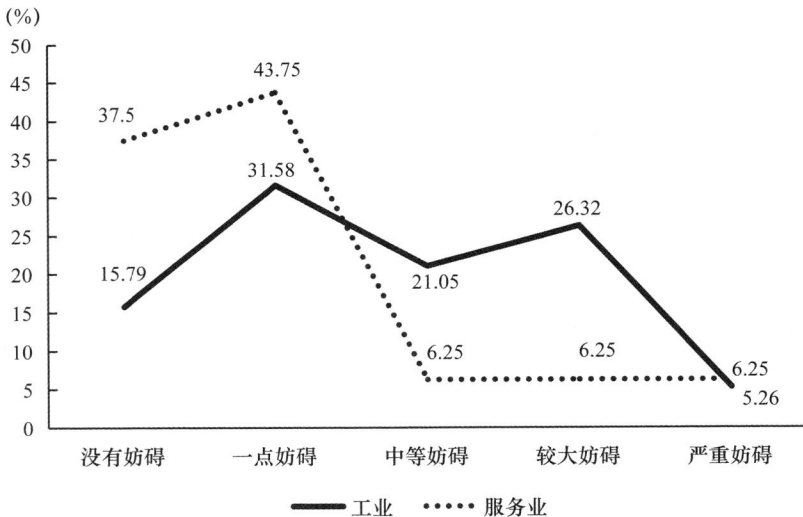

图4－1　不同行业类型劳动力市场规制政策影响程度

由此可见，劳动力市场的规章、制度和政策，对于工业企业的影响大于服务业企业。

2. 员工素质的影响

从图4-2中可以看出，所有的工业企业都认为员工素质影响企业的生产经营。大多数工业企业认为，员工素质对于企业生产经营的影响程度处于中等偏上的水平。数据显示，认为中等妨碍的工业企业占比31.58%，认为较大妨碍的工业企业占比36.84%。

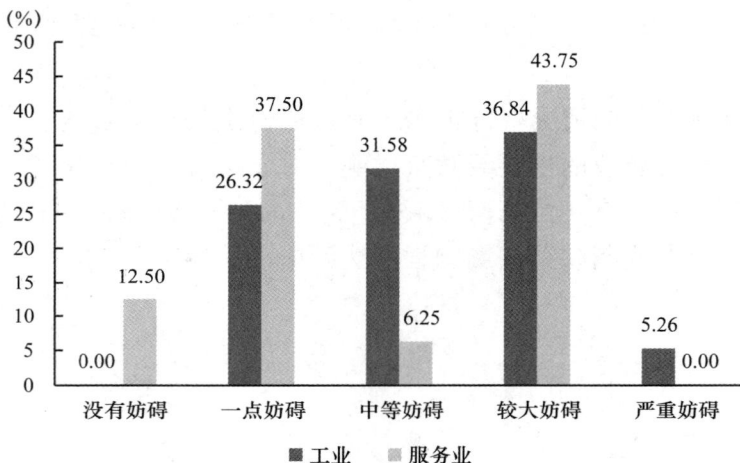

图4-2 不同行业类型员工素质妨碍生产经营的程度

服务业企业的看法有所不同。绝大多数企业认为员工素质或多或少对企业的生产经营有影响，但影响程度不一。37.5%的企业认为，员工素质有一点妨碍；43.75%的企业认为，员工素质有较大妨碍。还有12.5%的企业认为，员工素质没有妨碍。

由此可见，从行业来看，员工素质对于工业企业生产经营的影响程度大于服务业企业。

3. 专业技术人员、管理人员和技能人员招聘难度的影响

与大多数非洲国家一样，坦桑尼亚的劳动力总量巨大。2017年，全国劳动力总量约2630万人，占全国总人口的一半左右。然而，由于教育投入和社会文化等因素的影响，坦桑尼亚的劳动力存在结构性

短缺问题。因此，我们从专业技术人员、管理人员、技能人员等人才的招聘情况，评估坦桑尼亚劳动力市场结构情况，讨论人力资源对于企业生产经营状况的影响程度。

图4-3给出了专业技术人员招聘难度对于企业生产经营的影响程度。专业技术人员指的是从事专业技术工作的人员，如工程技术人员、卫生技术人员等。

数据显示，大多数企业认为，专业技术人员招聘难度对企业的生产经营妨碍程度较高。有68.42%的工业企业认为，专业技术人员招聘难度达到了中等以上程度的影响力。服务业企业的比例略低一些，但是有56.25%的企业认为专业技术人员的招聘难度，对于企业的生产经营达到了较大妨碍以上的影响力。当然，我们也看到，在"没有妨碍"选项上，服务业企业的比例高于工业企业。

总的来说，专业技术人员的招聘难度对于企业的生产经营活动有一定影响。从影响程度看，对于工业企业生产经营的影响程度大于服务业企业，这与工业企业专业技术人员专业化程度高有密切关系。

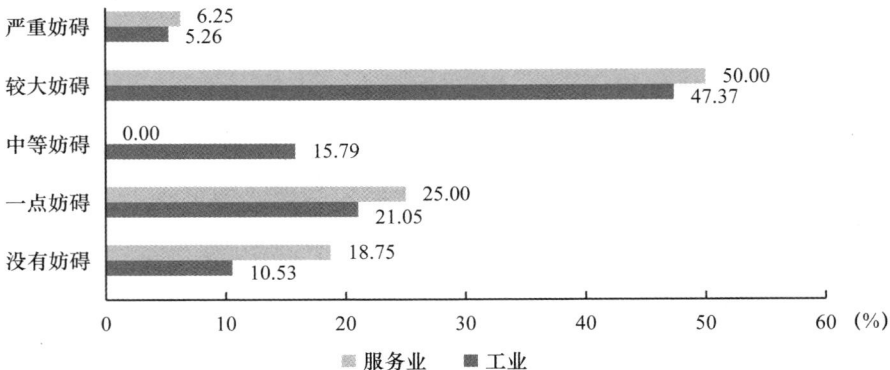

图4-3 不同行业类型专业技术人员招聘难度妨碍生产经营的程度

图4-4给出了管理人员招聘难度对于企业生产经营的影响程度。数据显示，从工业企业的视角看，管理人员招聘难度对于企业有一定

影响，有 52.64% 的企业认为影响程度在中等和较大妨碍。不过仍有 5.26% 的企业认为达到了严重妨碍的程度，有 21.05% 的企业认为没有影响。服务业企业则主要集中在较大妨碍上，一半的企业认为管理人员招聘难问题影响较大，但是没有达到严重妨碍的程度。

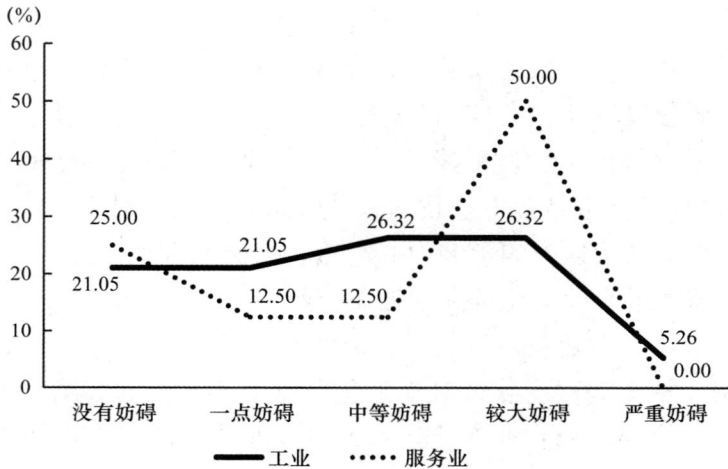

图 4-4 不同行业类型管理人员招聘难度妨碍生产经营的程度

由此可见，管理人员对工业企业的影响要小于服务业企业，其曲线平缓，尤其在较大妨碍的比例上，服务业企业的比例是工业企业的近 2 倍，更影响到了服务业企业的经营程度，妨碍程度波动也大于工业企业。

图 4-5 是技能人员招聘难度对于企业生产经营的影响程度。技能人员俗称"灰领"，指既能动脑又能动手的技能人才，多为维修者、知识产业开发者和营销者。

数据显示，有 63.16% 的工业企业认为，技能人员对于企业的生产经营影响达到了中等偏上的程度，其中 5.26% 的企业认为技能人员的招聘难度较大，达到了严重妨碍企业生产的程度。有 75% 的服务业企业认为技能人员的匮乏，对于企业的生产经营影响程度较深，达到了中等妨碍以上。

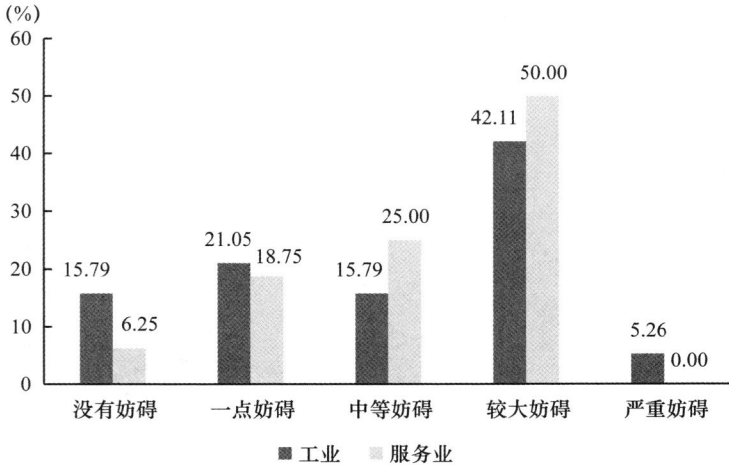

图4－5　不同行业类型技能人员招聘难度妨碍生产经营的程度

由此可见，服务业企业对于技能人员的需求程度较高。技能人员的招聘难度妨碍生产经营的程度大于工业企业，影响程度达到了中等妨碍和较大妨碍的程度。

（二）从企业是否在坦桑尼亚经开区的维度分析劳动力市场因素的影响

1. 劳动力市场规制政策

从图4－6中可以看出，从在其他地区的企业看，66.67％的企业认为劳动力市场规制政策有一点影响，33.33％的企业认为没有妨碍。从在坦桑尼亚经开区的企业看，一半的企业认为劳动力市场规制政策有一点影响，有33.34％的企业认为政策的影响达到中等以上。从不在坦桑尼亚经开区的企业看，劳动力市场规制政策或多或少有影响，在每个影响程度上都有企业分布，在"一点妨碍"上占比最大（30.77％）。

由此可见，劳动力市场规制政策与企业生产经营所在地有一定关系。其中对于在其他地区企业的影响最小；对于在坦桑尼亚经开区企业的影响最大。

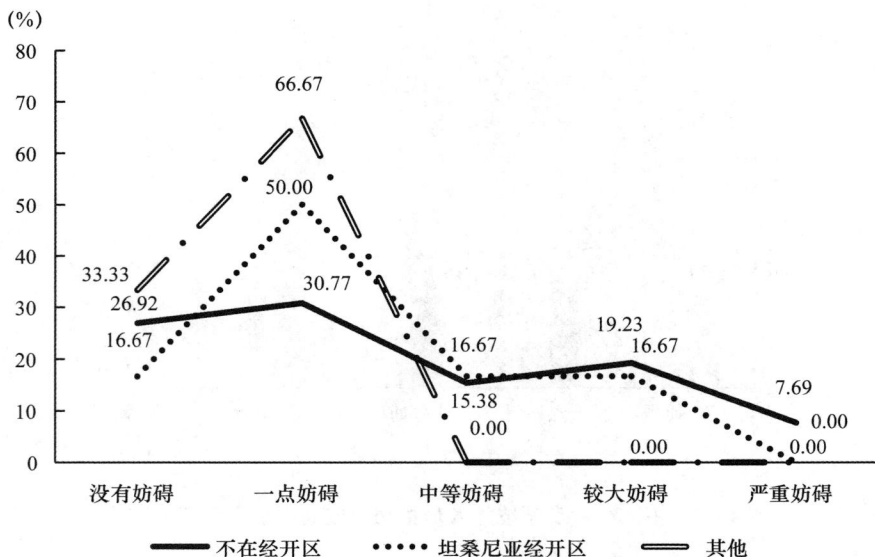

图 4-6　企业是否在经开区与劳动力市场规制政策妨碍生产经营的程度

2. 员工素质

在图 4-7 中，不在坦桑尼亚经开区的企业认为员工素质没有妨碍生产经营的占 3.85%，认为有一点妨碍的占 30.77%，认为中等妨碍的占 19.23%，认为较大妨碍的占 42.31%，认为严重妨碍的占 3.85%；在坦桑尼亚经开区的企业认为员工素质没有妨碍生产经营的占 0%，认为有一点妨碍的占 33.33%，认为中等妨碍的占 33.33%，认为较大妨碍的占 33.33%，认为严重妨碍的占 0%；在其他地区的企业中，认为员工素质没有妨碍生产经营的占 33.33%，认为有一点妨碍的占 33.33%，认为中等妨碍的占 0%，认为较大妨碍的占 33.33%，认为严重妨碍的占 0%。可见，员工素质对企业生产经营程度都有一定的影响，超过六成都在中等妨碍以上。就较大妨碍比例来说，对不在坦桑尼亚经开区的企业影响大于在坦桑尼亚经开区和其他地区的企业。

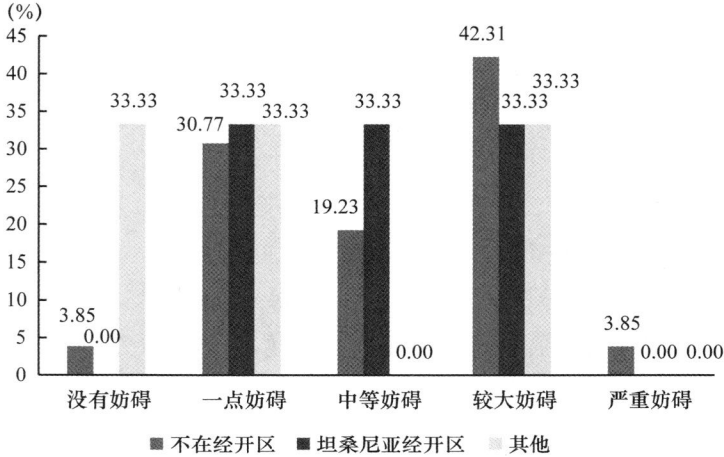

图 4 - 7　企业是否在经开区与员工素质妨碍生产经营的程度

3. 专业技术人员、管理人员、技能人员招聘难度

图 4 - 8、图 4 - 9、图 4 - 10 从是否在坦桑尼亚经开区的维度，给出了专业技术人员、管理人员以及技能人员招聘难度，对于企业生产经营的影响程度。

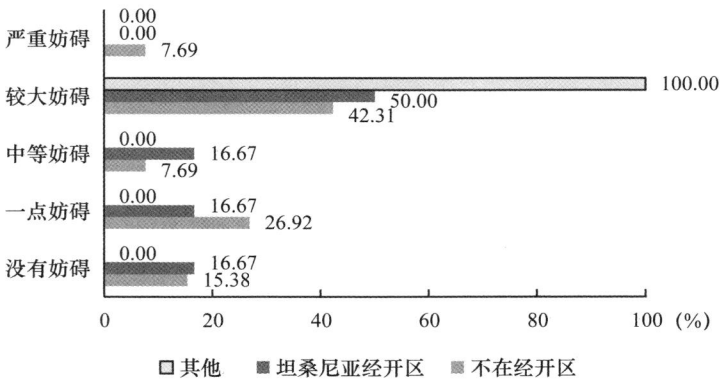

图 4 - 8　企业是否在经开区与专业技术人员招聘难度妨碍生产经营的程度

图 4 - 8 是专业技术人员招聘难度对于在不同区域运营的企业的影响程度。从其他地区企业看，专业技术人员招聘难度对于企业的生

产经营影响很大，达到较大妨碍的程度；从在坦桑尼亚经开区企业看，专业技术人员的招聘难度有一定影响，50%的企业认为达到了较大妨碍的程度；从不在坦桑尼亚经开区的企业看，专业技术人员的招聘难度影响不一，有15.38%的企业不受影响，有26.92%的企业认为有一点妨碍，有42.31%的企业认为有较大妨碍，还有极少数企业认为严重妨碍（7.69%）。

由此可见，所有地区的企业认为专业技术人员招聘难度对企业生产经营都有较大妨碍，从影响程度为"较大妨碍"来说，对不在坦桑尼亚经开区的企业影响小于在坦桑尼亚经开区和其他地区的企业。当然，也有企业没有遇到专业技术人员招聘难的问题。数据显示，无论是在坦桑尼亚经开区的企业，还是不在坦桑尼亚经开区的企业，都有15%左右的企业不受专业技术人员招聘难的困扰。

图4-9是管理人员招聘难度对于在不同地区生产经营的企业的影响程度。根据其给出的数据，我们发现，不同地区的企业，管理人员招聘难度的影响程度明显不同。

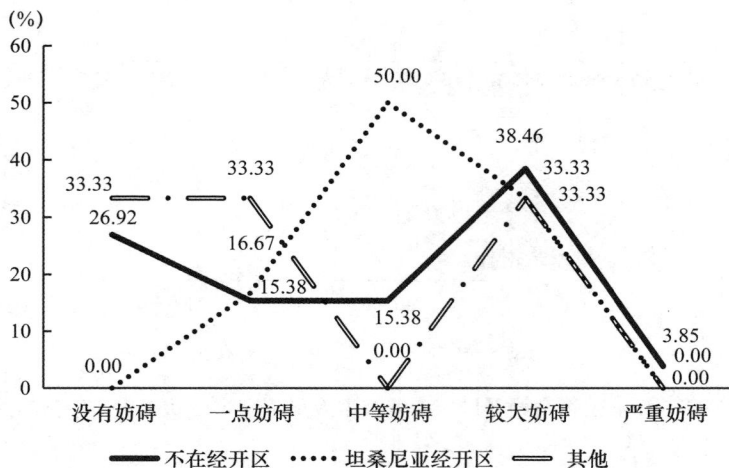

图4-9 企业是否在经开区与管理人员招聘难度妨碍生产经营的程度

图 4 - 9 的数据显示，从不在坦桑尼亚经开区企业的视角看，26.92% 的企业认为管理人员招聘难度不大，对于企业发展没有妨碍；38.46% 的企业看法则相反，认为管理人员招聘难度大，对企业发展造成了较大妨碍。还有极少数企业认为管理人员的短缺严重影响了企业的生产和发展。

从在坦桑尼亚经开区企业的视角看，管理人员招聘难的问题，或多或少对企业的生产经营造成影响。影响程度从"一点妨碍"到"较大妨碍"之间，有一半的企业认为这一因素的影响在中等程度。

从其他地区企业的视角看，呈三分天下状态。即有 1/3 的企业认为管理人员容易找到，对于企业管理人员招聘不是问题；有 1/3 的企业认为管理人员的招聘对于企业有一点点影响；有 1/3 的企业认为管理人员招聘难度大，对企业的生产经营产生了较大影响。

由此可见，有三成以上的企业认为管理人员招聘难度对企业生产经营有较大的影响，其比例大于 1/3。就中等妨碍程度的比例来说，对于在坦桑尼亚经开区的企业的影响远远超过不在坦桑尼亚经开区和其他地区的企业，且达到了 3.25 倍。

图 4 - 10 是技能人员招聘难度对于在不同区域的企业的影响程度。数据显示，不同地区的企业对于技能人员招聘问题的看法有所不同。

从在坦桑尼亚经开区企业的视角看，有 1/3 的企业认为技能人员的招聘难度对于企业生产的影响为中度妨碍。值得注意的是，有16.67% 的企业认为技能人员招聘难问题严重妨碍了企业的生产经营，16.67% 的企业认为没有遇到过技能人员招聘难的问题。

从其他地区企业的视角看，对于技能人员招聘难的问题的看法非常集中。2/3 的企业认为该问题对于企业的生产经营有着较大的妨碍，1/3 的企业认为该问题对于企业的发展有一点影响。

从不在坦桑尼亚经开区企业的视角看，绝大多数企业认为技能人员招聘难的问题一直存在，但影响程度不一。11.54% 的企业认为，

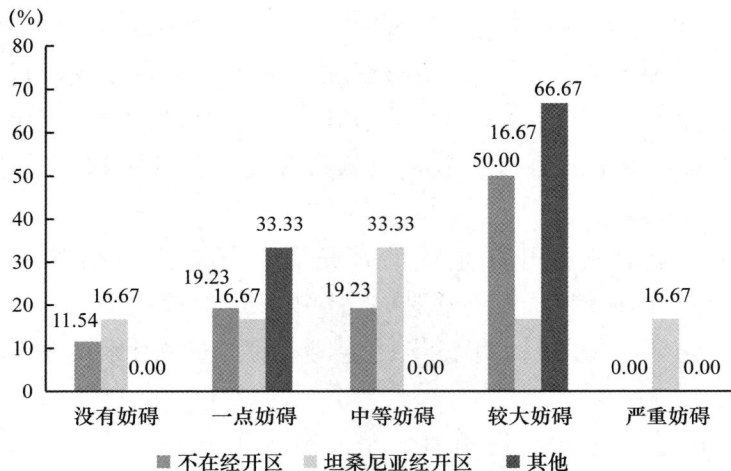

图 4 - 10　企业是否在经开区与技能人员招聘难度妨碍生产经营的程度

技能人员招聘难度对于企业经营没有影响。69.23% 的企业认为，技能人员招聘难度对于企业造成的影响达到中等以上程度。

由此可见，对于不在坦桑尼亚经开区的企业和其他地区的企业来说，技能人员招聘难度影响程度较高。对于在坦桑尼亚经开区的企业影响也大，六成以上企业认为影响在中等以上程度，主要集中在中等程度，但少数企业认为严重妨碍企业的生产经营。

（三）从企业有无自身工会维度分析劳动力市场因素的影响

1. 劳动力市场规制政策

图 4 - 11 的数据显示，从有自身工会的企业视角看，劳动力市场规制政策的影响分布较为均匀。从"没有妨碍"到"严重妨碍"的选项，均有企业分布。有 22.22% 的企业认为没有妨碍；有 11.11% 的企业认为严重妨碍。从无自身工会的企业视角看，69.23% 的企业认为劳动力市场规制政策的影响不大，3.85% 的企业认为劳动力市场政策严重妨碍企业生产。由此可见，劳动力市场规制政策对有自身工会的企业影响大于无自身工会的企业。

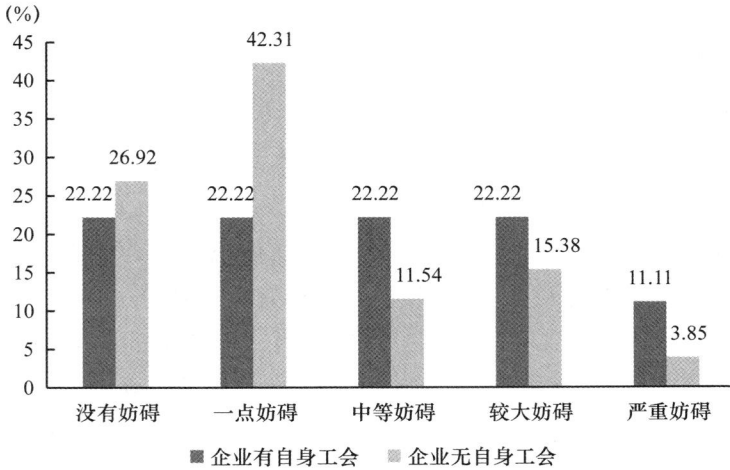

图 4-11 企业有无自身工会与劳动力市场规制政策妨碍生产经营的程度

2. 员工素质

图 4-12 的数据显示，从有自身工会企业的视角看，员工素质对于企业的生产经营影响较大。大多数企业认为员工素质对于企业的影响达到中等以上妨碍程度，甚至 11.11% 的企业认为该因素的影响达到严重妨碍的程度。从没有自身工会企业的视角看，员工素质的影响主要

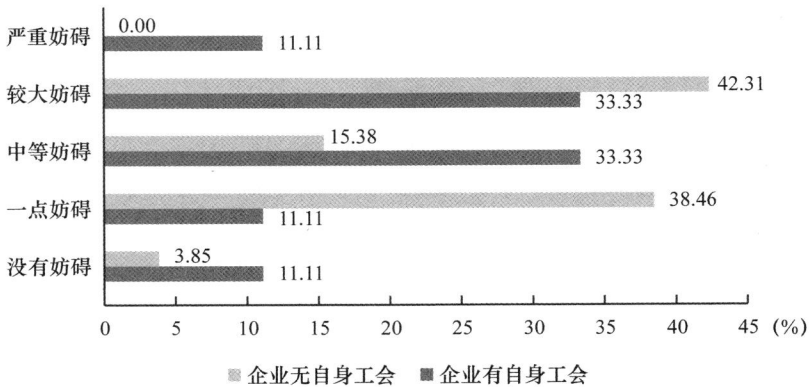

图 4-12 企业有无自身工会与员工素质妨碍生产经营的程度

集中于"一点妨碍"和"较大妨碍"，说明员工素质或多或少影响着企业的生产和经营。由此可见，员工素质对于有自身工会的企业影响程度大于没有自身工会的企业。

3. 专业技术人员、管理人员、技能人员招聘难度

从图4-13的数据中我们可以看出，专业技术人员招聘难度这一因素严重影响着企业。从有自身工会的企业看，有55.56%的企业认为专业技术人员招聘难度对于企业的生产经营有较大妨碍；有11.11%的企业认为严重妨碍生产。值得注意的是，有11.11%的企业认为没有妨碍。从没有自身工会的企业看，有46.15%的企业认为该因素对于企业的生产经营有较大妨碍；有30.77%的企业认为该因素对于企业有一点妨碍。

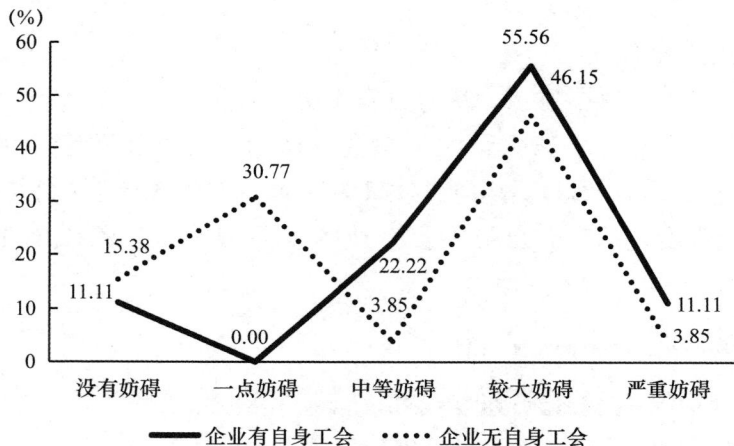

图4-13 企业有无自身工会与专业技术人员招聘难度妨碍生产经营的程度

总的来说，专业技术人员招聘难度问题，对于有无自身工会的企业，其影响程度有略微区别。但是从认为中等妨碍以上的企业比例可以看出，该因素对有自身工会的企业影响大于无自身工会的企业。

图4-14分析了管理人员招聘难度对有无自身工会企业的影响。数据显示，绝大多数有自身工会的企业认为，就管理人员招聘难度来

说，对于企业生产经营造成了中等以上程度的影响，其中认为造成较大妨碍及以上影响的企业达到44.44%。对于没有自身工会的企业管理人员招聘难度影响呈两极化分布。46.16%的企业认为妨碍程度很小，甚至没有妨碍；38.46%的企业认为有较大妨碍。

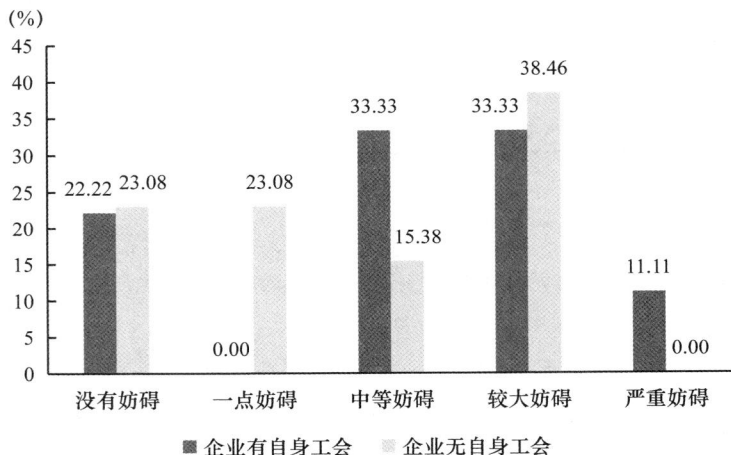

图4-14 企业有无自身工会与管理人员招聘难度妨碍生产经营的程度

由此可见，管理人员招聘难度对于企业的生产经营影响达到中等程度以上。对有自身工会的企业影响大于无自身工会的企业，其严重妨碍程度的比例高于无自身工会的企业11.11个百分点。

图4-15分析了技能人员招聘难度对于企业生产经营的影响程度。数据显示，绝大多数有自身工会的企业认为，该因素对于企业生产经营的影响达到中等及较大妨碍的程度。其中，认为该因素的影响达到较大妨碍程度的企业达到了77.78%。无自身工会的企业的选择较为分散，有34.62%的企业认为该因素有较大妨碍。

由此可见，技能人员招聘难度较大妨碍了企业的生产经营，该因素对六成以上的企业达到中等程度以上的妨碍。对于有自身工会的企业影响大于无自身工会的企业，其较大妨碍比例是后者的2倍左右。

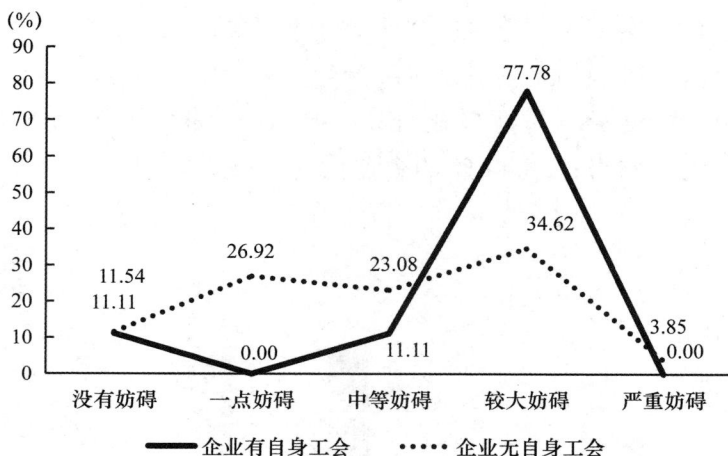

图 4 - 15　企业有无自身工会与技能人员招聘难度妨碍生产经营的程度

总的来说，专业技术人员、管理人员、技能人员等相对层次较高的人才招聘难度，对于有自身工会的企业影响大于没有自身工会的企业。

（四）从企业有无女性高管的维度分析劳动力市场因素的影响

1. 劳动力市场规制政策

图 4 - 16 是从有无女性高管的企业的维度，分析劳动力市场规制政策对于企业的影响。数据显示，有女性高管的企业认为，劳动力市场规制政策对于企业的影响程度不一。有 41.18% 的企业认为该因素对于企业有一点影响。值得注意的是有 11.76% 的企业认为该因素严重妨碍企业发展。没有女性高管的企业认为，劳动力市场规制政策对于企业的发展有一定影响。有 1/3 的企业认为该因素有较大妨碍，然而也有 1/3 的企业认为该因素对于企业没有妨碍。

由此可见，劳动力市场规制政策对有女性高管的企业影响集中于中等妨碍和一点妨碍，对无女性高管的企业集中于没有妨碍和较大妨碍，总体来看，对有女性高管的企业妨碍大于无女性高管的企业。

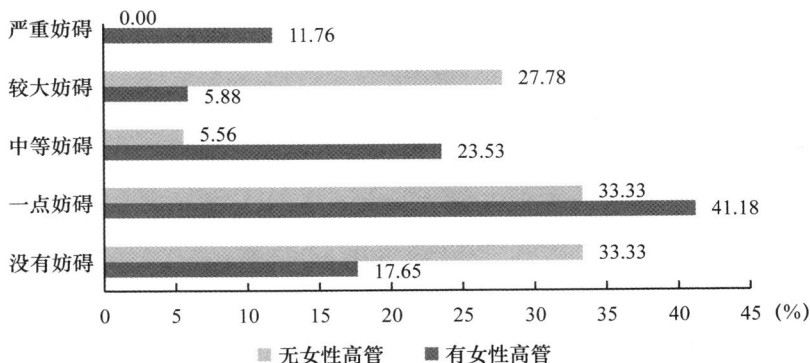

图 4 - 16　企业有无女性高管与劳动力市场规制政策妨碍生产经营的程度

2. 员工素质

图 4 - 17 的数据显示，有女性高管的企业认为员工素质对于企业有影响。其中，52.94% 以上的企业认为员工素质的影响达到较大妨碍的程度。但是没有一个企业选择"没有妨碍"和"严重妨碍"选项。无女性高管企业的看法则较为广泛，主要集中在两个层次：有 38.89% 的

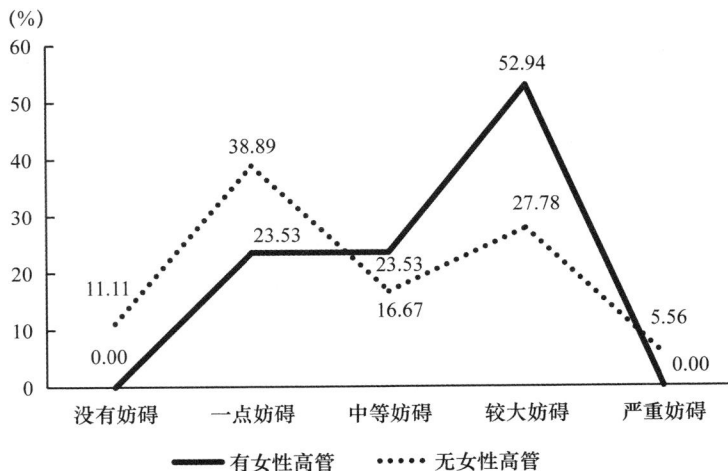

图 4 - 17　企业有无女性高管与员工素质妨碍生产经营的程度

企业认为员工素质有一点妨碍；27.78%的企业认为有较大妨碍，还有11.11%的企业认为没有妨碍。由此可见，员工素质对有女性高管的企业妨碍生产经营程度中等以上的比例之和大于无女性高管的企业，对有女性高管的企业影响大于无女性高管的企业。

3. 专业技术人员、管理人员、技能人员招聘难度

图4-18是专业技术人员招聘难度的影响。数据显示，从有女性高管的企业的视角看，有52.94%的企业认为专业技术人员招聘难问题对企业的发展有较大妨碍。值得注意的是，没有企业选择中等妨碍这个影响程度。从没有女性高管的视角看，大多数企业认为该因素的影响程度在中等以上，其中有44.44%的企业认为有较大妨碍。

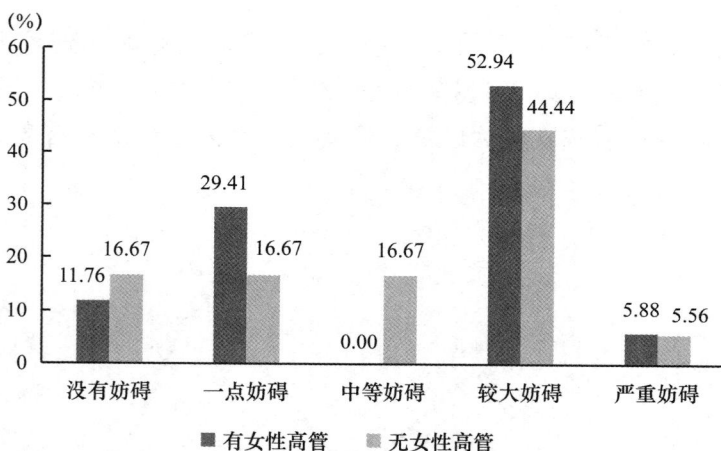

图4-18　企业有无女性高管与专业技术人员招聘难度妨碍生产经营的程度

由此可见，专业技术人员招聘难度较大妨碍了企业生产经营。对于无女性高管的企业影响大于有女性高管的企业。

图4-19分析了管理人员招聘难度对于企业生产经营的影响程度。从有女性高管的企业看，管理人员招聘难度对于生产经营的影响较大。52.94%的企业认为管理人员招聘难对于企业发展的影响程度达到了较

大妨碍的程度。从没有女性高管的企业看，61.11% 的企业认为该问题对于企业发展的影响在中等及以上程度。其中认为其影响为中等妨碍的企业占 33.33%。此外，在"没有妨碍"和有"一点妨碍"的选项上，有女性高管的企业的占比都略高于没有女性高管的企业。

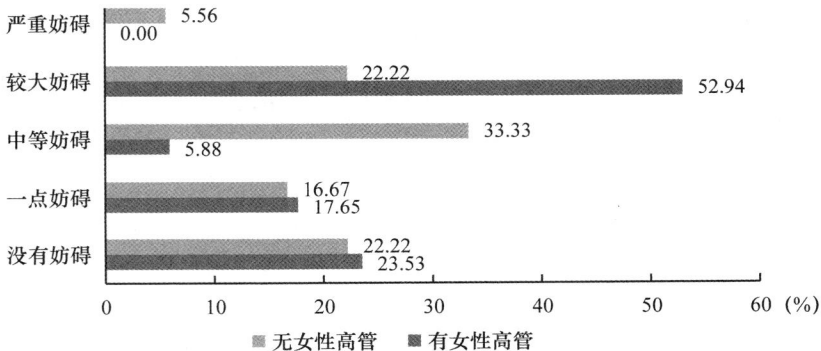

图 4-19　企业有无女性高管与管理人员招聘难度妨碍生产经营的程度

　　由此可见，管理人员招聘难度对企业有较大妨碍，中等妨碍程度以上的比例之和超过五成，对有女性高管的企业影响大于无女性高管的企业，尤其是较大妨碍程度上有女性高管的企业比例是无女性高管企业比例的 2 倍多。

　　图 4-20 分析了技能人员招聘难度对于企业生产经营的影响程度。从有女性高管的企业看，大多数企业认为技能人才招聘难度对企业的影响在中等妨碍程度及以上。其中，35.29% 的企业认为该因素的影响在中等妨碍程度，有 29.41% 的企业认为该因素的影响达到较大妨碍程度。从没有女性高管的企业看，61.11% 的企业认为技能人才招聘难度对企业的影响达到了较大妨碍的程度。

　　由此可见，技能人员招聘难度对企业的发展有较大妨碍。无论有无女性高管，技能人员招聘难度的影响都达到中等妨碍以上程度。一定程度上，没有女性高管的企业遇到技能人员招聘难的问题更多，认为有较大妨碍的企业比例高出有女性高管企业 31.7 个百分点。

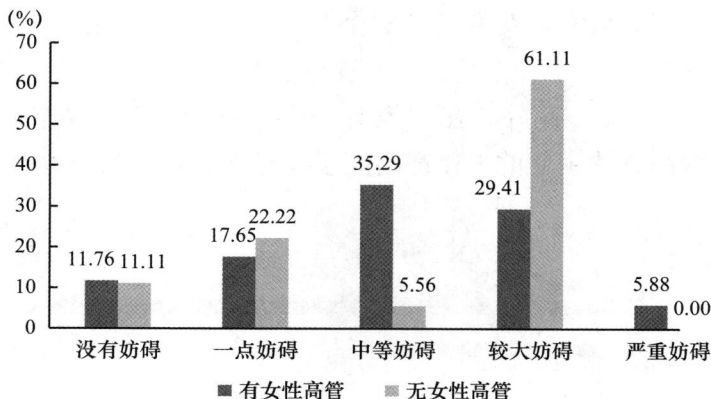

图 4 - 20　企业有无女性高管与技能人员招聘难度妨碍生产经营的程度

综合以上描述，我们发现，除了管理人员的影响，专业技术人员和技能人员招聘难度，对于没有女性高管的企业的影响相对较大。管理人员招聘难度对于有女性高管的企业影响相对较大。

第三节　中资企业对坦桑尼亚公共
服务治理的评价

坦桑尼亚税收结构由直接税收和间接税收两部分组成。直接税收指收入所得税和财产税，包括企业所得税、个人所得税、小型业主所得税、资本收益税、个人技能和发展培训税和预扣税，由收入所得税部门负责管理；间接税收指消费税和国际贸易税收，包括增值税、印花税、进口税、消费税和燃料税等，由海关和消费税收部门及增值税收部门负责管理。增值税收部门同时还负责为中央政府征收其他各项费用。直接税和间接税统一委托坦桑尼亚税收机构（TRA）代为征收。①

---

① 商务部：《〈对外投资合作国别（地区）指南〉之〈坦桑尼亚〉（2017 年版）》，2017 年 9 月，第 54 页。

本节从是否在经开区和行业划分两个维度，分析了企业税率、税收征收、工商许可办理、政治不稳定、腐败、土地许可申请、政府管制与审批等软环境因素，妨碍中资企业生产经营的程度。

一　税率

图4－21、图4－22按企业是否在坦桑尼亚经开区和行业划分两个维度，就税率对于企业生产经营的妨碍程度进行了分析。

图4－21的数据显示，从在坦桑尼亚经开区的企业来看，一半的企业认为税率对于企业的生产经营有较大妨碍，但没有严重妨碍企业的生产；从在其他地区的企业来看，有66.66%的企业认为税率对于企业的妨碍程度在中等及以上，但是没有严重妨碍企业生产；从不在坦桑尼亚经开区的企业来看，73.08%企业认为，税率对于企业的生产经营妨碍程度达到中等及以上水平，其中，33.33%的企业认为妨碍较大，26.92%的企业认为严重妨碍。

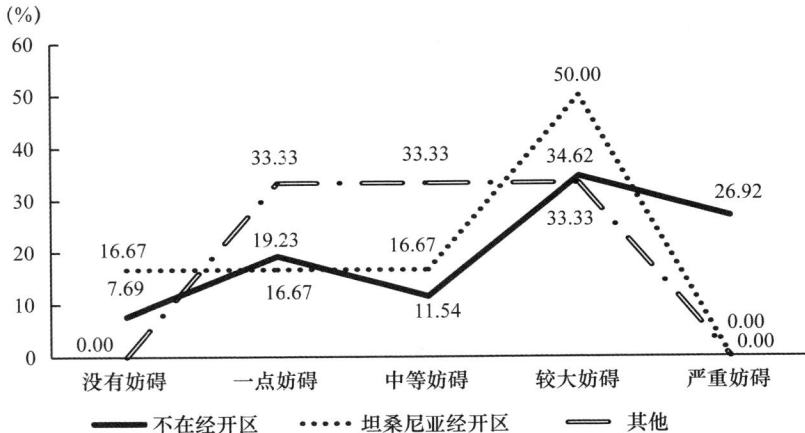

图4－21　按是否在经开区划分的税率妨碍企业生产经营的程度

由此可见，所有企业都认为税率对企业生产经营有较大妨碍。就较大妨碍程度来看，对在坦桑尼亚经开区的企业影响大于不在坦桑尼亚经开区和其他地区的企业，高出了 15.38 个百分点；但就严重妨碍程度来看，不在经开区的企业远远高于在经开区及其他地区企业，高出近 26.92 个百分点。

图 4-22 的数据显示，大多数工业企业认为，税率对于企业的生产经营妨碍程度在中等及以上。其中，近 36.84% 的企业认为有较大妨碍，21.05% 以上的企业认为严重妨碍；服务业企业中，有 37.5% 的企业认为税率对于企业有较大妨碍，18.75% 的企业认为严重妨碍。由此可见，税率对所有企业的生产经营都有较大程度的妨碍，中等以上程度妨碍达七成以上，且大部分集中于较大妨碍和严重妨碍程度。对工业企业的严重妨碍程度略高于服务业企业。

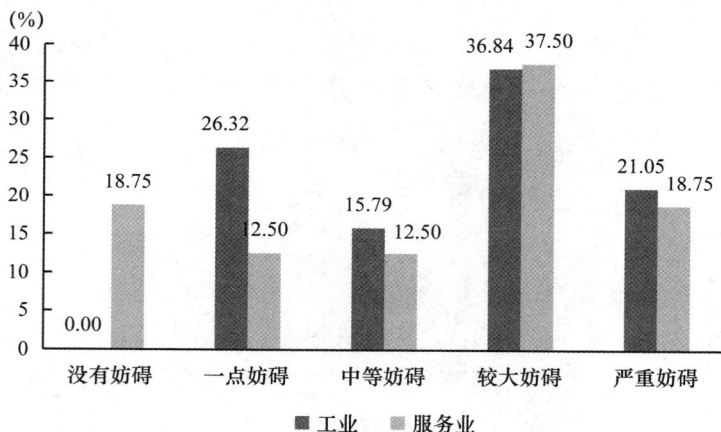

图 4-22 按行业划分的税率妨碍企业生产经营的程度

综上所述，坦桑尼亚的税率总体较高。从企业所在地看，坦桑尼亚经开区的企业享受的税收优惠政策有限；不在坦桑尼亚经开区的企业受到的影响更加严重。工业企业的生产受到税率的影响大于服务业企业。

二 税收征收

图 4-23 是按是否在坦桑尼亚经开区来划分税收征收对于企业的影响程度。有趣的是，所有企业都没有选择中等妨碍，可以肯定的

是，税收征收对于企业的影响程度属于"非此及彼"型。数据显示，有66.67%在坦桑尼亚经开区的企业认为，税收征收较大妨碍了企业的生产经营。有33.33%在其他地区的企业认为，税收征收较大妨碍了企业生产。有61.54%不在坦桑尼亚经开区的企业认为，税收征收对企业的生产妨碍程度在较大妨碍及以上。

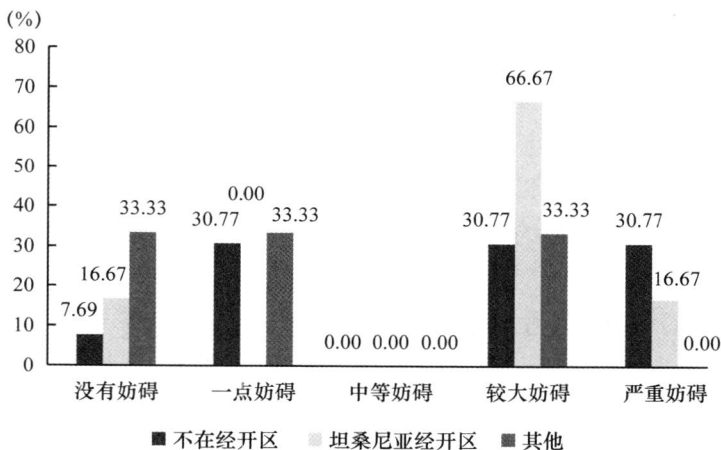

图4-23　按是否在经开区划分的税收征收妨碍企业生产经营的程度

由此可见，所有企业都认为税收征收较大妨碍了企业的生产经营。对于不在坦桑尼亚经开区和在坦桑尼亚经开区的企业妨碍程度尤其严重，在这些地区的企业受到较大及以上妨碍的比例均超过60%。对坦桑尼亚经开区的企业影响大于不在坦桑尼亚经开区和其他地区的企业。

图4-24是税收征收对于不同行业企业的影响程度。与图4-22一样，所有企业都抛弃了"中等妨碍"这个选项。工业企业更是出现了双峰值的折线。有36.84%的企业认为有一点妨碍，47.37%的企业认为有较大妨碍。服务业企业也较为集中，62.5%的企业认为税收征收的影响达到较大妨碍以上程度，其中37.5%的企业认为严重妨碍企业生产。不容忽视的是，有25%的服务业企业认为税率对于企业的生产经营没有妨碍。

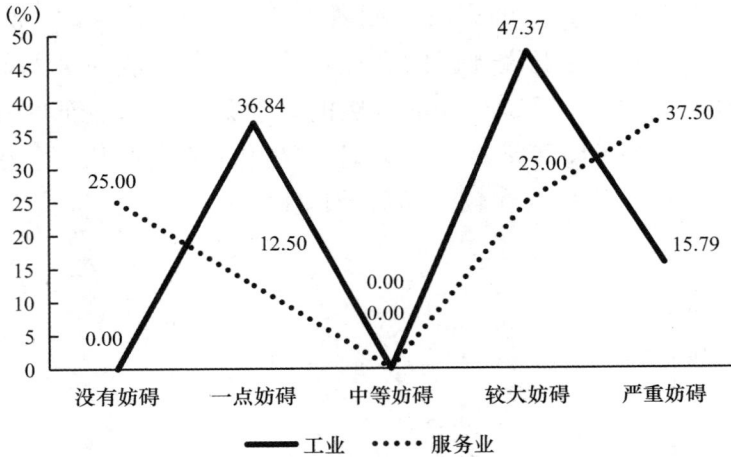

图4-24 按行业划分的税收征收妨碍企业生产经营的程度

由此可见，所有行业企业都受到了税收征收的影响，税收征收较大妨碍了企业的生产经营。在"较大妨碍"的选项上，47.37%的工业企业认为税收征收对企业生产经营活动有较大妨碍，25%的服务业企业认为有较大妨碍。在"严重妨碍"的选项上，37.50%的服务业企业认为税收征收严重妨碍企业生产经营。

综上所述，无论按企业生产地划分，还是按行业划分，税收征收对于企业的影响都呈现两极化，但总体上妨碍程度较高。2/3的企业认为，税收征收较大影响了企业正常的生产经营活动。

三 工商许可

在图4-25中，不在坦桑尼亚经开区的企业中认为工商许可没有妨碍公司生产经营的占57.69%，认为有一点妨碍的占15.38%，认为中等妨碍的占15.38%。在坦桑尼亚经开区的企业中认为工商许可没有妨碍生产经营的占33.33%，认为有一点妨碍的占33.33%，认为中等妨碍的占16.67%，认为较大妨碍的占16.67%。在其他地区的企业认为工商许可完全没有妨碍其生产经营。

由此可见，所有企业都认为工商许可对企业生产经营妨碍程度较低，

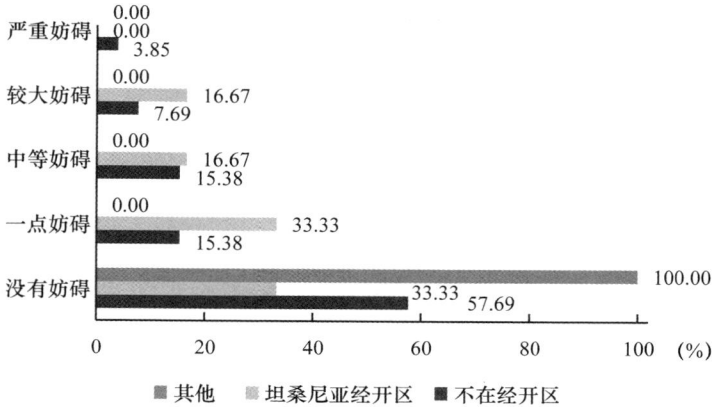

图4-25 按是否在经开区划分的工商许可妨碍企业生产经营的程度

对在坦桑尼亚经开区的企业和不在坦桑尼亚经开区的企业有小程度的妨碍，对不在坦桑尼亚经开区的妨碍程度稍甚于在坦桑尼亚经开区的企业，对不在坦桑尼亚经开区的企业严重妨碍程度也较低，仅为3.85%。

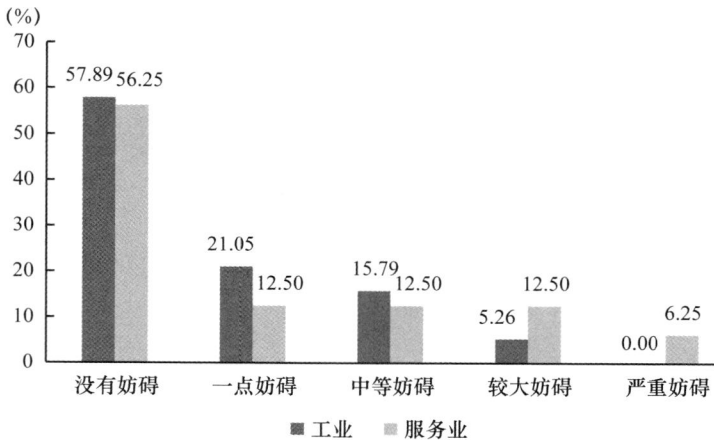

图4-26 按行业划分的工商许可妨碍企业生产经营的程度

在图4-26中，工业企业中，认为工商许可没有妨碍生产经营的占57.89%，认为有一点妨碍的占21.05%，认为中等妨碍的占

15.79%，认为较大妨碍的占5.26%。服务业企业中，认为工商许可没有妨碍企业生产经营的占56.25%，认为有一点妨碍的占12.50%，认为中等妨碍的占12.50%，认为较大妨碍的占12.50%。

由此可见，超过一半的企业认为工商许可对其生产经营没有妨碍，对工业企业妨碍程度轻于服务业企业。

综上所述，工商许可办理的情况较好，绝大多数企业认为，该因素对于企业的生产经营影响很小，六成以上的企业认为该因素对于企业发展没有妨碍。

四 政治不稳定

图4-27、图4-28给出了政治不稳定对于企业生产发展的影响。应该说绝大多数中资企业对于坦桑尼亚的政治发展形势充满信心。因此，有六成以上的企业认为，政治不稳定对于企业的生产经营没有妨碍。

在图4-27中，不在坦桑尼亚经开区的企业中，认为政治不稳定没有妨碍企业生产经营的占61.54%，认为有一点妨碍的占11.54%，认为中等妨碍的占7.69%，认为较大妨碍的占11.54%，认为严重妨碍的占7.69%。在坦桑尼亚经开区的企业中，认为政治不稳定没有妨碍生产经营的占66.67%，认为有一点妨碍的占33.33%，认为中等妨碍的占0%，认为较大妨碍的占0%，认为严重妨碍的占0%。其他地区的企业认为政治不稳定完全没有妨碍其生产经营。

由此可见，在其他地区的企业认为政治不稳定对企业生产经营程度没有妨碍，不在经开区的企业认为政治不稳定没有妨碍比例达六成以上。政治不稳定对不在坦桑尼亚经开区的企业妨碍程度大于在坦桑尼亚经开区的企业。

在图4-28中，工业企业中，63.16%的企业认为政治不稳定没有妨碍生产经营，15.79%的企业认为有一点妨碍，5.26%的企业认为中等妨碍，10.53%的企业认为较大妨碍，5.26%的企业认为严重妨碍。服务业企业中，认为政治不稳定没有妨碍企业生产经营的占68.75%，认为有一点妨碍企业生产经营的占12.50%，认为中等妨碍企业生产经

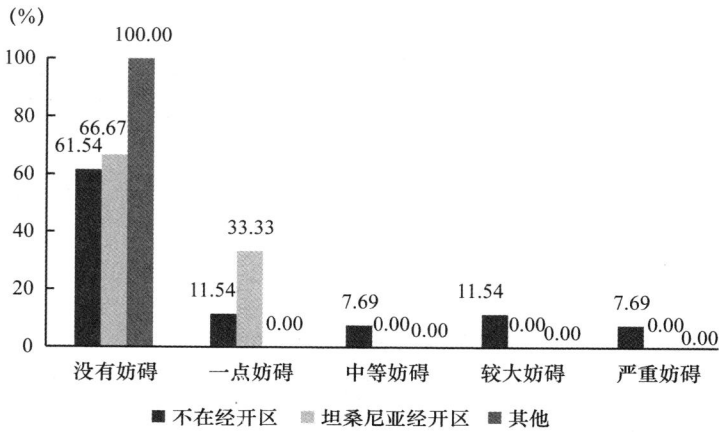

图 4 - 27　按是否在经开区划分的政治不稳定妨碍企业生产经营的程度

营的占 6.25% ，认为较大妨碍企业生产经营的占 6.25% ，认为严重妨碍企业生产经营的占 6.25% 。

由此可见，超过六成的企业认为政治不稳定对其生产经营没有妨碍，对工业企业妨碍程度与服务业企业相当，认为中等妨碍程度以上（包括中等妨碍、较大妨碍、严重妨碍三个数值）的都为两成左右。

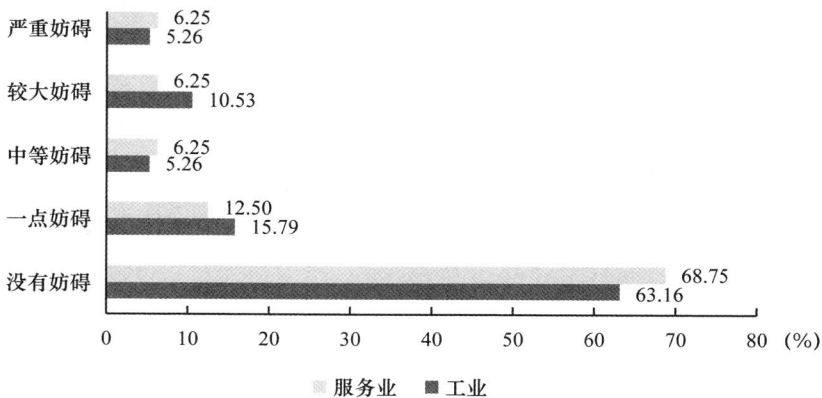

图 4 - 28　按行业划分的政治不稳定妨碍企业生产经营的程度

综上所述，绝大多数受访者是基于坦桑尼亚当前的政治形势做出的判断。然而我们应该更加关注那些认为有较大妨碍或者严重妨碍的企业。从不在经开区的企业看，有近两成的企业选择了较大妨碍及以上；从行业企业占比看，工业行业和服务业行业均有一成以上的企业选择了较大妨碍及以上。

五　腐败

在图4-29中，不在坦桑尼亚经开区的企业中，认为腐败没有妨碍公司生产经营的占7.69%，认为有一点妨碍的占30.77%，认为中等妨碍的占23.08%，认为较大妨碍的占26.92%，认为严重妨碍的占11.54%。

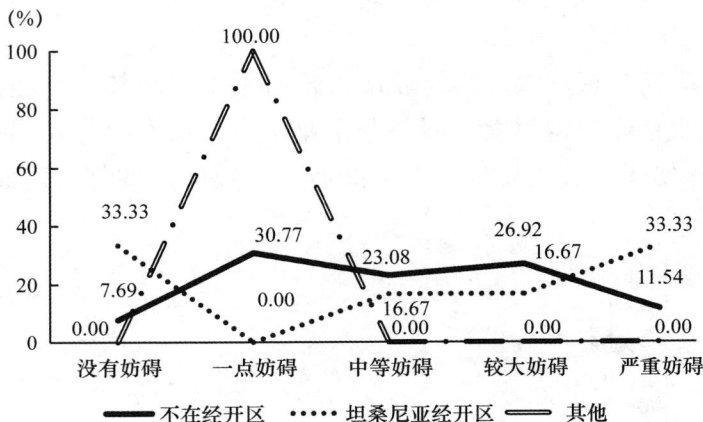

图4-29　按是否在经开区划分的腐败妨碍企业生产经营的程度

在坦桑尼亚经开区的企业中，认为腐败没有妨碍企业生产经营的占33.33%，认为腐败有一点妨碍的占0%，认为中等妨碍的占16.67%，认为较大妨碍的占16.67%，认为严重妨碍的占33.33%，在其他地区的所有企业认为腐败仅有一点妨碍其生产经营。

由此可见，不在坦桑尼亚经开区的企业和在坦桑尼亚经开区的企业认为腐败对企业生产经营中等妨碍程度以上的占六成以上，就严重妨碍程度来说，在坦桑尼亚经开区的企业高于不在坦桑尼亚经开区的企业。

在图 4 – 30 中，工业企业中认为腐败没有妨碍企业生产经营的占 5. 26%，认为有一点妨碍的占 31. 58%，认为中等妨碍的占 26. 32%，认为较大妨碍的占 21. 05%，认为严重妨碍的占 15. 79%。服务业企业中认为腐败没有妨碍生产经营的占 20. 00%，认为有一点妨碍的占 26. 67%，认为中等妨碍的占 13. 33%，认为较大妨碍的占 26. 67%，认为严重妨碍的占 13. 33%。

由此可见，认为腐败对企业生产经营达到中等妨碍程度以上的企业超过五成。就较大妨碍程度来说，服务业企业高出工业企业 5. 62 个百分点，就严重妨碍程度来说，工业企业高出服务业企业 2. 46 个百分点。

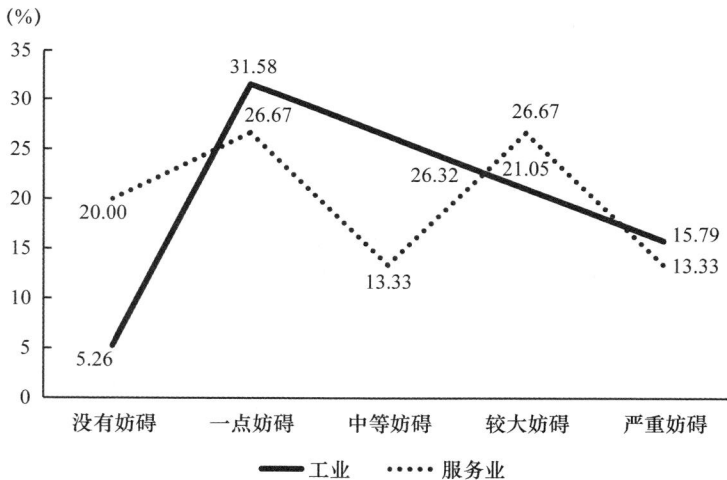

图 4 – 30　按行业划分的腐败妨碍企业生产经营的程度

综上所述，从企业是否在坦桑尼亚经开区看，在坦桑尼亚经开区的企业认为腐败的影响程度较深，不在坦桑尼亚经开区的企业则认为，腐败的影响较为广泛。从行业看，服务业受到的影响较大。事实上，腐败问题是坦桑尼亚政治经济生活中的毒瘤，其对企业的生产经营没有达到严重妨碍的地步，但是无处不在。

六 土地许可

在图 4 - 31 中，不在坦桑尼亚经开区的企业中，认为土地许可对企业生产经营没有妨碍的占 57.69%，认为有一点妨碍的占 30.77%，认为中等妨碍的占 3.85%，认为较大妨碍的占 7.69%。

在坦桑尼亚经开区的企业中，认为土地许可没有妨碍生产经营的占 50%，认为有一点妨碍的占 16.67%，认为中等妨碍的占 16.67%，认为较大妨碍的占 16.67%。其他地区的企业认为土地许可完全没有妨碍其生产经营。

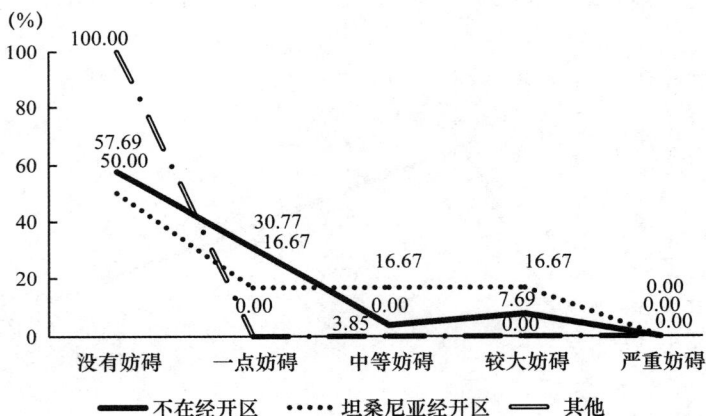

图 4 - 31 按是否在经开区划分的土地许可妨碍企业生产经营的程度

由此可见，在其他地区的企业都认为土地许可对企业生产经营没有妨碍。对于不在坦桑尼亚经开区的企业和在坦桑尼亚经开区的企业有一点妨碍，其中，对在坦桑尼亚经开区的企业妨碍更大。

在图 4 - 32 中，工业企业中，认为土地许可没有妨碍生产经营的占 47.37%，认为有一点妨碍的占 36.84%，认为较大妨碍的占 15.79%；服务业企业中，认为土地许可没有妨碍其生产经营的占 75.00%，认为有一点妨碍的占 12.50%，认为中等妨碍的占

12.50%。整体来说，一半以上的企业认为土地许可对其生产经营没有妨碍，八成以上认为其妨碍程度为中等以下，仅15.79%的工业企业认为有较大妨碍，由此可见，土地许可对工业企业生产经营的妨碍程度略微高于服务业企业。

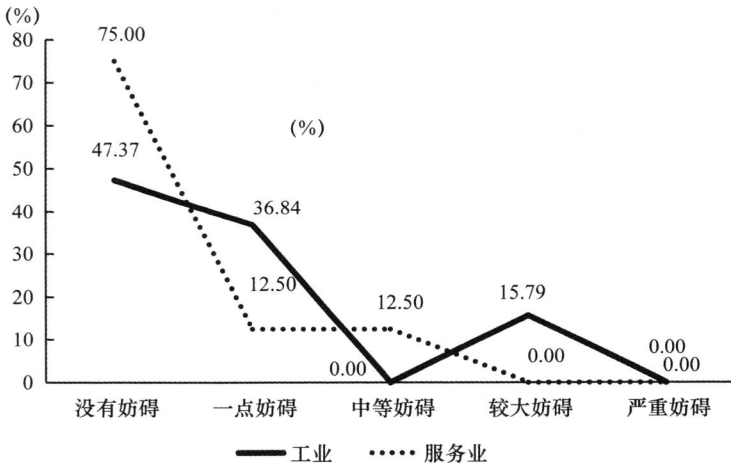

图4-32 按行业划分的土地许可妨碍企业生产经营的程度

七 政府管理制度与审批程序

图4-33、图4-34分析了政府管理制度以及审批程序对于企业生产经营的妨碍程度。

图4-33的数据显示，不在坦桑尼亚经开区的企业，认为政府管制与审批有一点妨碍企业生产的占30.77%，认为中等妨碍的占26.92%，认为较大妨碍的占19.23%，认为严重妨碍的占15.38%。在坦桑尼亚经开区的企业中，83.33%以上企业认为政府管理与审批对企业有较大妨碍；近两成的企业认为没有妨碍。在其他地区的企业中，认为政府管制与审批没有妨碍生产经营的占66.67%，认为有一点妨碍的占33.33%。

由此可见，政府管制与审批对其他地区的企业妨碍较小，对坦桑尼亚经开区的企业生产经营有较大妨碍，高于不在坦桑尼亚经开区企

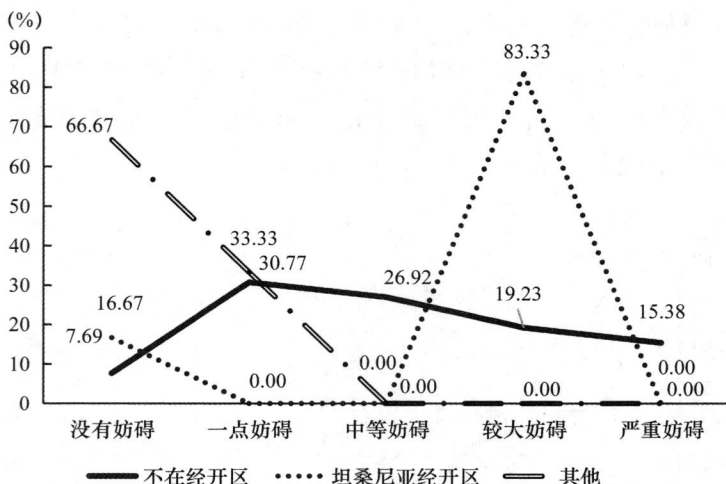

图 4 - 33 按是否在经开区划分的政府管制与审批妨碍企业生产经营的程度

业 64.1 个百分点；对不在坦桑尼亚经开区的企业有一定程度的影响，认为中等妨碍程度以上占 61.53%，尤其是严重妨碍程度比例较大（15.38%）。

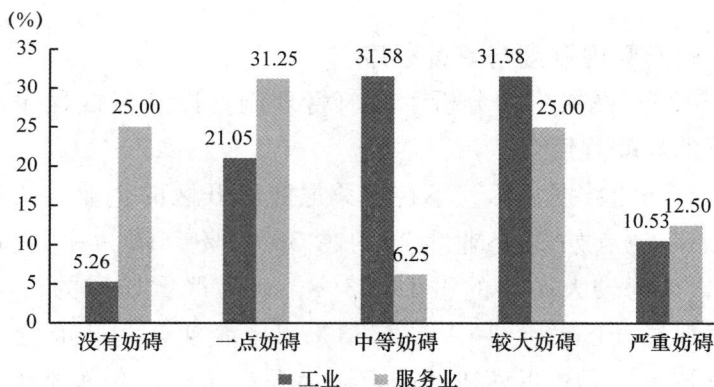

图 4 - 34 按行业划分的政府管制与审批妨碍企业生产经营的程度

图 4 - 34 的数据显示，工业企业中，认为政府管制与审批有一点妨碍的占 21.05%，认为中等妨碍的占 31.58%，认为有较大妨碍的占

31.58%；服务业企业中，认为政府管制与审批没有妨碍生产经营的占25.00%，认为有一点妨碍的占31.25%，认为较大妨碍的占25.00%。

由此可见，对于多数企业来说，政府管制与审批的妨碍程度在中等及以上。从较大妨碍程度看，对于工业企业的影响甚于服务业企业；从严重妨碍程度看，对于服务业企业的影响略高于工业企业。

综上所述，政府的管制与审批对于中资企业的生产发展妨碍度较高。

第四节　在坦中资企业投资风险分析

本小节考察了中资企业在坦桑尼亚投资存在的风险。主要描述了企业投资的可行性考察状况，投资前的考察类型分布，近一年的安全生产额外支付与偷盗损失情况，管理层对坦桑尼亚政治稳定的看法，以及企业未来一年经营风险的主要方面及比例。

一　企业投资可行性考察

表4-11从三个维度描述了中资企业在投资前是否进行过可行性考察的情况。数据显示，近九成的企业进行了投资的可行性考察。

表4-11	企业投资前的可行性考察情况		（单位：%）
分组依据	具体内容	有可行性考察	无可行性考察
行业	工业	94.74	5.26
	服务业	87.50	12.50
是否在坦桑尼亚经开区	否	92.31	7.69
	是	100.00	0.00
	其他	66.67	33.33
是否有女性高管	是	94.12	5.88
	否	88.89	11.11

有94.74%的工业企业进行过考察，87.50%的服务业企业进行过考察，工业企业考察的比例高于服务业企业，这可能与工业企业投入资金较大有关。

不在坦桑尼亚经开区的企业有92.31%进行过考察，在坦桑尼亚经开区的企业100%进行过考察，其他地区的企业66.67%进行过考察。在坦桑尼亚经开区的企业投资前考察比例最高，这与坦桑尼亚经开区的成熟度有着密切关系。

有女性高管的企业有94.12%进行过考察，无女性高管的企业有88.89%进行过考察，有女性高管的企业考察比例高于无女性高管的企业，说明女性行事更为谨慎。

表4-12从三个维度给出了中资企业投资前考察的类型分布。

从行业看，所有的工业企业都进行过市场竞争调查；88.89%的企业进行过外国直接投资法律法规考察，72.22%的企业进行过坦桑尼亚宗教、文化和生活习惯考察，77.78%的企业进行过劳动力素质考察，极少数企业进行过其他方面考察。所有的服务业企业都进行过市场竞争调查和外国直接投资法律法规考察，64.29%的企业进行过宗教、文化和生活习惯考察，71.43%的企业进行过劳动力素质考察。

从是否在坦桑尼亚经开区看，不在坦桑尼亚经开区的企业，全部进行过市场竞争调查，91.67%做过外国直接投资法律法规考察，70.83%进行过宗教、文化和生活习惯考察和劳动力素质考察，其他方面的考察较少（4.17%）。在坦桑尼亚经开区的企业，全部进行过市场竞争调查和外国直接投资法律法规考察，50%的企业进行过宗教、文化和生活习惯考察，83.33%的企业进行过劳动力素质考察。其他地区的企业，全部进行过市场竞争调查、外国直接投资法律法规以及宗教、文化和生活习惯考察和劳动力素质考察。

从有无女性高管看，有女性高管的企业，全部进行过市场竞争调查，87.5%的企业进行过外国直接投资法律法规考察，半数的企业进行过宗教、文化和生活习惯考察和劳动力素质考察，6.25%的企业还进行了其他方面考察。没有女性高管的企业，全部进行过市场竞争

表4-12　企业投资前的考察类型分布

（单位：%）

分组依据	具体内容	市场竞争调查		坦桑尼亚外国直接投资法律法规		坦桑尼亚宗教、文化和生活习惯		坦桑尼亚劳动力素质		其他方面考察	
		否	是	否	是	否	是	否	是	否	是
行业	工业	0.00	100.00	11.11	88.89	27.78	72.22	22.22	77.78	94.44	5.56
	服务业	0.00	100.00	0.00	100.00	35.71	64.29	28.57	71.43	100.00	0.00
是否在坦桑尼亚经开区	否	0.00	100.00	8.33	91.67	29.17	70.83	29.17	70.83	95.83	4.17
	是	0.00	100.00	0.00	100.00	50.00	50.00	16.67	83.33	100.00	0.00
	其他	0.00	100.00	0.00	100.00	0.00	100.00	0.00	100.00	100.00	0.00
是否有女性高管	是	0.00	100.00	12.50	87.50	50.00	50.00	50.00	50.00	93.75	6.25
	否	0.00	100.00	0.00	100.00	12.50	87.50	0.00	100.00	100.00	0.00

调查、外国直接投资法律法规和劳动力素质考察，87.5%的企业进行过宗教、文化和生活习惯考察。

综上所述，中资企业到坦桑尼亚投资前，都会开展市场环境、法律环境和社会文化环境等营商环境的调查。首先是市场竞争调查，这是必要考察；其次，绝大多数企业进行了外国直接投资法律法规考察；再次，八成左右的企业进行了劳动力素质考察；最后，有七成左右的企业进行了宗教、文化和生活习惯考察。

二 近一年企业安全生产的额外支付情况

表4-13给出了中资企业的安全生产额外支付情况。调查数据显示，八成左右的企业有安全生产额外支付。

表4-13　　　　　　　近一年企业安全生产额外支付　　　　（单位：%）

分组依据	具体内容	安全生产有额外支付	安全生产无额外支付
行业	工业	89.47	10.53
	服务业	68.75	31.25
是否在坦桑尼亚经开区	否	76.92	23.08
	是	83.33	16.67
	其他	100.00	0.00
是否有女性高管	是	70.59	29.41
	否	88.89	11.11

从行业来看，89.47%的工业企业有安全生产额外支付，68.75%的服务业企业有安全生产额外支付。工业企业安全生产额外支付的比例高于服务业企业，这与工业企业安全性高有关。

从是否在坦桑尼亚经开区看，76.82%不在坦桑尼亚经开区的企业有安全生产额外支付，83.33%在坦桑尼亚经开区的企业有安全生产额外支付，在其他地区的企业全部有安全生产额外支付。在其他地区的企业的安全生产额外支付比例最高。

从是否有女性高管看，有女性高管的企业，70.59%的企业有安全生产额外支付，无女性高管的企业，绝大多数有安全生产额外支付。

总的来说，中资企业的安全生产额外支付比例较高。调查结果表明，中资企业比较注重安全生产，同时坦桑尼亚的社会治安情况有所变化。

表4-14给出了近一年内，中资企业是否遇到过偷盗损失的情况。

数据显示，从行业来看，绝大多数工业企业遭遇过偷盗损失；近四成的服务业企业遭遇过偷盗损失。工业企业遭遇偷盗损失的比例高于服务业企业。

从是否在坦桑尼亚经开区看，2/3以上企业遭遇过偷盗损失。无论是不在坦桑尼亚经开区企业、在坦桑尼亚经开区企业，还是在其他地区的企业，都曾遭遇过偷盗损失。

从是否有女性高管看，52.94%有女性高管的企业遭遇过偷盗损失；无女性高管的企业有77.78%遭遇过偷盗损失。无女性高管的企业偷盗损失情况高于有女性高管的企业。

表4-14　　　　　　　近一年内企业遭到偷盗损失的情况　　　　　（单位：%）

分组依据	具体内容	发生过偷盗损失	未发生偷盗损失
行业	工业	89.47	10.53
	服务业	37.50	62.50
是否在坦桑尼亚经开区	否	65.38	34.62
	是	66.67	33.33
	其他	66.67	33.33
是否有女性高管	是	52.94	47.06
	否	77.78	22.22

综合安全生产额外支付情况和遭遇偷盗损失情况，我们可以得到两个结论：一是服务业企业的安全生产情况优于工业企业；二是有女性高管的企业的安全生产情况优于没有女性高管的企业。

三　中资企业管理层对坦桑尼亚政治稳定情况的评价

图4-35给出了中资企业管理层对于坦桑尼亚政治稳定情况的一些看法和评价。

从图4-35可以看出，67.65%的管理者认为坦桑尼亚政治环境比较稳定；14.71%的管理者认为坦桑尼亚政治环境的情况不好说，存在不稳定的风险；11.76%认为坦桑尼亚政治环境情况稳定，投资风险较小；极少数管理者认为坦桑尼亚政治环境情况不稳定，有党派争斗，要比较小心。

由此可见，79.41%的管理者对坦桑尼亚的政治环境持肯定态度，认为坦桑尼亚政治环境稳定，投资风险较小。

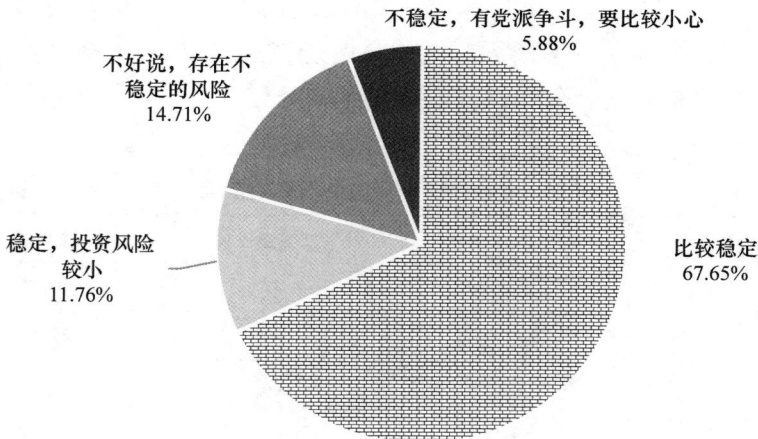

不稳定，有党派争斗，要比较小心
5.88%

不好说，存在不稳定的风险
14.71%

稳定，投资风险较小
11.76%

比较稳定
67.65%

图4-35　中资企业管理层对坦桑尼亚政治环境的看法

四　企业对未来一年主要经营风险的看法

表4-15给出了中资企业认为未来一年的主要经营风险。

从行业看，市场竞争上升、政策限制加强、中资企业增多是企业未来一年的主要经营风险。因行业不同而侧重点不同。工业企业认为，首要风险是市场竞争上升，其次是政策限制加强，再次是中资企业增多；服务业企业认为，首要风险是政策限制加强，其次是市场竞争上升，再次是中资企业增多和员工工资增长。

从是否在坦桑尼亚经开区看，政策限制加强、市场竞争上升、中资企业增多、研发后劲不足、资源获取难度增加五个方面，是企业面对的主要风险。不在坦桑尼亚经开区的企业认为，首要风险是政策限制加强，市场竞争上升次之，再次是中资企业增多。在坦桑尼亚经开区的企业认为，首要风险是政策限制加强，其次是市场竞争上升，再次是资源获取难度增加。其他地区的企业认为，市场竞争上升、中资企业增多、研发后劲不足，是企业面临的主要风险。

从是否有女性高管看，政策限制加强、市场竞争上升、中资企业增多、员工工资增长，是企业将面对的主要风险。有女性高管的企业认为，首要风险是政策限制加强，其次是市场竞争上升，再次是资源获取难度增加；没有女性高管的企业认为，首要风险是市场竞争上升，其次是政策限制加强，再次是员工工资增长和中资企业增加。

总体而言，企业认为未来一年经营风险主要集中在市场竞争上升、政策限制加强、中资企业增多、员工工资增长、研发后劲不足、资源获取难度增加六个方面。其中，平均近八成的企业认为政策限制加强是最大的风险，有七成以上的企业认为市场竞争上升的影响很大，三成以上的企业认为中资企业增多是主要风险之一，近三成的企业认为员工工资增加是主要风险之一。紧随其后的是研发后劲不足和资源获取难度增加。

表4－15　企业对未来一年主要经营风险的看法的比重

（单位：%）

分组依据	具体内容	员工工资增长	市场竞争上升	资源获取难度增加	研发后劲不足	政策限制加强	优惠政策效用降低或到期	政治环境变化	中资企业增多	产品或服务无话语权	其他方面
行业	工业	26.32	89.47	21.05	5.26	78.95	21.05	10.53	36.84	10.53	0.00
	服务业	31.25	62.50	18.75	25.00	87.50	12.50	18.75	31.25	12.50	0.00
是否在坦桑尼亚经开区	否	26.92	80.77	11.54	7.69	84.62	23.08	19.23	34.62	11.54	0.00
	是	33.33	66.67	50.00	16.67	100.00	0.00	0.00	16.67	16.67	0.00
	其他	33.33	66.67	33.33	66.67	33.33	0.00	0.00	66.67	0.00	0.00
是否有女性高管	是	11.76	70.59	29.41	11.76	94.12	16.67	23.53	23.53	17.65	0.00
	否	44.44	83.33	11.11	16.67	72.22	16.67	5.56	44.44	5.56	0.00

综合以上分析，我们发现，政策限制的增加，是坦桑尼亚投资环境恶化的重要表现，也是企业管理者看到的最主要的风险。政策的不稳定性，直接影响着投资者的信心。市场竞争上升，说明市场的调节功能依然存在，市场的力量不容忽视。此外，研发后劲不足以及资源获取难度增加，值得关注。如何参与坦桑尼亚及其周边国家的工业化战略，是中资企业必须考虑的问题。

本章提要

本章主要讨论了坦桑尼亚的营商环境与中国企业面临的投资风险。

第一节讨论了坦桑尼亚基础设施供给情况，包括企业提交水、电、网、建筑相关申请以及可能存在的非正规支付情况，企业的断水、断电、断网情况。

通过讨论，我们发现，企业在提交水、电、网、建筑相关申请时，都有非正规支付。其中，提交建筑相关申请时非正规支付的比例最高；提交网络申请时，非正规支付的比例最低。究其原因，水、电、建筑相关申请均由相关的政府部门管理，这与坦桑尼亚政府官员的权力寻租有一定关系。网络已完全市场化运行，且竞争对手较多，因此，极少有非正规支付。此外，坦桑尼亚电力供应紧张，断电断网较为频繁，断水也时有发生，工业企业和在坦桑尼亚经开区的企业情况尤为严重。

第二节讨论了坦桑尼亚公共服务供给的情况，包括税务机关、进口许可申请以及劳动力市场因素对于企业的影响。

通过讨论，我们发现，在过去的一年里，税务机构频繁走访或检查企业，企业的非正规支付比例较高。税务机构走访工业企业的比例高于服务业企业。近三年内，坦桑尼亚经开区企业提出进口许可申请的比例高于不在坦桑尼亚经开区和其他地区的企业，但非正规支付比例低于不在坦桑尼亚经开区的企业。工业企业提出进口许可申请的比例高于服务业，但其非正规支付比例低于服务业。

通过讨论，我们发现，从行业的维度看，劳动力市场规制政策、员工素质、专业技术人员招聘难度等因素对于工业企业的影响大于服务业企业，管理人员招聘难、技能人员招聘难等因素，对于服务业的影响大于工业企业。从是否在坦桑尼亚经开区的维度看，劳动力市场因素对在坦桑尼亚经开区的企业的影响大于不在坦桑尼亚经开区的企业的影响；从有无自身工会的维度看，劳动力市场因素对有自身工会的影响大于无自身工会的影响。

第三节讨论了中资企业对于坦桑尼亚公共服务治理的评价与看法。通过讨论，我们发现，坦桑尼亚的税率、税收征收、腐败、政府管制与审批等软环境因素，对于中资企业的生产经营妨碍程度都较大；工商许可、土地许可等政府办事流程，对于中资企业生产经营的妨碍程度相对较小；此外，坦桑尼亚政治稳定性好，因此，政治稳定性这一因素对企业生产经营的妨碍程度较低。

第四节讨论了在坦中资企业面临的投资风险。通过数据分析，我们发现绝大部分中资企业在投资前进行了可行性考察，考察内容包括本行业的市场竞争调查、坦桑尼亚外国直接投资法律法规、坦桑尼亚劳动力素质以及坦桑尼亚宗教、文化和风俗习惯。

在过去的一年里，中资企业安全生产额外支付达七成以上，偷盗损失情况也较为严重，两者都是工业企业重于服务业企业，无自身工会的企业重于有自身工会的企业，其他地区重于在坦桑尼亚经开区和不在坦桑尼亚经开区的企业。中资企业近八成的管理层认为坦桑尼亚政治稳定。

企业未来一年的经营风险主要在市场竞争上升、政策限制加强、中资企业增多和员工工资增长四个方面。最大的风险是政策限制加强和市场竞争上升。此外，服务业企业认为研发后劲不足占较大比例。在坦桑尼亚经开区的企业认为资源获取难度增加占较大比例。

第 五 章

坦桑尼亚中资企业雇佣行为
与劳动风险分析

中资企业的雇佣行为与东道国的就业政策、劳工政策、投资政策有着密切关系。

本章首先描述中资企业各类型员工的构成情况、不同规模企业的员工构成情况，企业的员工流动情况，其次探讨中资企业高层管理人员派遣时间及英语和斯瓦希里语流利程度，企业员工培训情况，包括培训的规模、次数以及类型，并阐述部分中资企业没有正规培训的原因，企业在招聘人才过程中遇到的问题，企业主招聘过程中看重的能力，最后探讨中资企业劳动争议的持续时间、涉及人数、产生原因及解决情况。

第一节　中资企业员工构成分析

本节主要分析坦桑尼亚中资企业员工总体构成情况，一线员工或生产员工构成，中高层管理员工构成，技术人员和设计人员构成，非生产员工①构成，大中小型企业员工构成，大中小型中资企业员工流动及其坦桑尼亚员工和中国员工流动情况。

---

① 非生产员工包括行政员工、销售员工。销售员工是指企业中直接进行销售相关经济活动的相关人员，包括销售经理、市场销售经理、区域销售经理、销售代表、销售员、销售培训者等。

一　中资企业员工构成

表5-1给出了中资企业员工构成情况。数据显示，在中资企业中，绝大多数是东道国员工。坦桑尼亚员工占比均值达85.15%，最大值为98%，最小值为35.29%。此外，标准差较大，为13.04。由此可见，该数据与中资企业员工构成情况基本一致。中国员工占比均值低于坦桑尼亚员工占比均值70.46个百分点。其他国家员工更为稀少，甚至可以忽略不计。

表5-1　　　　　　　　　　企业员工构成　　　　　　（单位：%）

各类员工占比	均值	标准差	最大值	最小值
女性员工占比	22.51	18.92	60.00	0.93
坦桑尼亚员工占比	85.15	13.04	98.00	35.29
中国员工占比	14.69	13.07	64.71	2.00
其他国家员工占比	0.15	0.72	4.16	0.00

我们注意到，员工结构显示，中资企业或多或少都有女性员工。从均值看，占比可达22.51%。但是从企业看，女性员工的人数差距较大，标准差达18.92。

由此可见，中资企业雇用了大量当地员工，为坦桑尼亚政府解决就业问题作出了应有的贡献。

在表5-2中，中资企业一线员工或生产员工均值62.24%，标准差很大，为34.26，最大值95%，最小值为0。在一线员工或生产员工中，坦桑尼亚员工占比均值达95.62%，最大值达100%，一线员工或生产员工全部是坦桑尼亚人，最小值也为54.17%，中国员工占比均值为4.4%。

表5-2　　　　　　　　　企业一线工人或生产员工构成　　　　（单位：%）

各类员工占比	均值	标准差	最大值	最小值
一线员工或生产员工占比	62.24	34.26	95.00	0.00
一线员工或生产员工中坦桑尼亚员工占比	95.62	9.43	100.00	54.17
一线员工或生产员工中中国员工占比	4.40	9.62	45.83	0.00
一线员工或生产员工中其他国家员工占比	0.00	0.00	0.00	0.00

从上面的描述中，我们发现，一线员工或生产员工绝大多数来自坦桑尼亚。这与坦桑尼亚劳动力资源状况有关，也可能与工作岗位对学历和教育水平要求不高有关。

在表5-3中，中高层管理员工占比均值为8.94%，最大值为26.67%，最小值为0.06%。中高层管理人员中，坦桑尼亚员工占比均值为20.14%，最大值为80%，最小值为0，标准差较大，为23.27。中国员工占比均值为79.86%，高出坦桑尼亚员工占比均值59.72个百分点。

表5-3　　　　　　　　　企业中高层管理员工构成　　　　（单位：%）

各类员工占比	均值	标准差	最大值	最小值
中高层管理员工占比	8.94	7.77	26.67	0.06
中高层管理人员中坦桑尼亚员工占比	20.14	23.27	80.00	0.00
中高层管理人员中中国员工占比	79.86	23.27	100.00	20.00

总的来说，中资企业的中高层管理人员较少，绝大多数是中国员工，少数是坦桑尼亚员工。极个别企业甚至没有坦桑尼亚籍的中高层管理人员。这与中高层管理人员的学历和教育水平要求较高有关，坦桑尼亚的教育水平还有待发展，当地员工的学历水平和文化素质还有待提高，能够满足中高层管理要求的劳动力资源不足，因而从中国招

聘或者派出的中高层管理人员较多。

在表5-4中，技术人员和设计人员占比均值为15.00%，最大值为85.71%，最小值为0。在技术人员和设计人员中，坦桑尼亚员工占比均值为57.70%，最大值为100%，最小值为0，中国员工占比均值为38.97%，最大值为100%，最小值为0。

表5-4   企业技术人员和设计人员构成   （单位：%）

各类员工占比	均值	标准差	最大值	最小值
技术人员和设计人员占比	15.00	20.21	85.71	0.00
技术人员和设计人员中坦桑尼亚员工占比	57.70	35.66	100.00	0.00
技术人员和设计人员中中国员工占比	38.97	35.36	100.00	0.00

由此可见，在中资企业中，技术人员和设计人员占比不高。从比例看，坦桑尼亚员工比中国员工多。另外，其标准差值超过35，可见中资企业对技术人员和设计人员的需求量差别较大。

在表5-5中，非生产员工占比均值为13.19%，最大值为100%，最小值为0。在非生产员工中，坦桑尼亚员工占比均值为47.30%，最大值为100%，最小值为0，中国员工占比均值为52.20%，最大值为100%，最小值为0。可见在非生产员工中，中国员工略多于坦桑尼亚员工。

表5-5   企业非生产员工构成   （单位：%）

各类员工占比	均值	标准差	最大值	最小值
非生产员工占比	13.19	24.28	100.00	0.00
非生产员工中坦桑尼亚员工占比	47.30	36.25	100.00	0.00
非生产员工中中国员工占比	52.20	36.81	100.00	0.00

表5-2、表5-3、表5-4、表5-5的数据显示，坦桑尼亚员工比例为85％，中资企业的本地化程度较高，坦桑尼亚员工中一线员工或生产员工比例最高，其次为技术人员和设计人员以及非生产员工，最少的是中高层管理员工。从中国员工看，中高层管理员工比例最高，其次为非生产员工、技术人员和设计人员，最少的是一线员工或生产员工。

这与坦桑尼亚的劳工政策、劳动力资源状况有关。坦桑尼亚劳动力资源丰富，但是高素质的人才相对匮乏，按照坦桑尼亚的投资政策和劳工政策，政府对于外国人可以从事的职业、工种都有严格的规定。因此，在中高管理层中，大多数是中国员工。

表5-6给出了按企业规模大小划分的企业员工构成情况。数据显示，无论企业的规模大小，均有女性员工。其中，小型企业女性员工的占比最大。从均值看，小型企业的女性员工最多，占比38.56％；大型企业的女性员工最少，占比18.98％。从最大值看，大型企业最高，中型企业最低；从最小值看，小型企业最高，大型企业最低。

由此可见，女性员工的占比与企业的规模有一定关系。根据企业样本情况，中小型企业样本的数据与中资企业的实际情况较为接近，女性员工相对较多。大型企业的标准差较大，从实际调研的情况看，可能存在一定差距。我们认为，女性员工的占比与中资企业的性质关系更为密切。毋庸置疑的是，越来越多的中国女性走入坦桑尼亚，她们的岗位多为中高层管理岗位或者行政文员岗位；那些受过良好教育或者有技能的坦桑尼亚女性也加入了中资企业，她们的岗位多样，包括中高层管理岗、非生产类型岗、技能岗、生产一线岗等。

表5-6　　　　　　按企业规模大小划分的企业员工构成　　　　　（单位：％）

员工类型	企业规模类型	均值	标准差	最大值	最小值
女性员工	小型企业	38.56	12.11	57.14	23.53
	中型企业	21.20	13.08	43.33	3.75
	大型企业	18.98	21.27	60.00	0.94

续表

员工类型	企业规模类型	均值	标准差	最大值	最小值
中高管理层员工	小型企业	20.51	7.00	26.67	11.76
	中型企业	12.62	5.36	20.00	1.69
	大型企业	3.96	3.80	15.00	0.06
技术人员和设计人员	小型企业	14.96	24.79	57.14	0.00
	中型企业	18.60	28.90	85.71	0.00
	大型企业	13.30	14.47	48.00	0.04
非生产员工	小型企业	52.32	45.42	100.00	0.00
	中型企业	9.40	7.59	20.00	0.00
	大型企业	4.68	7.42	31.25	0.00

从中高管理层来看，小型企业中高管理层员工的比例高于大型企业，高出 16.55 个百分点，其均值分别为 20.51% 和 3.96%。大型企业中高管理层的员工比例虽小，但企业间差别不大，标准差值仅为 3.80，是表 5-6 中最小的标准差值。

就技术人员和设计人员来说，从均值看，中型企业在三种规模的企业中占比最高；小型企业与大型企业的比例相近；从标准差看，中型企业之间的差异最大，最大值为 85.71%，大型企业之间的差异相对较小。

就非生产员工占比来说，小型企业的非生产员工占比均值最大，为 52.32%，中型企业和大型企业占比均值较小，分别为 9.40% 和 4.68%。小型企业中非生产员工比例差别也较大，标准差值达 45.42，最大值达 100%，最小值为 0。

二 中资企业人员流动情况

表 5-7、表 5-8、表 5-9 给出了近一年来中资企业人员流动情况。

就新增雇佣人员来说，大型企业新增雇用人员均值最高，达 108.06 人，远远高于中型企业的 4.80 人和小型企业的 0.20 人，当然，大型企业新增雇用人员的差别也较大，标准差高达135.37，最大值为470人，最小值为0人。可以看出，大型企业新增雇用人员最多。

就辞职人员来说，大型企业的辞职人员也远高于中型企业和小型企业，其均值达39.89人，而中型企业和小型企业辞职人员的均值分别为2.30人和0.20人。同样，大型企业每家企业辞职人员差别较大，标准差达55.88，最大值为200人，最小值为0人。大型企业的净流入人员也远高于中型企业和小型企业，其均值达68.17人，而中型企业和小型企业辞职人员的均值分别为2.50人和0人。

由此可见，大型企业人员流动性较大，新增雇员多，辞职人员也多。小型企业人员最稳定，新增雇用人员和辞职人员都较少，其数量相等，因而其净流入量为0人。同样，每家大型企业净流入人员差别较大，标准差达117.37，最大值为405人，最小值为 -30人。说明有些企业辞职的人员更多。有些中型企业辞职的人员比新雇用的人员多。

表5-7　　　　　　　　企业员工的流动情况　　　　　　　（单位：人）

员工类别	企业规模类型	均值	标准差	最大值	最小值
新增雇用人员	小型企业	0.20	0.45	1	0
	中型企业	4.80	4.76	10	0
	大型企业	108.06	135.37	470	0
辞职人员	小型企业	0.20	0.45	1	0
	中型企业	2.30	2.71	8	0
	大型企业	39.89	55.88	200	0
净流入人员	小型企业	0.00	0.00	0	0
	中型企业	2.50	3.50	9	-3
	大型企业	68.17	117.37	405	-30

表5-8给出了近一年坦桑尼亚籍员工的流动情况。

就新增雇员来说，大型企业的新增雇用人员均值最高，达100.83人，远远高于中型企业的3.40人和小型企业的0.20人，大型企业新增雇用人员的差别也较大，标准差高达128.10，最大值为440人，最小值为0人。

就辞职人员看，大型企业辞职的坦桑尼亚员工也远高于中型企业和小型企业，其均值达35.06人，而中型企业和小型企业辞职人员均值为1.60人和0.20人。同样，大型企业每家企业辞职人员差别较大，标准差达53.40，最大值为200人，最小值为0人。

大型企业坦桑尼亚人员的净流入均值达65.78人，而中型企业和小型企业辞职人员的均值为1.80人和0人。可见，大型企业新增坦桑尼亚雇用人员较多，辞职人员也最多，其人员流动性较大，小型企业人员最稳定，新增雇用人员和辞职人员都较少，其数量相等，因而其净流入量为0人。同样，每家大型企业净流入人员差别较大，标准差达114.87，最大值为390人，最小值为-28人，说明有些企业辞职的坦桑尼亚人员比新雇用的人员多。有些中型企业也存在类似的情况。

表5-8 　　　　　　　　　　坦桑尼亚籍员工的流动情况　　　　　　　　（单位：人）

人员类别	企业规模类型	均值	标准差	最大值	最小值
新增雇用人员	小型企业	0.20	0.45	1	0
	中型企业	3.40	3.57	10	0
	大型企业	100.83	128.10	440	0
辞职人员	小型企业	0.20	0.45	1	0
	中型企业	1.60	1.90	4	0
	大型企业	35.06	53.40	200	0
净流入人员	小型企业	0.00	0.00	0	0
	中型企业	1.80	2.82	6	-3
	大型企业	65.78	114.87	390	-28

从上面的分析可以看出，小型企业的人员流动最少，中型企业的人员流动也不大，大型企业的人员变动最大。这与企业的性质有密切关系。

表 5 - 9　　　　　　　　　中国员工的流动情况　　　　　　（单位：人）

人员类别	企业规模类型	均值	标准差	最大值	最小值
新增雇用人员	小型企业	0	0	0	0
	中型企业	1.40	2.27	6	0
	大型企业	7.22	9.67	30	0
辞职人员	小型企业	0	0	0	0
	中型企业	0.70	1.25	4	0
	大型企业	4.83	6.16	20	0
净流入人员	小型企业	0.00	0.00	0	0
	中型企业	0.70	1.34	4	0
	大型企业	2.39	6.48	20	- 5

在表 5 - 9 中，就中国员工而言，大型企业的新增雇用人员均值最高，为 7.22 人，高于中型企业的 1.40 人，小型企业无新增中国员工。大型企业新增雇用人员的差别也较大，标准差为 9.67，最大值为 30 人，最小值为 0 人。大型企业的中国员工辞职人数也高于中型企业和小型企业，其均值达 4.83 人，而中型企业的中国员工辞职人数均值为 0.70 人，小型企业无中国员工辞职。各大型企业的中国员工辞职人数差别较大，标准差为 6.16，最大值为 20 人，最小值为 0 人。大型企业的中国员工净流入人员也远高于中型企业和小型企业，其均值为 2.39 人，而中型企业的中国员工较为稳定，新增雇用人员和辞职人员都较少，小型企业无中国员工流动。

各大型企业净流入人员差别较大，标准差达 6.48，最大值为 20 人，最小值为 - 5 人，说明有些大型企业的中国员工辞职人数超过新增员工人数。数据还显示，无论企业的规模如何，中国员工的稳定性都远远超过坦桑尼亚员工，是企业中最稳定的人员。

综上所述，我们发现，人员流动情况与企业的规模呈正相关。小型企业员工最稳定，中国员工基本不变，坦桑尼亚员工的流动性也很差。大型企业的人员流动性最大。无论是中国员工，还是坦桑尼亚员工均有辞职的情况，且比例极高。

第二节 中资企业的雇佣行为分析

本节主要描述中资企业高层管理人员派遣时间及其英语和斯瓦希里语流利程度，企业员工培训规模和次数，培训类型，没有正规培训的原因，企业在招聘过程中遇到的问题，企业招聘过程中注重的能力。

一 中资企业高管派遣时间及语言情况

图5-1给出了中国高级管理人员派驻坦桑尼亚的时间情况。企业样本数据显示，当前中国高管主要集中在一年到三年之间，占比54.55%；其次是四到六年之间，占比21.21%。不容忽视的是六年以上的高管，占比9.09%。

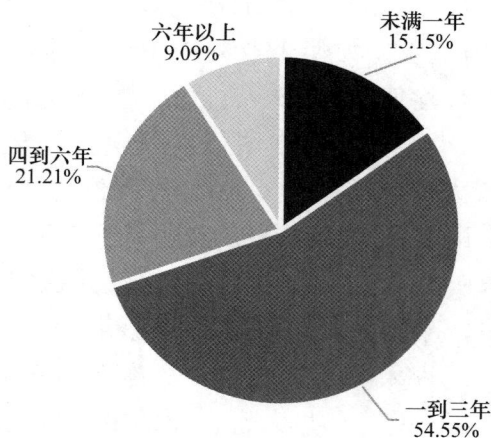

图5-1 坦桑尼亚中资企业高管的平均派遣时间

　　这是按照派驻国家来计算的结果。实际情况与我们的调查结果有一定差距。在现场调研中，我们了解到，中资企业派驻当地的高级管理人员绝大多数在非洲国家待了很多年，最年轻的高管也派驻非洲三年以上。

　　在表5－10中，工业企业高管英语非常流利的占26.32%，流利的占47.37%，可以交流的占21.05%，会一点的为5.26%，完全不会的没有，73.69%的高管英语水平达到流利以上。服务业企业高管英语非常流利的占56.25%，高于工业企业29.93个百分点，流利的占31.25%，可以交流的占12.50%，会一点的和完全不会的没有，87.50%的高管英语水平达到流利以上，高于工业企业13.81个百分点。可见服务业的企业高管英语流利程度高于工业企业，超过一半的人非常流利，这与服务业的行业性质有关，其需要沟通和交流的要求和机会比较多，即使刚派驻时只是可以交流，经过一到三年的锻炼，可以提升到流利或非常流利的程度。

表5－10　　　　　　　　　　企业高管的英语流利程度　　　　　　　　　（单位：%）

分组依据	具体内容	完全不会	会一点	可以交流	流利	非常流利
行业	工业	0.00	5.26	21.05	47.37	26.32
	服务业	0.00	0.00	12.50	31.25	56.25
是否在坦桑尼亚经开区	否	0.00	0.00	15.38	50.00	34.62
	是	0.00	16.67	33.33	0.00	50.00
	其他	0.00	0.00	0.00	33.33	66.67

　　不在经开区的企业中，高管英语非常流利的占34.62%，流利的占50.00%，可以交流的占15.38%，会一点的和完全不会的没有，大家都能交流，大部分流利。在坦桑尼亚经开区的企业高管英语非常流利的占50.00%，可以交流的占33.33%，会一点的占16.67%，完全不会的没有。在其他地区的企业高管中，66.67%的英语非常流利，33.33%的人流利。可见，不在坦桑尼亚经开区和其他地区的企业高

管英语流利程度以上的比例总和分别为84.62%和100%，高于经开区的企业高管。

表5-11给出了企业高管的斯瓦希里语流利程度的情况。从行业的角度看，工业企业高管中，斯瓦希里语水平达到非常流利的占比5.26%，流利的占比5.26%，可以交流的占比26.32%，会一点的占比57.89%，完全不会的占比5.26%。服务业企业高管中，斯瓦希里语水平达到非常流利的占比6.25%，流利的占比12.50%，可以交流的占比18.75%，会一点的占比56.25%，完全不会的占比6.25%。可见无论是工业企业高管，还是服务业企业高管，斯瓦希里语的水平达到流利以上的比例不高，仅在10%—20%之间，超过一半的人仅会一点，非常流利的占比更少。

表5-11　　　　　　　　企业高管的斯瓦希里语流利程度　　　　　　（单位：%）

分组依据	具体内容	完全不会	会一点	可以交流	流利	非常流利
行业	工业	5.26	57.89	26.32	5.26	5.26
	服务业	6.25	56.25	18.75	12.50	6.25
是否在坦桑尼亚经开区	否	7.69	61.54	19.23	7.69	0.00
	是	0.00	50.00	50.00	0.00	0.00
	其他	0.00	33.33	0.00	33.33	33.33

不在经开区企业的高管中，斯瓦希里语为流利的占7.69%，可以交流的占19.23%，会一点的占61.54%，完全不会的占7.69%。在经开区企业的高管中，斯瓦希里语可以交流的占50.00%，会一点的占50.00%。在其他地区企业的高管中，33.33%的人斯瓦希里语非常流利，33.33%的人流利，33.33%的人会一点。

由此可见，其他地区企业的高管，其斯瓦希里语流利程度最高，高出坦桑尼亚经开区企业高管66.66个百分点。相对来说，经开区和非经开区的高管英语更加流利。这与企业所处的工作环境和生活环境密切相关。在经开区和不在经开区的企业高管与官方的人接触较多，与百姓接触相对较少，只要懂英语，就不影响交流。其他地区的企业与百姓交流较多，企业高管的斯瓦希里语也较流利些。

二 中资企业员工培训情况

表 5 - 12 给出了近一年来中资企业培训员工的情况。

表 5 - 12　　　　　　　　　企业培训员工的规模与次数

具体内容	均值	标准差	最大值	最小值
坦桑尼亚员工接受过培训的人数	326.88	830.01	4000	2
培训的次数	5.07	5.48	20	1
工业企业员工培训次数	4.88	3.91	12	1
服务业企业员工培训次数	5.36	7.41	20	1
不在坦桑尼亚经开区的企业员工培训次数	5.95	6.07	20	1
在坦桑尼亚经开区的企业员工培训次数	—	—	—	—
其他地区企业员工培训次数	2.25	1.26	4	1
有自身工会的企业员工培训次数	5.43	6.58	20	1
没有自身工会的企业员工培训次数	4.95	5.23	20	1

数据显示，近一年来，中资企业对坦桑尼亚员工培训人数均值为326.88 人，各企业差别很大，标准差高达 830.01，最大值为 4000 人，最小值为 2 人。近一年的培训次数均值为 5.07 次，最大值为 20 次，最小值为 1 次。由此可见，坦桑尼亚员工受训人数和次数都较多。

从行业看，工业企业员工培训次数均值为 4.88 次，服务业企业员工培训次数均值为 5.36 次，略高于工业企业。

按企业是否在坦桑尼亚经开区划分，不在坦桑尼亚经开区的企业员工培训次数均值为 5.95 次，其他地区的企业员工培训次数均值为2.25 次，坦桑尼亚经开区没有数据。

按企业是否有自身工会来看，有自身工会的企业员工培训次数略高于没有自身工会的企业。

表5-13给出了近一年来，中资企业开展的员工培训类型占比情况。

表5-13   企业对员工进行培训的类型   （单位：%）

分组依据	具体内容	管理与领导能力	人际交往与沟通技能	写作能力	职业道德与责任心	计算机或一般IT使用技能	工作专用技能	英文读写	安全生产	其他能力
行业	工业	35.29	17.65	11.76	47.06	23.53	76.47	11.76	82.35	5.88
	服务业	45.45	45.45	9.09	63.64	18.18	72.73	9.09	63.64	0.00
是否在坦桑尼亚经开区	否	42.86	28.57	14.29	47.62	23.81	80.95	14.29	66.67	4.76
	是	0.00	0.00	0.00	50.00	25.00	50.00	0.00	100.00	0.00
	其他	66.67	66.67	0.00	100.00	0.00	66.67	0.00	100.00	0.00
是否有自身工会	是	14.29	28.57	14.29	57.14	14.29	85.71	14.29	100.00	0.00
	否	47.62	28.57	9.52	52.38	23.81	71.43	9.52	66.67	4.76

由表5-13可见，坦桑尼亚中资企业对员工培训，包括管理与领导能力、人际交往与沟通技能、写作能力、职业道德与责任心、计算机或一般IT使用技能、工作专用技能、英文读写、安全生产和其他能力。

从行业看，工业企业，培训最多的是安全生产，占82.35%，其次是工作专用技能，占76.47%，再次是职业道德与责任心和管理与领导能力，分别为47.06%和35.29%。服务业企业，培训最多的是工作专用技能，为72.73%，其次是安全生产和职业道德与责任心，都是63.64%，再次是管理与领导能力和人际交往与沟通能力，都是45.45%。工业生产最重要的是安全，工业企业非常重视这点，把它放在首位来培训。工业和服务业企业对工作专用技能、职业道德与责任心、管理与领导能力都较重视，另外，服务业企业还比较重视人际交往与沟通能力的培训，这是服务业的行业需要。

对于不在坦桑尼亚经开区的企业，培训最多的是工作专用技能，为80.95%，其次是安全生产，为66.67%，再次是职业道德与责任心和管理与领导能力，分别为 47.62% 和 42.86%；对于在坦桑尼亚经开区的企业，培训最多的是安全生产，培训率达 100%，其次是工作专用技能和职业道德与责任心，都为 50%；其他地区安全生产和职业道德与责任心的培训率达 100%，其次为工作专用技能、管理与领导能力、人际交往与沟通能力，都为 66.67%。三个地区对安全生产、工作专用技能、职业道德与责任心的培训都很重视。

就有无自身工会来说，有自身工会的企业，培训最多的是安全生产，为 100%，其次是工作专用技能，为 85.71%，再次是职业道德与责任心，为 57.14%；没有自身工会的企业，培训最多的是工作专用技能，为 71.43%，其次是安全生产，为 66.67%，再次是职业道德与责任心和管理与领导能力，分别为 52.38% 和 47.62%。所有的中资企业都非常重视安全生产的培训，其次是工作专用技能，职业道德与责任心的培训，管理与领导能力。

图 5-2 给出了少部分企业没有进行正规培训的原因。数据显示，公司没有进行正规培训最主要的原因是培训质量较低，有 33.33% 的企业持此观点。

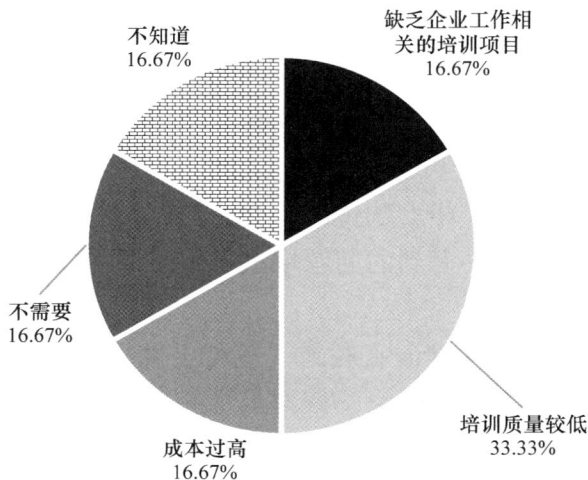

图 5-2　公司没有正规培训的原因

三 中资企业招聘遇到的问题

表 5-14 给出了近一年来中资企业在人员招聘过程中遇到的问题类型。

表 5-14　　　　　　　　企业招聘遇到的问题类型　　　　　　（单位：%）

分组依据	具体内容	求职者过少	应聘者缺乏所需技能	应聘者期望薪酬过高	对工作条件不满	交流困难
行业	工业	10.53	89.47	42.11	15.79	47.37
	服务业	0.00	81.25	37.50	6.25	31.25
是否在坦桑尼亚经开区	否	7.69	84.62	34.62	7.69	34.62
	是	0.00	83.33	50.00	33.33	66.67
	其他	0.00	100.00	66.67	0.00	33.33
是否有自身工会	是	0.00	88.89	66.67	11.11	66.67
	否	7.69	84.62	30.77	11.54	30.77

就工业企业而言，最大的问题是应聘者缺乏所需的技能，其次是交流困难，占比 47.37%，再次是应聘者期望薪酬过高，最后对工作条件不满和求职者过少。就服务业企业来说，绝大多数企业认为应聘者缺乏所需的技能，三成以上的企业认为期望薪酬过高和交流困难的问题也很大。

就是否在坦桑尼亚经开区的企业来说，招聘过程中遇到的问题仍是缺乏所需的技能、期望薪酬过高和交流困难。就是否有自身工会的企业来说，招聘过程中遇到的问题依然是缺乏所需技能、期望薪酬过高和交流困难。

总体而言，绝大多数企业遇到了应聘者缺乏所需技能这一问题。这与坦桑尼亚国情有关，国家的教育水平有待提高，人才匮乏，包括交流困难也与国家的教育水平有关。期望薪酬过高是企业招聘过程中普遍遇到的问题。招聘过程中较少遇到求职者过少和对工作条件不满的，可见从绝对量来说，坦桑尼亚的劳动力总量充足，然而能够满足企业招聘条件的人数较少。

四 中资企业注重的员工能力

图5-3的数据显示了员工的语言沟通能力的重要性。从语言能力看，绝大多数企业认为中文听说能力不重要；60.00%的企业认为英文听说能力重要；从沟通能力看，94.28%的企业认为沟通能力较为重要。由此可见，对于企业来说，英语是坦桑尼亚的官方语言和通用语言，员工会使用英语即可，因此，员工的中文听说能力并不重要。此外，几乎所有的企业都认为沟通能力重要，因而在企业培训时也比较注重沟通能力的培训。

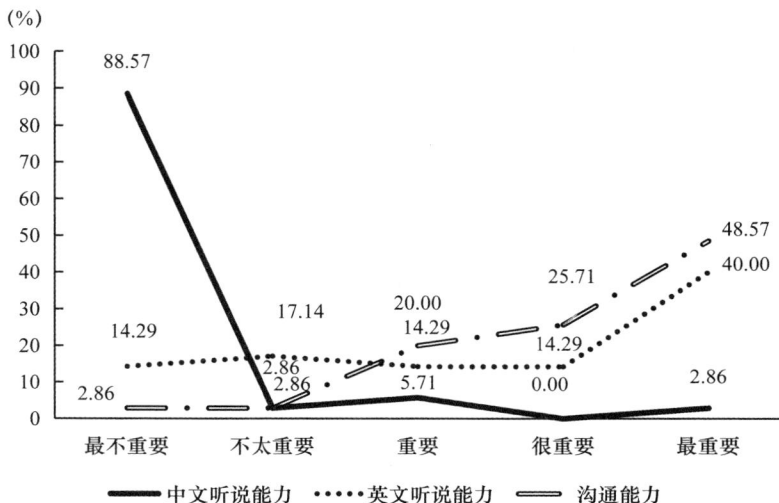

图5-3 企业认为语言和沟通能力的重要性

图5-4的数据显示，绝大多数企业认为员工的时间管理能力、问题解决能力、团队合作能力、独立工作能力和相关技能都重要。企业认为员工最重要的能力就是问题解决的能力，其次是时间管理能力。坦桑尼亚民众与中国民众的时间观念差异较大，其时间管理能力也相对较弱，这与坦桑尼亚的自然环境、气候和文化有一定的关系。

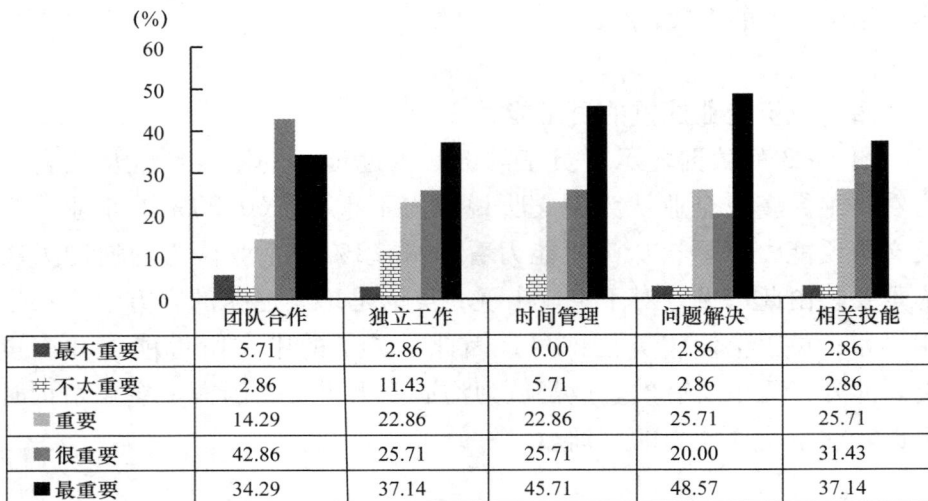

(%)	团队合作	独立工作	时间管理	问题解决	相关技能
■ 最不重要	5.71	2.86	0.00	2.86	2.86
⋇ 不太重要	2.86	11.43	5.71	2.86	2.86
▨ 重要	14.29	22.86	22.86	25.71	25.71
▨ 很重要	42.86	25.71	25.71	20.00	31.43
■ 最重要	34.29	37.14	45.71	48.57	37.14

图 5 - 4　企业认为员工相关能力的重要性

第三节　中资企业劳资纠纷及处理效果分析

本节主要考察近三年来中资企业劳动争议的持续时间、最大一次劳动争议涉及的人数、劳动争议的类型以及主要解决的途径。如果近三年企业没有劳动争议，则数据显示为 0。

一　中资企业劳动争议情况

图 5 - 5 的数据显示，近三年来，多数企业有劳动争议，劳动争议持续的时间长短不一。有四成企业劳资关系较好，没有劳动争议。遇到劳动争议的企业，一半以上的企业能够在 1—7 天内解决。

从图 5 - 6 中可以看出，37.14% 的企业没有劳动争议数据，数据与图 5 - 5 基本一致。近三年来，大多数企业遇到的劳动争议涉及人数在 1—10 人之间，少数企业遇到过 50 人以上的劳动争议。在实地调研中，我们发现，极少数的企业遇到的劳动争议持续时间不足一天，涉及的人数也不多。

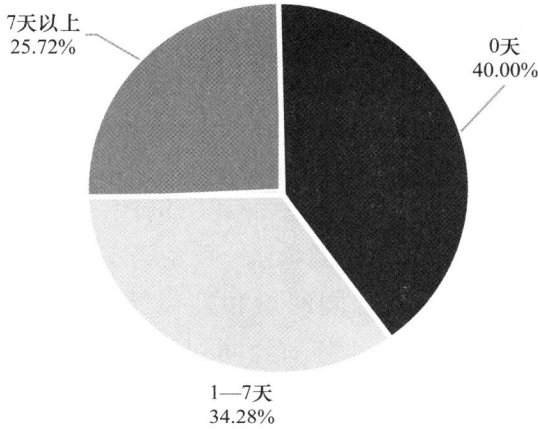

图 5-5　劳动争议的持续时间

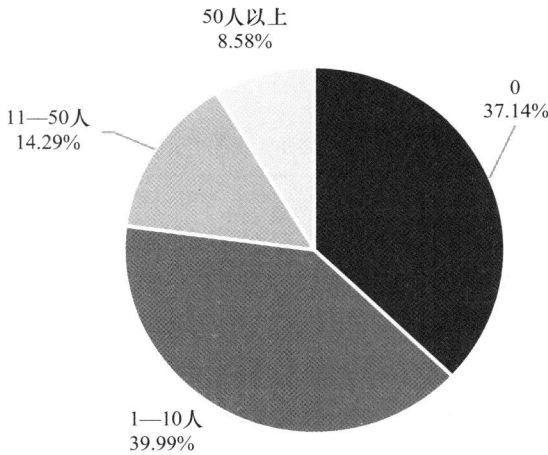

图 5-6　影响最大的劳动争议涉及人数

二　中资企业劳动争议的类型及解决途径

表 5-15、表 5-16 给出了中资企业劳动争议的类型及其解决途径的情况。

就行业来说，无论是工业企业还是服务业企业，因工资纠纷而引发劳动争议的事件占比最高，分别为工业企业占比为 64.29% 和服务

业企业 75.00%，其次是因劳动合同而引发纠纷，分别为工业企业
35.71% 和服务业企业 37.50%，再次是社会保障纠纷，分别是
14.29% 和 12.50%。由此可见，在工资纠纷和劳动合同纠纷方面，
服务业企业高于工业企业。

不在坦桑尼亚经开区的企业中，其工资纠纷占比为 77.78%，劳
动合同纠纷为 27.78%，在坦桑尼亚经开区的企业中，分别有
66.67% 的企业遇到过劳动合同纠纷和社会保障纠纷。在其他地区的
企业 100% 遇到过工资纠纷和劳动合同纠纷。由此可见，坦桑尼亚经
开区企业的工资问题处理得较好。

在有自身工会的企业中，绝大多数企业遇到过工资纠纷，劳动合
同纠纷和社会保障纠纷的占比相对偏低。在无自身工会的企业中，六
成的企业遇到过工资纠纷，四成的企业遇到过劳动合同纠纷。由此可
见，企业工会在维护员工利益方面作用较大。

表 5-15 中资企业劳动争议的类型 （单位：%）

分组依据	具体内容	工资纠纷	社会保障纠纷	劳动合同纠纷	雇用外籍员工引发冲突	员工不满现有的安全生产条件	环境和资源保护力度不足	其他原因
行业	工业	64.29	14.29	35.71	7.14	0.00	0.00	0.00
	服务业	75.00	12.50	37.50	0.00	0.00	0.00	0.00
是否在坦桑尼亚经开区	否	77.78	5.56	27.78	5.56	0.00	0.00	0.00
	是	0.00	66.67	66.67	0.00	0.00	0.00	0.00
	其他	100.00	0.00	100.00	0.00	0.00	0.00	0.00
是否有女性高管	是	63.64	9.09	27.27	9.09	0.00	0.00	0.00
	否	72.73	18.18	45.45	0.00	0.00	0.00	0.00
是否有自身工会	是	85.71	28.57	28.57	0.00	0.00	0.00	0.00
	否	60.00	6.67	40.00	6.67	0.00	0.00	0.00

从上面的分析可以看出，中资企业常见的劳动争议有工资纠纷、
劳动合同纠纷、社会保障纠纷三种类型。极少数企业遇到过因雇用外

籍员工而引发冲突、因员工不满现有的安全生产条件而引发纠纷、因环境和资源保护力度不足而产生争议的情况。工资纠纷是中资企业遇到的最主要的纠纷类型。

表5-16给出了近三年中资企业解决劳动争议的途径。数据显示，中资企业解决劳动争议纠纷的方式有行业工会谈判、当地警察协助解决，法律途径解决或者其他途径解决四种方式。其中，通过法律途径解决劳动争议的方式，是中资企业采用的主要方式。从行业、企业所在地和是否有工会的维度看，中资企业采用的解决方式有一定差异。

从行业的维度看，在工业企业中，采用法律途径解决劳动争议的企业占比71.43%以上；采用行业工会谈判解决争议的企业占比28.57%。在服务业企业中，采用法律途径的企业占比57.14%，采用行业工会谈判的企业占比28.57%。值得注意的是，无论是工业企业，还是服务业企业，均有采用其他途径解决劳动争议的企业。

从企业生产地的维度看，不在坦桑尼亚经开区的企业中，大多数企业采用法律途径解决劳动争议（70.59%），采用行业工会谈判方式和其他途径解决争议的企业比例相当（23.53%）。在坦桑尼亚经开区的企业中，大部分企业选择通过行业工会谈判的方式解决争议（66.67%），1/3的企业通过法律途径解决劳动争议。在其他地区主要通过法律途径解决争议。可见，不在坦桑尼亚经开区的企业争议中，法律途径在解决争议中的效果相对明显，其次是工会解决方式。在坦桑尼亚经开区的企业争议中，工会谈判解决的效果较好，其次是法律途径方式。

从是否有女性高管的维度看，在有女性高管的企业中，解决劳动争议的方式多样化，其中有70%的企业采用法律途径解决；20%的企业选择行业工会谈判、10%的企业通过当地警察协助解决争议。在没有女性高管的企业中，主要途径依旧是法律途径（63.64%），其次是行业工会谈判（36.36%）和其他途径（18.18%）。可见，有女性高管的企业中，法律途径在解决争议中的效果相对明显，其次是工会谈判解决方式。在没有女性高管的企业争议中，法律途径解决的效果较好（63.64%），其次是工会谈判解决方式（36.36%）。

表5-16　　　　　　　　企业近三年劳动争议解决途径　　　　（单位：%）

分组依据	具体内容	与行业工会谈判解决		当地警察协助解决		中国商会居中调停		法律途径		其他途径	
		是	否	是	否	是	否	是	否	是	否
行业	工业	28.57	71.43	7.14	92.86	0.00	100.00	71.43	28.57	21.43	78.57
	服务业	28.57	71.43	0.00	100.00	0.00	100.00	57.14	42.86	14.29	85.71
是否在坦桑尼亚经开区	否	23.53	76.47	5.88	94.12	0.00	100.00	70.59	29.41	23.53	76.47
	是	66.67	33.33	0.00	100.00	0.00	100.00	33.33	66.67	0.00	100.00
	其他	0.00	100.00	0.00	100.00	0.00	100.00	100.00	0.00	0.00	100.00
是否有女性高管	是	20.00	80.00	10.00	90.00	0.00	100.00	70.00	30.00	20.00	80.00
	否	36.36	63.64	0.00	100.00	0.00	100.00	63.64	36.36	18.18	81.82
是否有自身工会	是	71.43	28.57	0.00	100.00	0.00	100.00	14.29	85.71	28.57	71.43
	否	7.14	92.86	7.14	92.86	0.00	100.00	92.86	7.14	14.29	85.71

　　从是否有工会组织看，在有自身工会的企业中，绝大多数企业通过行业工会谈判解决劳动争议，少数企业通过法律途径解决劳动争议。值得注意的是，有近三成的企业通过其他途径解决劳动争议。在没有自身工会的企业中，基本上选择法律途径解决劳动争议。可见，在有自身工会的企业中，工会谈判在解决争议中的效果很明显。

　　综上所述，大多数企业解决劳动纠纷的方式是法律途径。坦桑尼亚有完善的劳动用工政策和法律法规。对于雇员有明确的保护条款。对于劳动争议的解决方式有明确的规定。企业或者员工可以将争议提交当地的调解委员会，调解委员会将任命一名调解员调解争议。如果调解不成，可继续申请仲裁或者提起诉讼。

本章提要

　　本章分析了中资企业的雇用行为以及劳动风险情况。
　　通过调查数据分析，我们发现，中资企业主要以坦桑尼亚员工为主。绝大多数企业的一线员工或者生产员工以坦桑尼亚人为主，中国员工人数极少；高层管理员工以中国员工为主；大多数技术人员和设计人员是坦桑尼亚员工；非生产员工（包括行政人员和销售人员）中，中国员工略高于坦桑尼亚员工。女性员工和中高层管理员工与企业规模负相关。坦桑尼亚员工流动性大于中国员工，大型企业员工的流动性大于中小型企业。

从中高层管理人员看，企业样本显示，大多数中高层管理人员派遣的时间为1—3年。绝大多数人员的英语水平较高，少数高层人员可以使用斯瓦希里语与当地人自由交流。

从员工培训看，近一年来，有一半的中资企业对员工的培训主要集中在安全生产、工作专用技能和职业道德与责任心方面，此外根据员工岗位不同，还有其他的专业培训。少部分企业没有对员工进行正规培训，最主要原因是培训质量不高。

企业在招聘人才过程中遇到的主要问题是人才缺乏所需的技能、期望薪酬过高和交流困难，较少遇到求职者过少和对工作条件不满的情况。企业主招聘过程中比较看重求职者的沟通交流能力、时间管理能力、问题解决能力、团队合作能力和独立工作能力。

从近三年的劳动争议情况看，近四成的中资企业没有发生劳动争议；在遇到劳动争议的企业中，大多数企业能够在1—7天解决劳动争议。值得注意的是，亦有企业遇到过持续时间长、参加人数多的劳动争议。劳动纠纷的类型主要涉及工资纠纷、劳动合同问题和社会保障纠纷，大多数企业主要通过法律途径解决劳动争议。在有自身工会的企业中，工会是解决纠纷的重要方式，工会解决的纠纷有可能涉及集体合同等问题。

第 六 章

坦桑尼亚中资企业本地化经营与
企业国际形象分析

本章主要探讨坦桑尼亚中资企业供销商本地化程度，企业固定资产及员工本地化程度，企业社会责任的履行情况及其履行效果评价，中资企业形象宣传及其认可度情况。

第一节　中资企业本地化经营程度

本节主要描述坦桑尼亚中资企业供销商来源国及占比情况，与供销商发生的纠纷及其解决情况，以及供销商本地化程度、中资企业固定资产的来源和员工构成及比例，探讨其本地化经营程度。

一　中资企业供应商、经销商情况

（一）中资企业供应商、经销商更换数量及其来源国

表 6-1 显示，部分企业有更换坦桑尼亚供应商的情况，更换数量为 186 个，平均每家企业更换供应商的数量为 11.63 个。极少数的中资企业更换过坦桑尼亚经销商，更换数量为 41 个，平均每家企业更换的经销商数量为 10.25 个。由此可见，中资企业更换供应商的数量多于更换经销商的数量，可能与当地供应商提供的产品质量、价格和服务有关。

表 6 - 1		坦桑尼亚供应商、经销商更换数量情况			（单位：个）	
供销商	更换过的企业	更换数量	平均值	标准差	最大值	最小值
供应商	16	186	11.63	11.08	30	1
经销商	4	41	10.25	7.76	20	1

表 6 - 2 给出了中资企业的非坦桑尼亚供应商、经销商的来源国情况。数据显示，中资企业基本上有非坦桑尼亚的供应商和经销商，供应商的来源国多于经销商。企业样本显示，中资企业有来自 85 个国家的供应商。企业拥有的供应商最多达到 10 个国家；中资企业的非坦桑尼亚经销商不多，平均每个企业有 2.60 个左右的非坦桑尼亚经销商来源国。

表 6 - 2		非坦桑尼亚供应商、经销商的来源国			（单位：个）
供销商	来源国的国别数量	均值	标准差	最大值	最小值
供应商	85	3.04	2.73	10	1
经销商	13	2.60	2.07	6	1

表 6 - 3 显示，中国的供应商数量较大。根据实地调查情况，大多数中资企业的供应商来自中国，平均每家企业有 6.81 家的中国供应商，数据显示，中国供应商的最大值是 30 个，说明有个别企业的供应商可能大多数来自中国。来自中国的经销商数量不多，这与中资企业的产品以坦桑尼亚当地市场为主有关。

表 6 - 3		中国供应商、经销商的数量			（单位：个）
供销商	中国的供应商、经销商数量	均值	标准差	最大值	最小值
供应商	184	6.81	8.50	30	1
经销商	35	7.00	7.84	20	1

（二）中资企业与供应商、经销商经济纠纷解决情况

表 6 - 4 的数据显示，绝大多数中资企业与供应商、经销商的关

系良好，很少发生经济纠纷。从城市类型看，在商业城市的企业与供应商发生经济纠纷的比例高于非城市地区。这与中资企业大多数集中在达累斯萨拉姆市有一定关系。中资企业与经销商没有经济纠纷。

表6-4　　　　　　　　　城市类型与经济纠纷情况　　　　　　　（单位：%）

城市类型	与供应商经济纠纷		与经销商经济纠纷	
	是	否	是	否
商业城市	29.17	70.83	0.00	100.00
非城市	20.00	80.00	—	—

表6-5的数据显示，有五成左右的中资企业出现过与供应商的经济纠纷。从企业高管性别的维度看，有女性高管的企业，经济纠纷发生率高于没有女性高管的企业5.04个百分点。从解决途径看，有女性高管的企业主要采用了两种解决方式，2/3的企业由公司负责人与供应商协调解决，1/3的企业按商业合同确定的纠纷方式解决。在没有女性高管的企业中，则全部按商业合同确定的纠纷处理方式解决。

表6-5　　　　　企业高管性别与经济纠纷情况及其解决途径　　　　（单位：%）

是否有女性高管	与供应商经济纠纷				与经销商经济纠纷			
	是	否	途径		是	否	途径	
			公司负责	按商业合同			公司负责	按商业合同
有女性高管	28.57	71.43	66.67	33.33	0.00	100.00	无	无
无女性高管	23.53	76.47	0.00	100.00	0.00	100.00	无	无

由此可见，企业与供应商发生纠纷时，有女性高管的企业可能采用多种途径解决，但是无法确定女性高管在协商解决过程中的作用大小。

表6-6中，有自身工会的企业，25%的企业与供应商发生过经济纠纷，公司负责人与供应商协商解决和按商业合同解决纠纷的方式各占一半。没有自身工会的企业与供应商发生过经济纠纷的比例略高于有自身工会的企业，解决方式与有自身工会的企业一样。由此可见，企业是否与供应商有纠纷，采用何种方式解决纠纷，与企业是否有自身工会没有直接关系。

表6-6　　　　　　　企业有无工会与经济纠纷解决及其途径　　　　（单位：%）

是否有自身工会	与供应商经济纠纷				与经销商经济纠纷			
	是	否	途径		是	否	途径	
			公司负责	按商业合同			公司负责	按商业合同
有自身工会	25.00	75.00	50.00	50.00	0.00	100.00	无	无
无自身工会	26.09	73.91	50.00	50.00	0.00	100.00	无	无

（三）中资企业供销商本地化程度

表6-7给出了中资企业的供应商和经销商的本地化情况，数据显示，中资企业的坦桑尼亚供应商最大值为99个，最小值为0个，均值为15.06。来自坦桑尼亚的经销商均值为12.88，来自非坦桑尼亚经销商的均值为2.88，前者是后者的4.5倍。从标准差看，坦桑尼亚供应商标准差较大，说明各企业的差异较大；非坦桑尼亚供应商的标准差较小，较接近中资企业的实际情况。

表6-7　　　　　　　　中资企业供销商本地化程度

来源地	供销商	数量均值	标准差	最大值	最小值
坦桑尼亚	供应商	15.06	25.56	99	0
	经销商	12.88	29.49	99	0
非坦桑尼亚	供应商	8.60	10.49	45	0
	经销商	2.88	6.22	20	0

由此可见，部分中资企业的供销商本地化程度较高。

（四）中资企业供销商的数量比例以及开始合作的时间

图6-1、图6-2、图6-3给出了中资企业供应商、经销商的数量占比以及中资企业与坦桑尼亚供销商开始合作时间。

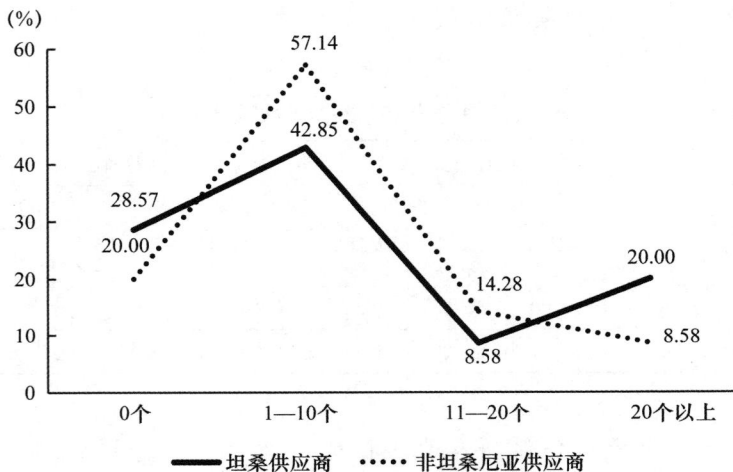

图6-1 供应商数量百分比分布

图6-1的数据显示，超过七成的中资企业有坦桑尼亚本地供应商。其中，42.85%的企业有1—10个坦桑尼亚供应商，两成的企业有20个以上的坦桑尼亚供应商。此外，绝大多数中资企业有非坦桑尼亚供应商。其中，57.14%的企业有1—10个非坦桑尼亚供应商，有20个以上非坦桑尼亚供应商的企业占比8.58%。

由此可见，中资企业的供应商数量不多，主要集中在1—10个供应商之间。值得注意的是，有两成中资企业的本地供应商较多，数量达20个以上。有近三成企业无法在当地找到供应商，有两成企业不需要非坦桑尼亚供应商。

图6-2的数据显示，从中资企业的坦桑尼亚经销商看，58.82%的企业没有坦桑尼亚经销商，有1—10个经销商的企业占比为

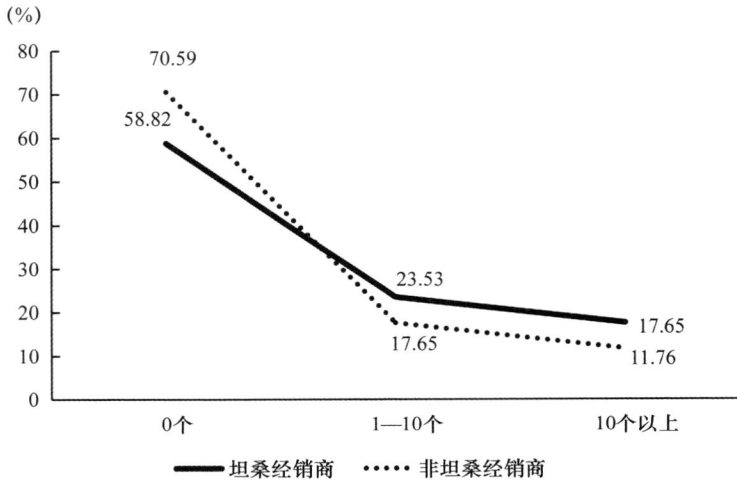

图 6 - 2　经销商数量的百分比分布

23.53%，有 10 个以上经销商的中资企业占比为 17.65%。从中资企业的非坦桑尼亚经销商看，70.59% 的企业没有非坦桑尼亚经销商，有 1—10 个经销商的企业占比为 17.65%，有 10 个以上经销商的企业占比为 11.76%。

由此可见，大多数中资企业没有经销商，这与企业的性质有密切的关系。有经销商的企业，坦桑尼亚经销商的占比高于非坦桑尼亚经销商。调查结果显示，中资企业的产品主要在坦桑尼亚国内市场销售。此外，中资企业的经销商数量不多，主要集中在 1—10 个经销商。

从图 6 - 3 可以看出，自 2000 年以来，中资企业与坦桑尼亚供销商一直有合作关系。从供应商看，2006 年至 2010 年，有 33.34% 的中资企业与坦桑尼亚供应商开始合作。这与中资企业的注册时间较为相近。其次是 2000 年至 2005 年，约有 25% 的企业与坦桑尼亚供应商合作。从经销商看，中资企业与坦桑尼亚开始合作的时间集中在 2011 年至 2015 年，2016 年以来，中资企业的比例有所下降，但是依然有 28.57%。

综上所述，中资企业与坦桑尼亚供应商和经销商的关系逐渐密切。然而，由于坦桑尼亚的工业化程度较低，部分中资企业依然无法从坦

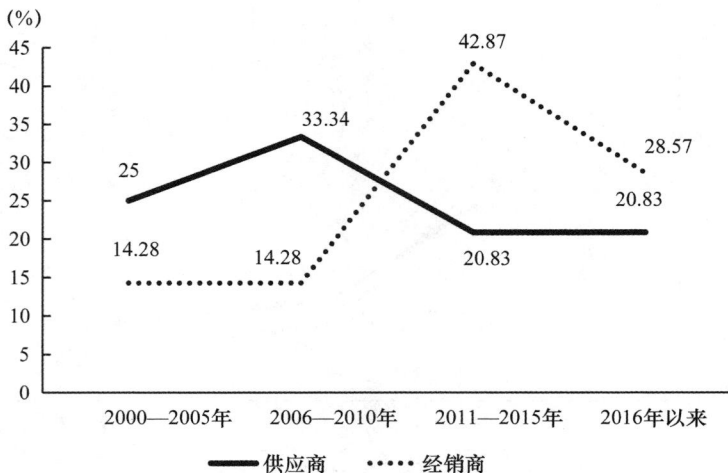

图 6 – 3　与坦桑尼亚供销商合作开始时间

桑尼亚本地供应商处获得生产所需原材料，依然需要外国供应商供货。随着坦桑尼亚市场的变化，中资企业与当地经销商的合作逐渐加强。

二　中资企业固定资产来源国情况

图 6 – 4 显示，中资企业的固定资产①主要来源情况不一。这里的固定资产来源专指企业的机器设备来源。数据显示，近三年来，22.86% 的企业没有增加新的机器设备。在企业现有的固定资产中，有 34.28% 的企业的固定资产来自中国；有 11.43% 的企业的固定资产来自除中国、坦桑尼亚以外的其他国家，企业正在使用的从中国和其他国家采购的机器设备占比为 28.57%，企业正在使用的从中国、坦桑尼亚、其他国家采购的机器设备占比为 2.86%。

由此可见，在有新近购置固定资产的企业中，其固定资产主要从

---

①　根据《中华人民共和国财务通则》和《中华人民共和国企业会计准则》，固定资产的定义是"使用期在一年以上，单位价值在规定标准以上，并在使用过程中保持原来物质形态的资产"。这里的"固定资产"是经营用固定资产，指的是企业生产经营过程中使用的固定资产，包括房屋、建筑物、机器设备、运输车辆、办公设备等。

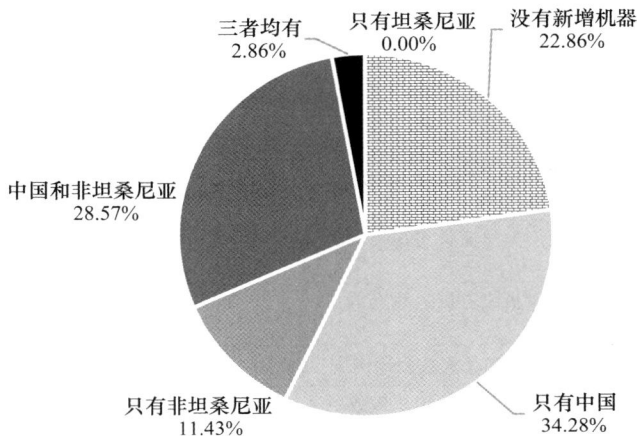

图 6 - 4　企业固定资产来源国

中国采购，其次从坦桑尼亚以外的其他国家采购。没有企业从坦桑尼亚采购可以作为固定资产的机器设备。调查中我们获悉，坦桑尼亚工业化程度较低，没有生产工业机器设备的能力。因此，大多数企业不得不从中国、欧洲、中东等地购置机器设备。

三　中资企业各类员工占比情况

从表 6 - 8 中，我们发现，中资企业中绝大多数是坦桑尼亚员工，中资企业有效促进了东道国的就业。从人力资源的角度看，中资企业的本地化程度较高。企业样本显示，坦桑尼亚员工占比的均值为 85.15%，最大值达 95%，标准差为 13.04，说明调查数据与各企业的实际情况相差不大。

表 6 - 8　　　　　不同条件下的坦桑尼亚员工占总体的比例　　　　（单位：%）

员工类别	均值	标准差	最大值	最小值
坦桑尼亚员工占比	85.15	13.04	95.00	35.29
中高层管理员工中的坦桑尼亚员工占员工总人数的比例	2.23	3.40	13.33	0.00

续表

员工类别	均值	标准差	最大值	最小值
技术人员和设计人员中的坦桑尼亚员工占员工总人数的比例	9.98	16.03	71.43	0.00
非生产员工中的坦桑尼亚员工占员工总人数的比例	8.75	19.93	88.24	0.00
一线员工或生产员工中的坦桑尼亚员工占员工总人数的比例	59.32	33.01	95.00	0.00
初等教育及以下的坦桑尼亚员工占员工总人数的比例	38.23	34.50	98.00	0.00
中等教育的坦桑尼亚员工占员工总人数的比例	24.10	26.71	91.18	0.00
大学本科及以上的坦桑尼亚员工占员工总人数的比例	14.00	24.14	93.22	0.00

按岗位来划分，坦桑尼亚员工在中高层管理员工、技术人员和设计人员、非生产员工三种员工岗位上的人数相对较少。除中高层管理员工外，各企业的情况各有不同。技术人员和设计人员中，坦桑尼亚员工占比的最大值为71.43%；非生产员工中，坦桑尼亚员工占比的最大值为88.24%，说明企业性质不同，坦桑尼亚员工的岗位也有所不同。一线员工或生产员工中，虽然坦桑尼亚员工的占比均值为59.32%，但是我们可以明显看到，各企业的差异极大，标准差为33.01。

按受教育程度来划分，初等教育及以下的坦桑尼亚员工占员工总人数的比例是最高的，其次是中等教育的坦桑尼亚员工，大学本科及以上的坦桑尼亚员工较少。说明中资企业中，招聘的坦桑尼亚员工受教育程度普遍不高，主要从事基层一线的生产工作。

第二节　中资企业社会责任履行程度

企业社会责任是指一个企业在创造利润、对股东利益负责的同时，还需要承担对员工、消费者、供应商、社区和环境等的社会责任，包括遵守法规和商业道德、保障生产安全和职业健康、支持慈善公益、保护弱势群体等。

　　本节主要描述坦桑尼亚中资企业社会责任具体履行情况，中资企业福利待遇情况及与员工聚餐情况，中资企业对履行社会责任的海外宣传及其履行效果评价。

一　中资企业履行社会责任的情况

　　从图6-5中可以看到，坦桑尼亚中资企业履行社会责任的形式多样。根据当地的情况，教育援助和直接捐钱是大多数企业的首要选择。教育援助包括兴建学校、修复学校、提供学校设备、提供奖助学金等与教育相关的援助行为；直接捐钱，则主要是对贫困儿童、患病者等的捐款。以实物形式进行公益慈善捐赠也是较多企业选择的方式。

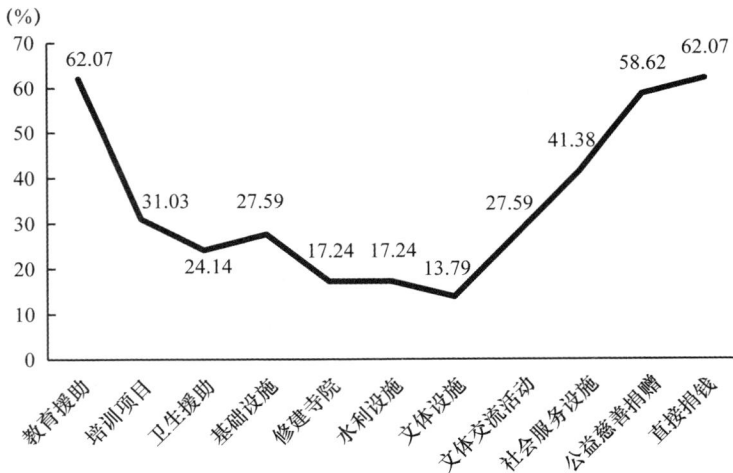

图6-5　企业履行社会责任的方式

　　除此之外，依次是修建社会服务设施，包括修建警察局等安防设施、垃圾分类场所、孤儿院、养老院等社会服务场所；开展农业技术培训、教师培训等培训项目；开展修路等小型基础设施援助，开展文艺公益演出、汉语教学等交流活动；提供医疗设备、培训医护人员等与卫生相关的援助；修建寺院；修建水井等小型水利设施；修建文化体育设施等。

综上所述，可以看出，部分中资企业积极履行企业社会责任，将企业的社会责任与当地民生问题紧密地联系在一起，如开展教育援助、以实物方式进行公益捐赠、提供医疗设备、修建水井等工作，都是对当地民众有价值的工作。

表6-9从企业是否参与国际标准化制定、企业行业、企业是否在坦桑尼亚经开区、企业有无自身工会四个维度考察了中资企业履行企业社会责任的程度。

表6-9　　　　　　　　　　企业社会责任履行程度　　　　　　　（单位：%）

分组依据	具体内容	设置专门社会责任办公室或相应主管		建立了社会责任、企业公益行为准则的规章制度		是否在公司年度计划中制订年度公益计划		2015—2017企业社会责任支出变化		
		是	否	是	否	是	否	减少	不变	增加
是否参与国际标准化制定	是	0.00	100.00	50.00	50.00	50.00	50.00	0.00	0.00	100.00
	否	29.41	70.59	41.18	58.82	43.75	56.25	14.29	14.29	71.43
行业	工业	26.32	73.68	42.11	57.89	44.44	55.56	12.50	12.50	75.00
	服务业	18.75	81.25	18.75	81.25	12.50	87.50	0.00	50.00	50.00
是否在坦桑尼亚经开区	否	26.92	73.08	34.62	65.38	28.00	72.00	0.00	14.29	85.71
	是	16.67	83.33	33.33	66.67	50.00	50.00	33.33	33.33	33.33
	其他	0.00	100.00	0.00	100.00	0.00	100.00	无	无	无
是否有自身工会	是	33.33	66.67	55.56	44.44	44.44	55.56	25.00	25.00	50.00
	否	19.23	80.77	23.08	76.92	24.00	76.00	0.00	16.67	83.33

从参与国际标准化制定的企业看，这些企业都未设置专门的社会责任办公室或聘任负责社会责任工作的相应的主管；有一半的企业制定了企业社会责任及其相关的规章制度，将公益投入计划列入公司年度计划中；2015—2017 年间，企业社会责任支出呈增加趋势。从未参与国际标准化制定的企业看，29.41%的企业设置了专门的社会责任办公室或相应的主管；41.18%的企业建立了企业社会责任及其相关规章制度，将公益投入计划列入公司年度计划；绝大多数企业的社会责任支出呈增加趋势，极少数的企业有所减少。

从工业企业看，有26.32%的企业设置了专门的社会责任办公室或相应的主管，有42.11%的企业建立了企业社会责任及其相关规章制度，有44.44%的企业在公司年度计划中制订了公益投入计划；2015—2017 年间，企业社会责任支出有增有减，绝大多数企业增加了经费。服务业企业的情况总体比工业企业弱一些。

从不在坦桑尼亚经开区的企业看，部分企业设置了专门的社会责任办公室或相应的主管，34.62%的企业建立了企业社会责任及其相关规章制度，28%的企业在公司年度计划中制订公益投入计划，2015—2017 年间企业社会责任支出总体呈增长趋势。从在坦桑尼亚经开区的企业看，绝大多数企业没有设置专门的社会责任办公室或相应的主管；1/3的企业建立了企业社会责任及其相关规章制度；一半的企业在公司年计划中制订了年度公益投入计划；2015—2017 年间企业社会责任支出增减不一，支出"减少""不变""增加"各占1/3。在其他地区的企业在履行企业社会责任方面，没有任何作为。

从有自身工会的企业看，1/3 的企业设置了专门的社会责任办公室或相应的主管，55.56%的企业建立了企业社会责任及其相关规章制度，44.44% 的企业在公司年度计划中制订了年度公益计划，2015—2017 年间各企业的社会责任支出有增有减。在无自身工会的企业中，19.23%的企业设置了专门的社会责任办公室或相应的主管，24%的企业建立了企业社会责任及其相关规章制度的企业，在公司年度计划中制订了公益投入计划；2015—2017 年间企业社会责任支出呈增加趋势。

综上所述，我们发现，绝大多数中资企业未设立专门的社会责任办公室或者相关的主管，这与中资企业的扁平化管理机构有一定关系。其次，2015 年至 2017 年期间，中资企业在履行企业社会责任方面的投入整体上呈增长趋势，说明中资企业越来越重视企业社会责任的履行情况。再次，从企业社会责任的规则制定看，大部分企业制定了相关的规章制度和经费支出计划。由此可见，中资企业主动履行社会责任的意识增强。

通过四个维度的考察，我们可以看到，企业履行社会责任的程度与企业是否参与国际标准化准则制定、是否在坦桑尼亚经开区没有明确的关系，但是企业履行社会责任的程度与企业的行业性质、企业是否有自身工会有一定关系。从行业看，工业企业履行社会责任的情况优于服务业企业。从是否有自身工会的维度看，有自身工会的企业履行社会责任的情况较好，在制定社会责任及其相关规章制度方面，相对比较完善。

二　中资企业的福利待遇情况

表 6 - 10 从企业是否参与国际标准化制定、行业、是否在坦桑尼亚经开区和是否有自身工会的维度，考察了中资企业坦桑尼亚员工的福利待遇情况。

从参与国际标准化制定的企业看，所有的企业都有加班，所有的企业都有员工食堂或午餐安排，一半的企业为员工提供宿舍，一半的企业有员工文体活动中心。从未参与国际标准化制定的企业看，88.24% 的企业有加班，64.71% 的企业有员工食堂或午餐安排，58.82% 的企业为员工提供了宿舍，52.94% 的企业建设了员工文体活动中心。由此可见，绝大多数企业有加班情况，在员工福利待遇方面都做得较好。有员工食堂或午餐安排、为员工提供宿舍和有员工文体活动中心的企业比例总体高于没有这些工作条件的企业。

表 6 - 10　　　　　　　　企业福利待遇比较　　　　　　（单位：%）

分组依据	具体内容	是否有加班		是否有员工食堂或午餐安排		是否提供员工宿舍		是否有员工文体活动中心	
		是	否	是	否	是	否	是	否
是否参与国际标准化制定	是	100.00	0.00	100.00	0.00	50.00	50.00	50.00	50.00
	否	88.24	11.76	64.71	35.29	58.82	41.18	52.94	47.06
行业	工业	89.47	10.53	68.42	31.58	57.89	42.11	52.63	47.37
	服务业	75.00	25.00	68.75	31.25	56.25	43.75	43.75	56.25
是否在坦桑尼亚经开区	否	80.77	19.23	65.38	34.62	57.69	42.31	46.15	53.85
	是	100.00	0.00	83.33	16.67	50.00	50.00	66.67	33.33
	其他	66.67	33.33	66.67	33.33	66.67	33.33	33.33	66.67
是否有自身工会	是	100.00	0.00	77.78	22.22	66.67	33.33	55.56	44.44
	否	76.92	23.08	65.38	34.62	53.85	46.15	46.15	53.85

　　从工业企业看，绝大多数企业有加班情况；68.42%的企业有员工食堂或午餐安排，57.89%的企业为员工提供了宿舍，52.63%的企业有员工文体活动中心。从服务业企业看，75%的企业有加班情况，近七成的企业有员工食堂或午餐安排，约六成的企业为员工提供宿舍，四成以上的企业有员工文体活动中心。由此可见，工业企业的加班比例较高，但是工业企业提供的工作条件也优于服务业企业。

　　从不在坦桑尼亚经开区企业看，绝大多数企业有加班情况；68.75%的企业有员工食堂或午餐安排，近六成的企业为员工提供宿舍，约五成的企业有员工文体活动中心。从坦桑尼亚经开区企业看，所有的企业都有加班情况，八成以上的企业有员工食堂或午餐安排；一半的企业为员工提供宿舍，2/3 的企业有员工文体活动中心。从其他地区的企业看，2/3 的企业有加班情况、有员工食堂或午餐安排、为员工提供宿舍，但是只有 1/3 的企业有员工文体活动中心。可见，在坦桑尼亚经开区的企业加班比例高于非坦桑尼亚经开区的企业，在员工福利待遇方面，比非坦桑尼亚经开区和其他地区的企业好一些，尤其在员工食堂、午餐安排和员工文体活动中心方面。

从有自身工会的企业看，所有的企业都有加班情况，77.78%的企业有员工食堂或午餐安排，66.67%的企业为员工提供宿舍，55.56%的企业有员工文体活动中心。从无自身工会的企业看，76.92%的企业有加班情况，65.38%的企业有员工食堂或午餐安排，53.85%的企业为员工提供宿舍，46.15%的企业有员工文体活动中心。可见，有自身工会的企业加班比例高于没有自身工会的企业，但无自身工会的企业在员工福利待遇方面做得较好。

综上所述，中资企业的加班比例较高，从企业分类看，参与国际标准化制定的企业、坦桑尼亚经开区和有自身工会的企业，加班比例高达100%，这可能与这些企业的竞争压力、生产经营方式以及企业文化有一定的关系。其次，中资企业的员工福利待遇相对较好，大部分企业配备了员工食堂或有午餐安排，并在员工宿舍、员工文体活动中心方面有所考虑。

三 中资企业员工聚餐情况

表6-11比较了中资企业与坦桑尼亚员工聚餐的情况。数据显示，从是否参与国际标准化制定的企业看，参与国际标准化制定的企业，与坦桑尼亚员工聚餐的占比达100.00%，未参与国际标准化制定的企业，与坦桑尼亚员工聚餐的占88.24%。可见，参与国际标准化制定的企业与坦桑尼亚员工聚餐的比例较高。

表6-11　　　　企业与坦桑尼亚员工聚餐情况比较　　　　（单位：%）

分组依据	具体内容	与坦桑尼亚员工聚餐	未与坦桑尼亚员工聚餐
是否参与国际标准化制定	是	100.00	0.00
	否	88.24	11.76
行业	工业	89.47	10.53
	服务业	87.50	12.50

分组依据	具体内容	与坦桑尼亚员工聚餐	未与坦桑尼亚员工聚餐
是否在坦桑尼亚经开区	否	88.46	11.54
	是	100.00	0.00
	其他	66.67	33.33
是否有自身工会	是	100.00	0.00
	否	84.62	15.38

从行业看，88.46%的工业企业与坦桑尼亚员工进行过聚餐。在服务业企业中，与坦桑尼亚员工聚餐的比例略低于工业企业1.97个百分点。可见，工业企业与坦桑尼亚员工聚餐的比例略高。

从是否在坦桑尼亚经开区看，不在坦桑尼亚经开区的企业，与坦桑尼亚员工聚餐占比88.46%，在坦桑尼亚经开区的企业，都与坦桑尼亚员工聚餐，在其他地区的企业，66.67%的企业与坦桑尼亚员工聚餐。可见，在坦桑尼亚经开区的企业与坦桑尼亚员工聚餐的比例高于其他企业。

从企业是否有自身的工会看，有自身工会的企业，与坦桑尼亚员工聚餐的比例是100%。没有自身工会的企业，与坦桑尼亚员工聚餐的比例为84.62%。可见，有自身工会的企业与坦桑尼亚员工聚餐的比例高于无自身工会的企业。

员工聚餐，是企业与员工沟通联络感情的重要方式。总体来说，绝大多数中资企业会组织员工聚餐。其中，参与国际标准化制定的企业、在坦桑尼亚经开区的企业和有自身工会的企业，与坦桑尼亚员工聚餐比例高达100%，这可能与企业的经营管理理念、企业文化模式以及企业员工关系的融洽度有一定关系。

四 企业社会责任的海外宣传情况

表6-12给出了中资企业对其履行社会责任的海外宣传情况。

从参与国际标准化制定的企业看，所有企业都进行过企业社会责任海外宣传。从未参与国际标准化制定的企业看，70.59％的企业开展过企业社会责任海外宣传。可见，参与国际标准化制定的企业对企业社会责任进行海外宣传的比例高于未参与国际标准化制定的企业。

表 6-12　　　　　　　企业对社会责任进行过海外宣传的比较　　　　（单位：%）

分组依据	具体内容	在海外宣传过	未在海外宣传
是否参与国际标准化制定	是	100.00	0.00
	否	70.59	29.41
行业	工业	73.68	26.32
	服务业	68.75	31.25
是否在坦桑尼亚经开区	否	65.38	34.62
	是	83.33	16.67
	其他	100.00	0.00
是否有自身工会	是	77.78	22.22
	否	69.23	30.77

从行业看，73.68％的工业企业进行过企业社会责任海外宣传。68.75％的服务业企业进行过企业社会责任海外宣传。可见，工业企业的宣传比例高于服务业企业。

从是否在坦桑尼亚经开区看，不在任何坦桑尼亚经开区的企业中，65.38％的企业对社会责任进行过海外宣传；在坦桑尼亚经开区的企业中，83.33％的企业进行过社会责任海外宣传，所有在其他地区的企业都进行过社会责任海外宣传。可见，在坦桑尼亚经开区的企业对社会责任进行海外宣传的比例高于不在坦桑尼亚经开区的企业。

从是否有自身的工会看，77.78％有自身工会的企业，进行过企业社会责任海外宣传；69.23％没有自身工会的企业，进行过企业社会责任海外宣传。可见，有自身工会的企业对企业社会责任进行海外宣传的比例较高。

总的来说，大多数企业对企业履行社会责任的情况进行过海外宣传。值得注意的是，有两成以上的企业未进行过海外宣传。这与企业的性质、企业经营的产业以及企业的发展战略有一定关系。

五 各国企业履行社会责任效果对比

图 6 - 6 比较了各国企业履行企业社会责任的效果情况。1 是"最不为居民接受"，10 是"最受居民欢迎"。数据结果显示，在坦桑尼亚投资的各国企业中，美国企业得分最高；中国、日本、英国和德国次之，印度、法国、俄罗斯企业得分相对较低。

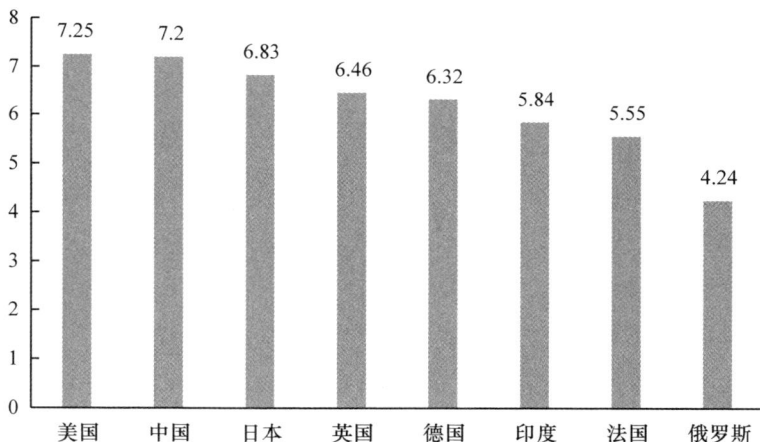

图 6 - 6 各国企业社会责任履行效果对比

第三节 中资企业形象传播及坦桑尼亚民众认可度分析

本节主要描述中资企业形象宣传情况，中资企业产品认可度情况，各国形象得分情况，居民对企业在当地投资的态度，以及中资企业与当地企业高层、政府领导、政党往来情况及其对坦桑尼亚政治环境的评价。

一　中资企业形象宣传手段

在图 6 – 7 中，有 57.14% 企业通过坦桑尼亚本地媒体进行宣传，有 42.86% 企业通过坦桑尼亚华人媒体进行宣传，有 28.57% 企业通过新媒体如推特或者脸书进行宣传，有 25.71% 企业通过新媒体如公众微信号进行宣传，认为在坦桑尼亚只做不说的企业占 20%。可见，中资企业选择坦桑尼亚本地媒体进行宣传的最多，其次是通过坦桑尼亚华人媒体进行宣传，通过新媒体进行宣传的企业较少。

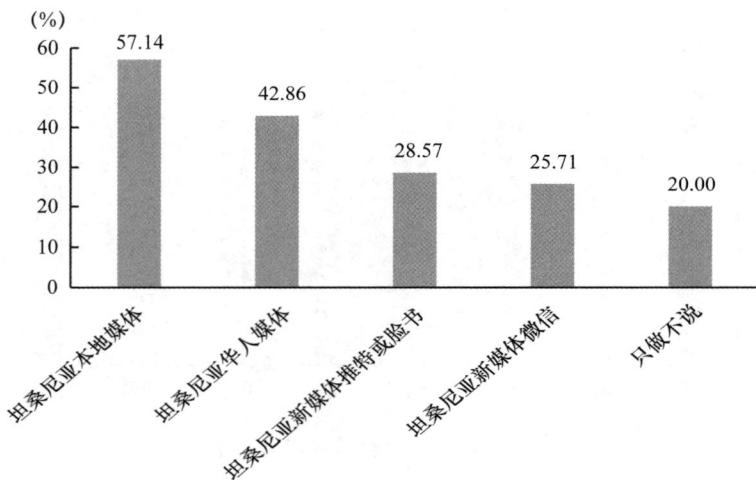

图 6 – 7　企业形象宣传手段对比

在图 6 – 8 中，社交媒体公众账号最少为 0 个，占比为 48.57%，1—3 个的占比 40.00%，3 个以上的占 11.43%。

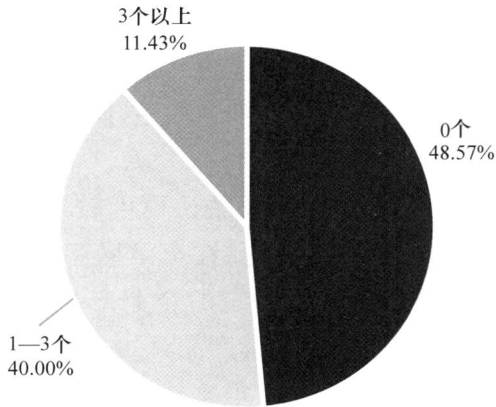

图6-8　坦桑尼亚中资企业社交媒体公众账号数量比较

二　中资企业产品认可度情况

表6-13给出了中资企业产品的认可度情况。1表示"最不认可"，10表示"最受认可"。

表6-13　　　　　中资企业产品在坦桑尼亚的认可度比较

分组依据	具体内容	均值	标准差	最大值	最小值
注册时间	超过五年	8.39	1.34	10	5
	少于五年	7.82	2.60	10	1
是否参与国际标准化制定	是	9.00	0.00	9	9
	否	8.00	2.21	10	1
行业	工业	8.11	2.11	10	1
	服务业	8.33	1.45	10	5
是否在坦桑尼亚经开区	否	8.42	1.33	10	5
	是	7.20	3.56	10	1
	其他	8.00	2.00	10	6
是否有自身工会	是	7.89	1.90	10	5
	否	8.32	1.82	10	1

数据显示，注册时间超过五年的企业，最高得分为 10，最低得分为 5，标准差为 1.34；注册时间少于五年的企业最高得分为 10，最低得分为 1，标准差为 2.60，可见注册超过五年的企业在坦桑尼亚普遍认可度较高。

参与国际标准化制定的企业产品认可度较一致，基本在 9 分左右。参与国际标准化制定的企业产品在坦桑尼亚普遍认可度较高，标准差为 0，而未参与国际标准化制定的企业产品认可得分参差不齐，最高为 10 分，最低为 1 分，说明其产品认可度差别较大。由此可见，参与国际标准化制定的企业产品在坦桑尼亚认可度高。

服务业企业产品认可度略高于工业企业产品，均值分别为 8.33 和 8.11。工业企业得分最高为 10 分，最低为 1 分，服务业得分最高为 10 分，最低为 5 分，工业企业的得分差距比服务业企业大，说明服务业的产品在坦桑尼亚普遍更受欢迎。

不在坦桑尼亚经开区企业的产品认可度高于在坦桑尼亚经开区产品和其他地区产品。坦桑尼亚经开区和其他地区的标准差略高，不在坦桑尼亚经开区的企业差异较小。

无自身工会的企业产品受坦桑尼亚认可度总体高于有自身工会的企业的产品，均值分别为 8.32 和 7.89。但有自身工会的企业最低得分为 5，而无自身工会的企业最低得分为 1，说明坦桑尼亚民众对有自身工会的企业的产品认可程度普遍较高，而对无自身工会的企业的产品认可度参差不齐。

三 各国形象得分情况

在表 6-14 中，10 分为最正面，1 分为最负面，中国的国家形象分是最高的，为 7.69，其他依次为美国 7.50，英国 7.13，日本 6.74，德国 6.71，印度 6.14，法国 6.00。所有国家最高得分都为 10，但中国的国家形象得分中，最低分是最高的，为 4，而其他国家只有美国和德国为 2，其他国家都为 1，由此可见，中国在坦桑尼亚普通民众的认知中，形象相对较好。这与中资企业在坦桑尼亚的努力有一定关系。

表 6 – 14 国家形象打分对比

国别	均值	标准差	最大值	最小值
中国	7.69	1.64	10	4
美国	7.50	2.35	10	2
英国	7.13	2.25	10	1
日本	6.74	2.38	10	1
德国	6.71	2.16	10	2
印度	6.14	2.1	10	1
法国	6.00	2.2	10	1

四　居民对中资企业在当地投资的态度

图 6 – 9 显示了当地居民对受访中资企业在坦桑尼亚投资的态度情况。有 62.86% 的中资企业认为当地居民欢迎中资企业投资。有 20.00% 的中资企业认为当地居民对中资企业持比较欢迎的态度。由此可见，在中资企业的认知里，坦桑尼亚居民对于中资企业在当地的投资项目总体来说持肯定的态度。

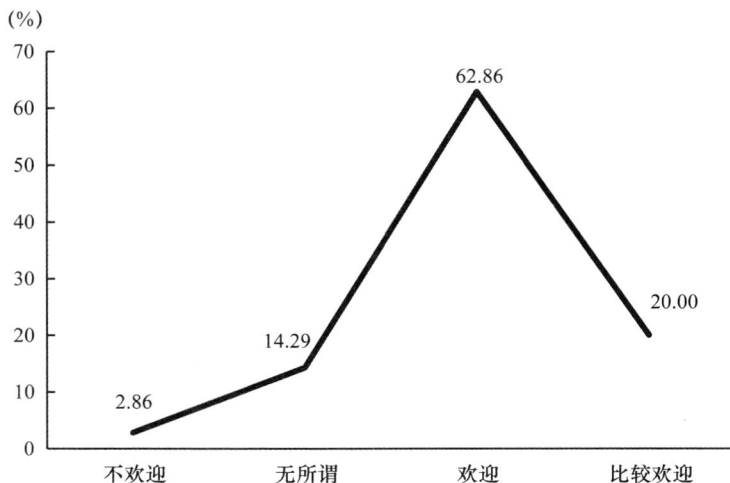

图 6 – 9　当地居民对于中资企业在坦桑尼亚投资的态度

本章提要

坦桑尼亚中资企业因为质量、价格、交货期、服务等诸多原因，曾经更换过坦桑尼亚的供应商和经销商，更换过的供应商数量多于经销商。中资企业还有非坦桑尼亚的供销商，其中，中国的供销商较多。

中资企业与经销商没有经济纠纷，与供应商的纠纷也解决得较好。中资企业固定资产的主要来源国是中国和其他国家。说明坦桑尼亚工业化程度较低，中资企业无法从当地采购到企业生产经营所需的固定资产。

中资企业中，坦桑尼亚员工占比达85%以上，尤其是一线员工居多。说明中资企业为当地提供了较多的就业岗位，企业的本地化程度较高。

中资企业履行社会责任的情况较好，方式多样，主要采用教育援助、直接捐赠、实物捐赠方式。坦桑尼亚中资企业加班比例都较高，但其在员工福利待遇方面做得较好，大部分企业配备了员工食堂或午餐，超过六成的企业提供了员工宿舍，超过一半的企业提供了员工文体活动中心。大部分中资企业员工与坦桑尼亚员工有聚餐活动，融洽了两者间的关系。大部分企业对社会责任履行情况进行了海外宣传，其履行社会责任情况也得到了坦桑尼亚民众的认可，履行效果评分低于美国企业，高于日本、英国和德国等其他国家的企业。

绝大多数中资企业选择坦桑尼亚本地媒体，开展企业形象宣传。其次是通过坦桑尼亚华人媒体进行宣传，通过新媒体宣传的企业较少。坦桑尼亚民众对中资企业的产品认可度较高，对中资企业在当地投资表示欢迎，对中国形象的评分也高于其他国家。

第 七 章

坦桑尼亚中资企业员工的
职业发展与工作条件

职业发展是致力于个人职业道路的探索、建立、取得成功和成就的终身的职业活动，是组织有效开发人力资源，确保组织需要的岗位有充足人选的方法。每一个企业都有义务为其员工指明职业发展方向，设计职业发展通道，使员工看到个人发展的愿景。企业的发展和员工的个人成长相辅相成。企业的良好发展，将为员工创造良好的职业环境；员工个人的职业成长，将推进企业的健康发展。人力资源的开发与利用始终是企业战略发展与经营过程中的核心能力。员工的职业发展做得越好，企业才能做得越大越强。

本章从坦桑尼亚中资企业员工的职业发展与工作条件两个部分展开讨论。在职业发展方面，本章主要描述分析员工的工作经历、就业情况、工作内容、职业培训、职业前景、工作态度等内容。在工作条件方面，包括员工的工作环境、工作时间、收入情况、家庭生活条件等内容。

第一节　职业经历和工作环境

工作经历是指员工的工作历史，是企业选拔招聘人员的主要参考要素之一，也是规划员工职业发展的重要参考内容。本部分内容主要调查统计中资企业员工此前是否有在除中国外的其他外资企业工作的经历，以及他们过去工作过的外资企业分布情况。需要注意的是，在本部分的叙述中所涉及的外国投资企业都不包括中国企业在内。在外资企业的工作经历一方面简单反映出外资企业在坦桑尼亚的投资情况，另一方面体现出中资企业当地员工的工作经历。

基于在坦桑尼亚达累斯萨拉姆、姆贝亚和桑给巴尔岛三个地区收集的 640 个员工样本，我们统计了中资企业坦桑尼亚籍员工是否有在外资企业工作的经历，并按管理人员和非管理人员两种工作职位制成统计图表。

就业环境是员工目前的就业状况，是了解员工在当前企业工作条件的最基本信息。在本次调查中，就业情况主要包括员工在当前企业的工作年限分布，员工获得现职位的途径，以及员工使用电脑的情况三个部分。

一 工作年限

首先是员工工作年限分布。调查统计获得了 636 个有效样本，基本能够反映中资企业员工在当前企业的工作状况。受访员工绝大多数是非管理人员，管理人员相对较少，占比 8.29%。图 7-1 给出了员工在当前企业的工作年限分布情况。数据显示，26.42% 的员工在当前企业工作时间仅一年，工作两年的员工占比 19.03%，工作三年的员工占比 13.84%，工作四年的员工占比 10.53%，超过四年的员工占比 30.18%。

通过数据分析，我们发现，具有两年及两年以上的企业工龄的员工占全部样本的七成以上，意味着七成以上的员工在入职一年后，仍然选择留在中资企业继续工作，员工稳定性较好。其中，超过三成的员工在当前企业工作年限超过了四年。这在一定程度上，体现了中资企业的人员流动率低。从企业的角度看，员工的有序流动可以降低企业培养员工的成本。从员工的角度看，随着时间的推移，员工对企业的发展前景、工作条件以及企业文化的认同感越来越高，从而增加了对当前企业的忠诚度和归属感。

　　综上所述，我们可以看到，中资企业在坦桑尼亚的发展相对稳定，中资企业的条件待遇、工作氛围、个人发展前景能够满足员工的要求。

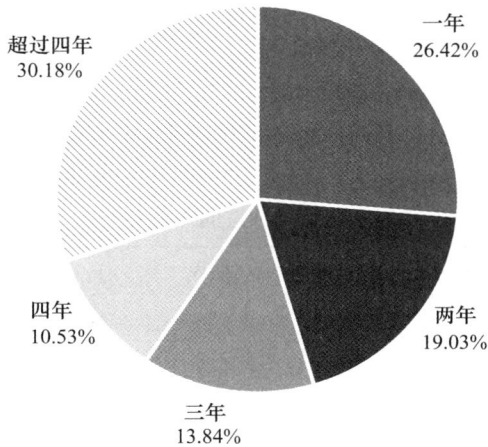

图7-1　员工在当前企业的工作年限分布（$N = 636$）

二　获得现职位的途径

　　表7-1给出了员工获得现职位的途径情况。在640个有效样本中，四成的员工通过亲戚朋友的介绍获得工作，有四成的员工直接到企业应聘，其他的途径效果一般。如：4.84%的员工通过在职业介绍机构登记的方式获得工作，1.09%的员工通过参加招聘会获得工作，3.75%通过招聘广告获得工作，5.78%的员工通过雇主直接联系获得工作，0.63%的员工通过学校就业中心获得工作。

　　通过以上描述，我们可以发现，中资企业员工主要通过直接应聘和亲戚介绍这两种方式获得中资企业的工作。直接应聘方式简单直接，是企业和员工的首选方式，亲戚介绍方式屈居第二位。坦桑尼亚仍处于传统社会发展阶段，社会关系以血缘和地缘关系为主，家庭和民族内的联系十分紧密。应聘者更愿意通过介绍人了解企业各方面的内部情况，从而理性地做出选择。企业采用亲戚介绍招聘员工的方式，一方面说明企业了解坦桑尼亚传统文化的家族性，并通过这种方式节约企业对应聘者的考核费用；另一方面说明企业能够通过这种方式招聘到忠诚度相对较高的员工。

我们还可以看出，职业介绍机构、招聘广告、招聘会、学生就业中心等就业服务机构或者招聘平台的效果并不明显。说明坦桑尼亚的就业服务体系不够完善，同时效率较低，成功率低，因此大多数员工不会选择这些方式。

表 7 - 1 员工获得现职位的主要途径 （单位：个、%）

获得此工作主要途径	频数	占比
在职业介绍机构登记求职	31	4.84
参加招聘会	7	1.09
通过学校就业中心	4	0.63
通过招聘广告	24	3.75
通过亲戚朋友	266	41.56
直接来企业应聘	267	41.72
雇主直接联系你	37	5.78
其他	4	0.63
合计	640	100.00

三 员工使用电脑情况 （N = 639）

表 7 - 2 是从性别角度，观察员工在日常工作中使用电脑的情况。首先可以看出八成以上（81.26%）的男性员工在日常工作中不使用电脑，近六成（58.62%）的女性员工在日常工作中不使用电脑。员工样本显示，在日常工作中，大多数坦桑尼亚员工不使用电脑进行工作。仅有18.74%的男性员工在日常工作中使用电脑，41.38%的女性员工在日常工作中使用电脑，可以从侧面说明女性员工相对于男性

员工从事了更多与电脑相关的职业，使用电脑通常意味着员工受教育程度较高，从此表中或许可以说明女性员工的受教育程度高于男性员工，抑或是男性从事的工种较少接触电脑。

表 7 – 2　　　　　　按性别划分的员工日常工作使用电脑情况（ *N* = 639 ）　　（单位：%）

日常工作是否使用电脑	男	女
是	18. 74	41. 38
否	81. 26	58. 62
合计	100. 00	100. 00

第二节　工作时间与职业培训、晋升

本节主要包括工作时间、职业培训和职业晋升三个部分的内容。工作时间是工作分析的基本要素之一。它不仅代表着员工的劳动时间，同时反映了企业生产经营的时间。职业发展与职业培训紧密联系，其目的都是提高员工的知识、技术和能力。但是职业培训强调的是按具体的工作要求对员工进行塑造，最主要的目的是帮助员工更好地完成目前的工作职业发展。职业晋升更强调根据今后的工作目标对员工提出更高要求，是一种面向未来的长期发展规划。职业培训是职业发展规划前期工作和短期准备，职业发展规划的道路同时包括员工个人的职业晋升前景。

一　管理层与性别的关系

不同社会文化形成不同的认识，而这种不同认识也就在两性的职位升迁上体现出差异。所谓管理人员，即在组织中行使管理职能、指挥或协调他人完成具体任务的人，其工作绩效的好坏直接关系着组织的成败兴衰。

基于此次调研得出的数据，通过对 639 名受访对象调查可以分析得出，在大部分的中资企业里，担任管理层的坦桑尼亚员工占比较少，男女所占比例都不高。其中，管理层男性所占的比例（8.62%）要稍微高于女性的占比（6.84%），但是总的来看差别不大。

员工样本中，不论性别，大部分人基本上从事非管理性工作。这表明，中资企业在坦桑尼亚选拔本地管理人员的要求较高抑或是仍以中方人员负责管理部门为主，而非管理人员占绝大多数说明中资企业更偏好的是坦桑尼亚员工的基层工作能力。此外，是否能够担任管理层员工与性别并无直接关系（见表7-3）。

表7-3   按性别划分的管理人员与非管理人员分布（N=639）   （单位：%）

是否是管理人员	男	女
管理人员	8.62	6.84
非管理人员	91.38	93.16
合计	100.00	100.00

二　职业培训

职业培训是组织为达成经营目标，通过培训来培养和提高员工素质及职业能力的教育和训练活动。培训就是给新员工和现有员工传授其完成目前工作或未来工作所必需的知识、技能以及态度。员工培训是保持员工与工作匹配的关键环节。

表7-4给出了按性别划分的员工入职后的培训情况。我们发现，72.85%的男性员工没有接受过培训，65.81%的女性员工没有接受过培训。说明样本企业的大部分坦桑尼亚员工工作内容可能相对简单，或者员工已具备基本技能，不需要进行入职培训。还有一种情况是，企业采取了行之有效的"手把手"培训法。

从员工入职培训的内容看，中资企业较为重视安全生产、技术性技能和职业道德。在接受过入职培训的员工中，15.68%的男性员工和15.38%的女性员工接受过安全生产培训；5.16%的男性员工和

7.69%的女性员工接受过技术性技能培训；4.78%的男性员工和5.13%的女性员工接受过职业道德培训。

样本数据显示，男性员工与女性员工的培训内容略有差异。10.26%的女性员工接受过管理技能、人际交往技能等与行政工作相关的技能培训。说明部分女性员工的岗位可能是办公室文员，需要培养沟通协调能力。综上所述，员工的入职培训内容与员工性别没有直接关系。

表7-4　　　　按性别划分的员工入职后的培训内容（N=640）　　（单位：%）

入职后培训或进修内容	男	女
管理技能	2.87	10.26
人际交往技能	4.97	10.26
写作能力	1.34	2.56
职业道德	4.78	5.13
中文读写	2.10	0.85
英文读写	1.34	0.00
计算机技能	2.29	2.56
技术性技能	5.16	7.69
安全生产	15.68	15.38
其他	0.76	2.56
没有培训	72.85	65.81

表7-5从性别的角度分析了员工接受的最近一次培训内容。样本数据显示，男性员工的培训仍以安全生产方面的内容为主，高达54.23%。说明安全生产是保护劳动者的安全、健康以及企业财产，促进企业发展的基本保证。中资企业注重不断提高员工的安全生产能力。此外，样本数据显示，不同于员工刚入职时的情况，没有受过培训的员工占比小，男性员工占比2.82%、女性员工占比2.50%。这说明员工入职后可能出现了相关问题，企业根据工作岗位技能需要加强了员工培训。

　　另外，我们发现最近一次培训的主要内容偏向与技术类和员工综合素质相关的内容，如：安全生产、技术性技能、职业道德和人际交往技能。从女性员工看，有25%的员工接受过管理技能、人际交往技能培训。这在一定程度上反映出当地女性员工的岗位性质，说明人际交往在女性工作中较为重要。从工作语言运用的角度看，无论是男性员工还是女性员工，接受英文读写或者中文读写培训的人员较少。说明中资企业提供的工作岗位对于英语或者汉语的应用能力要求不高；或者在中资企业工作的员工已基本具备英语或者汉语的语言能力，这与我们调研过程中了解到的情况基本一致。

　　值得注意的是，与表7-4相比，安全生产和技能性培训，仍然是企业培训的重要内容。两种培训的不同之处在于，最近一次的培训中，中资企业加强了对员工职业道德的培训，说明入职后有可能出现过不符合企业职业道德的行为，企业需要通过培训的方式增强员工的职业道德意识，维护企业正常运转。

表7-5　　　　　按性别划分的员工最近一次的培训内容（N=182）　　（单位：%）

最近一次训练的内容	男	女
管理技能	11.97	25.00
人际交往技能	16.90	25.00
写作能力	6.34	5.00
职业道德	16.90	10.00
中文读写	4.23	2.50
英文读写	7.04	2.50
计算机技能	6.34	0.00
技术性技能	19.72	20.00
安全生产	54.23	37.50
其他	2.82	10.00
没有培训	2.82	2.50

三　职务晋升

职务晋升是维系企业与员工良好关系的绩效体系的内容之一，关系着员工的个人职业生涯规划和企业内部人力资源的调配。从员工的角度看，升职意味着带来更好的薪酬待遇，能够提高员工的工作绩效和工作满足感。从企业的角度看，员工职务晋升，有助于企业投资经营战略的实施和推进。管理层在很大程度上决定着企业发展的未来，他们肩负企业的生存和发展重任。职务晋升就是企业为达到人尽其才、各尽其能的目的，达成优良的工作绩效，促使企业职务升迁通道畅通，满足企业和员工个人发展需要，提高企业和员工个人的核心竞争力，进而提升经营绩效的一种方式和渠道。

表7-6关注的是性别是否影响员工的职业晋升状况。整体来看，不论男女，员工获得职业晋升的人数比例并不高，其中女性晋升比例高于男性，但差距也不太大，女性为17.95%，男性为11.66%。说明当地员工在中资企业的晋升难度较大，中资企业的职务晋升渠道不多、缺乏对坦桑尼亚员工发展能力的评估，抑或是坦桑尼亚员工个人潜能暂未被中资企业发现，结合对图7-1员工工作年限的分析，在企业的工作年限也是影响晋升的因素之一。

表7-6　　　　按性别划分的员工的职务晋升状况（N = 640）　　　（单位：%）

进本企业后是否有职务晋升	男	女
是	11.66	17.95
否	88.34	82.05
合计	100.00	100.00

四　工作时间

工作时间又称法定工作时间，是指劳动者为履行工作义务，在法定限度内，在用人单位从事工作或者生产的时间。

表 7 - 7 比较了管理人员和非管理人员每周的工作时间。时间节点是本次实地调查的上一个月。数据显示，绝大多数员工每周的工作天数在 6 天。差异较大的是，管理人员的工作时间相对固定，没有 3—4 天的员工。非管理人员，由于行业或者工作制度的原因，分别有 0.34% 员工的工作天数在 3 天或 4 天。此外，非管理人员加班工作的情况高于管理人员。7 天工作的非管理人员比例高出管理人员 2 倍多。

表 7 - 7　　　　管理人员与非管理人员上月平均每周
工作天数的差异 （N = 638）　　　　　　（单位：%）

上月平均每周工作天数	管理人员	非管理人员
3	0.00	0.34
4	0.00	0.34
5	9.43	4.27
6	83.02	75.90
7	7.55	19.15
合计	100.00	100.00

总体来看，坦桑尼亚员工工作时间主要集中在每周 6 天时段，但无休息日或者工作时长仅 3 天的情况亦存在。说明中资企业可能因为工作任务或者其他原因，要求员工加班或者延长员工工作时间。

第三节　个人和家庭收入

本节描述的是坦桑尼亚中资企业不同状况下的员工个人收入比较及家庭收入比较和工资拖欠情况。包括：不同性别、不同年龄段、不同教育程度、不同出生地、不同职业岗位下的收入对比，从而更好地说明工资状况的影响因素。

一　工资拖欠情况

对于劳动者来说，遇到拖欠工资的行为是有可能的，一旦工资被拖欠了，那么就无法及时地拿到劳动报酬，很多人的生活也会陷入困境，于是就希望企业能及时发工资。工资必须在用人单位与劳动者约定的日期支付，拖延支付就是属于《劳动法》规定的拖欠工人工资。

根据表7-8的统计数据可以看出，坦桑尼亚的中资企业若出现工资拖欠情况，基本能在一个月之内解决问题。尤其是针对非管理人员，在一个月之内得到解决的比例更高，达94.17%。管理人员工资拖欠时间超过一个月的情况高于非管理人员，这或许是因为当在坦桑尼亚中资企业出现资金问题时，坦桑尼亚管理人员是与中资企业高层对接和共同面对问题的主要对象，所以出现拖欠情况时，优先发放非管理人员的工资，稳定员工情绪和心态是必要之举。

表7-8　　　　　管理人员与非管理人员工资拖欠情况（N=636）　　（单位：%）

未结算工资期限	管理人员	非管理人员
超过一个月	11.32	5.83
未超过一个月	88.68	94.17
合计	100.00	100.00

二　员工月收入情况

（一）员工月收入分布

根据表7-9，在访问的550位坦桑尼亚员工中，不论性别，员工月收入层次主要集中在100000—350000坦桑尼亚先令，表明坦桑尼亚工资发放跨度大，层次分明。从性别上看，男性员工月收入主要分布在100000—190000坦桑尼亚先令和260001—350000坦桑尼亚先令这两档，女性员工则主要是100000—190000坦桑尼亚先令和190001—260000坦桑尼亚先令这两档。整体来看，五档月收入分布相对均匀。最高两档收入明显可以看出男性占比人数多于女性，从侧面证明男性从事高收入工种的比例高于女性。女性之所以获得较少的工资，可能与其较低的受教育水平、较少的工作经验等有关，性别工资差异未必是性别歧视的体现。但是在没有歧视的情况下，具有完全相同的人力资本水平的男性和女性，其工资回报也有可能不同，这多数是由于职业或者行业的需要对男女的不同需求造成的。

表7-9　　　　　　　　按性别划分的员工月收入层次分布（N=550）

（单位：坦桑尼亚先令、%）

收入状况 性别	100000— 190000	190001— 260000	260001— 350000	350001— 432000	432001— 975000
男	22.49	18.93	20.49	18.71	19.38
女	24.75	24.75	20.79	12.87	16.83
合计	22.91	20.00	20.55	17.64	18.91

（二）不同年龄段的员工月收入分布

根据表7-10按年龄划分员工的月收入，可以看到，年龄越小的员工，收入越集中在较低档位。15—25岁这一年龄段，其月收入随工资档位上升人数依次递减，最高档位和最低档位的月收入差距有近4倍。年龄越大的员工，获得高工资的比例就越大。如表7-10所示，36岁及以上年龄段员工月收入在432001—975000坦桑尼亚先令的人数占比最高。而26—35岁这一年龄段在各个档位月收入分布中较为均衡。一是因为该年龄段的员工正处于生活工作逐渐趋于稳定的阶段；二则是工作所需的相关技能正在学习中，需要一个过程才能达到36岁及以上员工的薪资水平。

表 7 - 10　　　　　　按年龄组划分的员工月收入分布（N = 550）

（单位：坦桑尼亚先令、%）

收入状况 年龄组	100000— 190000	190001— 260000	260001— 350000	350001— 432000	432001— 975000
15—25 岁	34.39	31.85	15.92	8.92	8.92
26—35 岁	20.35	16.84	21.40	21.05	20.35
36 岁及以上	12.96	11.11	25.00	21.30	29.63
合计	22.91	20.00	20.55	17.64	18.91

（三）不同受教育程度的员工月收入分布

从表 7 - 11 中可以看出，接受受教育程度高低对员工月收入的影响较大。尤其是学历达到本科及以上的坦桑尼亚员工，月收入相较其他几个学历层次有了质的飞跃，其月收入主要集中在 432001—975000 坦桑尼亚先令这一统计的最高档位（64.10%）。而未上过学和小学学历水平的坦桑尼亚员工工资主要分布在 100000—190000 坦桑尼亚先令和 190001—260000 坦桑尼亚先令这两个档位。说明学历对于工资收入多少的影响非常大。坦桑尼亚的高等院校不多，能够完成本科及以上学业的员工是通过教育培养体系选拔出来的精英，他们的工作选择自主性和弹性较大，工资待遇更加优厚。整体来看，坦桑尼亚员工的月收入主要集中在中等及中下等水平，这从侧面说明坦桑尼亚员工的整体学历水平集中在中学及小学学历程度，未上过学的员工工资集中在 26 万坦桑尼亚先令及以下的低收入水平，而本科及以上学历的员工月收入集中在 26 万坦桑尼亚先令的中等及以上水平。

表 7 – 11　　　　　　按受教育程度划分的员工月收入分布（$N = 549$）

（单位：坦桑尼亚先令、%）

收入状况 最高学历	100000— 190000	190001— 260000	260001— 350000	350001— 432000	432001— 975000
未上过学	33.33	46.67	0.00	13.33	6.67
小学学历	29.57	20.43	20.87	19.57	9.57
中学或专科学历	22.57	24.34	22.12	17.26	13.72
本科及以上	2.56	1.28	19.23	12.82	64.10
合计	22.95	20.04	20.58	17.49	18.94

（四）按出生地划分的员工月收入分布

表 7 – 12 是对出生地是否影响员工月收入的总结。总体来看，不论出生在农村还是城镇，对员工月收入的影响不是特别突出。以 100000—190000 坦桑尼亚先令这一档位薪资为例，出身于农村的坦桑尼亚员工占比高出同收入平均比例 6.64 个百分点，而最高档位 432001—975000 坦桑尼亚先令，仅低于平均统计数据 3.93 个百分点。城镇员工与农村员工相比，还是城镇员工月收入高于农村员工。

表 7 – 12　　　　　　按出生地划分的员工月收入分布（$N = 550$）

（单位：坦桑尼亚先令、%）

收入状况 农村或城镇	100000— 190000	190001— 260000	260001— 350000	350001— 432000	432001— 975000
农村	29.55	16.19	19.43	19.84	14.98
城镇	17.49	23.10	21.45	15.84	22.11
合计	22.91	20.00	20.55	17.64	18.91

（五）管理人员与非管理人员的月收入分布

消费是影响主观幸福感的最关键因素，收入只是其基础条件，而教育起到了桥梁的作用，人们通过教育，获得消费技能，培养消费习惯，学会理性消费。根据表7-13发现，管理人员的月收入达到统计收入数值最高的比例，占72.92%。不同于管理人员，非管理人员由于缺乏相关技能或者管理能力，月收入主要集中在100000—190000坦桑尼亚先令、190001—260000坦桑尼亚先令和260001—350000坦桑尼亚先令这三档，而且最低档位月收入占比人数最多，这说明管理人员和普通员工工资收入差距明显，管理人员的工资普遍偏高，以432001—975000坦桑尼亚先令为例，管理人员占比是全部就业人员占比的3.85倍。一个可能是，这些高层管理者的技能和生产率较其他人有了突飞猛进的增长；还有一个可能是，这些高层管理者拥有制定自己薪酬的权力。很多企业把中高层的工资定得较高，而在对基层员工的态度上，则是能不涨就不涨，能少涨就少涨。在一些决策者看来，同样增加工资成本，中高层拥有更多的话语权和影响力，更容易左右薪水的分配。

表7-13　　　　管理人员与非管理人员的月收入分布（N=550）

（单位：坦桑尼亚先令、%）

是否管理人员 \ 收入状况	100000—190000	190001—260000	260001—350000	350001—432000	432001—975000
是	8.33	4.17	8.33	6.25	72.92
否	24.30	21.51	21.71	18.73	13.75
合计	22.91	20.00	20.55	17.64	18.91

三　家庭年收入情况

家庭经济情况反映一个家庭真实、确切的经济情况。根据表7-

14 所呈现出的数据分布，坦桑尼亚员工家庭年收入在 500000—1200000 坦桑尼亚先令和 2350001—4000000 坦桑尼亚先令这两个档位占比最高（23.28%）。总的来看，坦桑尼亚各个收入层次分布较为均衡，但也从侧面说明坦桑尼亚贫富差距相对较大，家庭年收入档位最低的不能或仅能满足家庭最基本生活需求的比例最高，这说明坦桑尼亚整体社会经济发展水平有待提高。

表 7 – 14 **家庭年收入情况（N = 262）**

（单位：坦桑尼亚先令、%）

家庭年收入	频数	百分比
500000—1200000	61	23.28
1200001—2350000	43	16.41
2350001—4000000	61	23.28
4000001—5350000	49	18.70
5350001—15000000	48	18.32

第四节 家庭地位和耐用消费品

家庭社会经济地位是结合经济学和社会学关于某个人工作经历和个体或家庭基于收入、教育和职业等因素相对于其他人的经济和社会地位的总体衡量。当分析一个家庭的社会经济地位时，这个家庭的收入、家庭劳动力的教育程度，以及劳动力的职业会被当作一个整体而纳入考核指标。个人或家庭的社会经济情况可以被分成三类：高社会经济地位、中等社会经济地位、低社会经济地位。通过评估一个人或一个家庭在收入、教育、职业其中一个或多个因素上的表现，可以把他（它）归类于一个社会经济地位类别。当前家庭社会地位自评，637 个样本的平均值为 4.63，最小值为 1，最大值为 10，标准差为

1.83。家用耐用品包括汽车、电视、摩托车、手机、冰箱、洗衣机等家庭日常生活用品，对家庭耐用品的拥有率不仅展现出人们的物质生活状态，而且动态展现出人们的受教育水平以及家庭居民消费水平与消费结构的关系。

一　员工家庭社会经济地位自评

如表 7 - 15 所示，坦桑尼亚员工在刚进入企业工作的家庭社会地位自我评价和当前工作时期的社会地位相差不大，这表明员工在中资企业的职业状况相对稳定。整体来看，进入企业时的家庭社会经济地位和当前的家庭社会经济地位都处于第 4 档位，通过纵向比对发现，当前的家庭社会经济地位比进入企业时的家庭社会经济地位略高一点，但并没有发生突破。此外，通过标准差对比，当前生活状况得到改善但同时员工当前的生活差距也有拉大之势。不论处于什么时期，都存在家庭社会经济地位最低档和最高档的情况。

表 7 - 15　　　　　　当前和进入企业时的家庭社会经济地位自评　　　　（单位：个）

时间点	样本量	均值	标准差	最小值	最大值
当前	637	4.63	1.83	1	10
进入企业时	636	4.40	1.78	1	10

二　员工的家庭耐用消费品拥有率

（一）按受教育程度划分

从表 7 - 16 中可以明显对比出，学历在本科及以上的员工在家庭耐用消费品的拥有率上远远高出其他受教育程度员工。尤其是对手机的拥有，虽然各个教育程度的员工拥有手机的比例都非常高，但人手至少一部手机的只有本科及以上这一层次，这说明，学历层次达到一定程度的人对于信息的掌握需求更高，更需要与外界联系。在汽车、摩托车等高价值商品的拥有率上，也反映出经济水平和受教育程度紧密相关。未上过学和小学学历的员工没有或极少拥有汽车这类高价格产品。此外，从表中还能看出，实际上在坦桑尼亚，中学或专科学历的员工应该占优势比例，不论是汽车还是手机拥有人数都比较均衡。由此可见，家庭成员的受教育程度越高，消费支出越多。消费支出的表现更多地反映在物质消费中的家庭消费上。即从受教育程度的角度看，在家庭的消费构成中，受教育程度影响最大的消费就是家庭耐用品的支出。

表 7 - 16　　　　　　　按受教育程度划分的家庭耐用消费品拥有率　　　　（单位：%）

	汽车	电视	摩托车	手机	冰箱
未上过学	0.00	18.18	0.00	86.36	4.55
小学学历	0.78	44.19	4.26	84.50	15.89
中学或专科学历	9.63	61.11	9.26	91.11	39.63
本科及以上	34.83	91.01	11.24	100.00	74.16
总计	9.25	56.96	7.20	89.51	33.65
	N = 638	N = 639	N = 639	N = 639	N = 639

（二）按出生地划分

城乡居民家庭耐用品消费在不同阶段呈现不同的选择倾向。通过对表 7 - 17 的观察，农村员工拥有汽车的比例低于城市员工，在电视、摩托车和手机的拥有率上低于城市员工，但差距不大。随着农村员工条件的改善，汽车和摩托车也算是生活舒适享受的必需品，使用率在不断提高，但是与城镇居民家庭相比，还有一个增长阶段需要跨越。这说明，坦桑尼亚人民的基本生活相对比较有保障，在大件如汽车等耐用消费品上，城市员工的家庭耐用品拥有率相对更高。

表 7 - 17　　　　　按出生地划分的家庭耐用消费品拥有率　　　（单位：%）

出生地	汽车	电视	摩托车	手机	冰箱
农村	7.51	54.08	6.80	88.44	27.89
城市	10.69	59.54	7.80	90.46	38.73
总计	9.23	57.03	7.34	89.53	33.75
	$N=639$	$N=640$	$N=640$	$N=640$	$N=640$

（三）按月收入划分

从表 7 - 18 中发现，月收入在 260001—350000 坦桑尼亚先令及以上的家庭，耐用消费品的拥有率都相对较高，尤其是对手机的拥有率较高。总的来说，无论员工家庭和月收入处于哪一个档位上，员工家庭对代步车如汽车和摩托车的拥有率都比较低。收入越高，汽车的拥有率就越高。就拥有率而言，摩托车并不是坦桑尼亚家庭的必备耐用品，因为无论收入多少，对摩托车的拥有率都不太高。而手机则呈现出完全相反的态势，即便是收入最低一档的家庭同收入最高一档的家庭相比，差距也不明显，最高档仅多出 9.33 个百分点。

表 7 - 18　　　　按月收入划分的家庭耐用消费品拥有率（$N=550$）

（单位：坦桑尼亚先令、%）

个人月收入	汽车	电视	摩托车	手机	冰箱
100000—190000	3.17	40.48	3.17	87.30	15.08
190001—260000	0.91	43.64	4.55	84.55	15.45
260001—350000	4.42	65.49	11.50	92.04	42.48
350001—432000	5.15	64.95	11.34	94.85	36.08
432001—975000	35.58	79.81	12.50	99.04	69.23
合计	9.45	58.00	8.36	91.27	34.73

三 家庭耐用品的原产地

（一）轿车/吉普车/面包车原产地

商品的原产地是指货物或产品的最初来源，即产品的生产地。从图7-2中可以看出，坦桑尼亚员工偏好购买日产轿车/吉普车/面包车，原产国为日本的车辆占比79.66%。也就是说，日本汽车企业在坦桑尼亚市场做得十分成功。其余包括中国、美国、坦桑尼亚的占比都在10%以下，对日本汽车竞争构不成威胁，中国在这一领域占比为8.47%。

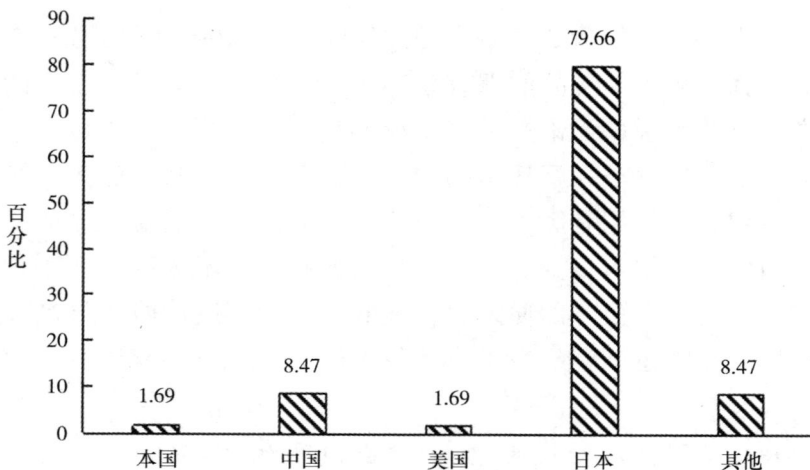

图7-2 家庭拥有轿车/吉普车/面包车的原产国百分比分布（N=59）

（二）电视原产地

通过图7-3关于家庭拥有电视的原产国分布调查可知，中国在电视生产领域做得十分出色，在坦桑尼亚家庭电视原产国分布中占比将近七成（69.59%）。其次是日本，虽然远不及中国，但是日本电视也有一定数量的受众（14.08%），美国和印度在这一领域的市场份额不高，分别占比为1.92%和0.27%。其他国家占比9.86%，表明坦桑尼亚民众可选择的电视种类十分广泛，但是在购买电视时较为集中，大多会选择中国生产的彩色或黑白电视。

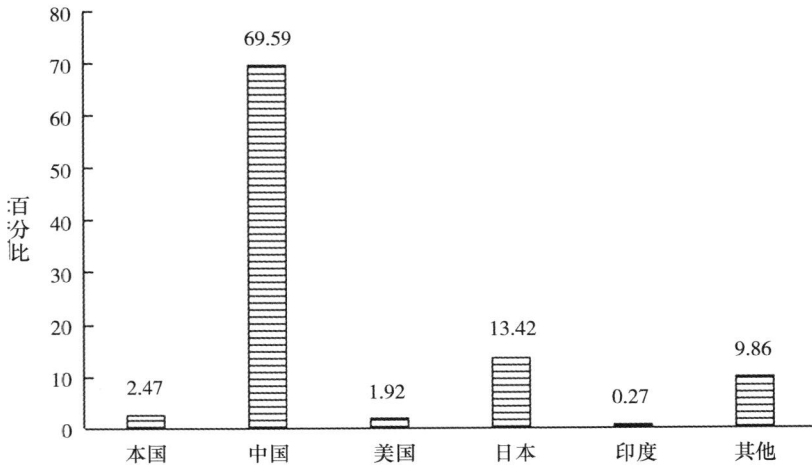

图 7 - 3　家庭拥有彩色或黑白电视的原产国百分比分布（*N* = 365）

（三）摩托车/轻便摩托车的原产地

从图 7 - 4 中可以看出，坦桑尼亚员工家庭拥有的摩托车/轻便摩托车的原产国主要是中国、印度和日本。其中，中国占据主导地位，有 63.83% 的家庭购买了中国的摩托车/轻便摩托车；有 19.15% 的家庭选择了印度的摩托车/轻便摩托车；有 17.02% 的家庭购买了日本

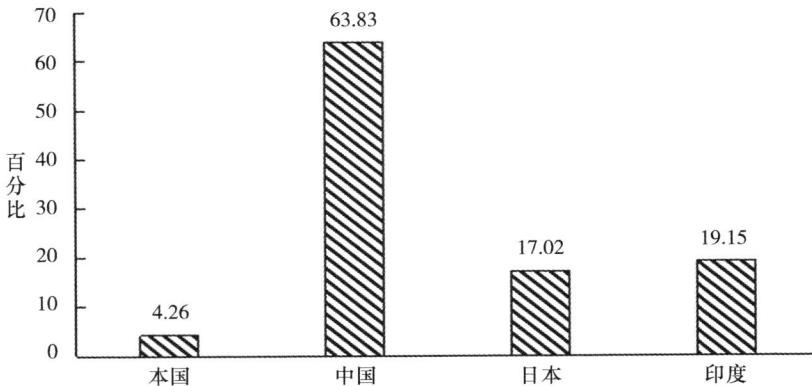

图 7 - 4　家庭拥有摩托车/轻便摩托车的原产国百分比分布（*N* = 47）

的摩托车/轻便摩托车。由此可见，中国产品得到了大多数坦桑尼亚民众的认可。坦桑尼亚在这一领域占比极低，说明坦桑尼亚的摩托车/轻便摩托车制造业并不发达。

（四）移动电话原产地

图 7-5 的样本数据显示，86.21% 的受访员工使用中国生产的移动电话。在访问过程中，我们发现当地销售的中国移动电话品牌主要是传音（TECNO）和华为（HUAWEI）。其中，传音（TECNO）的市场份额较高。来自美国、印度、日本、坦桑尼亚以及其他国家的手机品牌使用率相对较低，例如：美国占比 3.14% 、日本占比 5.41% 、印度占比 0.35% 、坦桑尼亚占比 1.57% 。

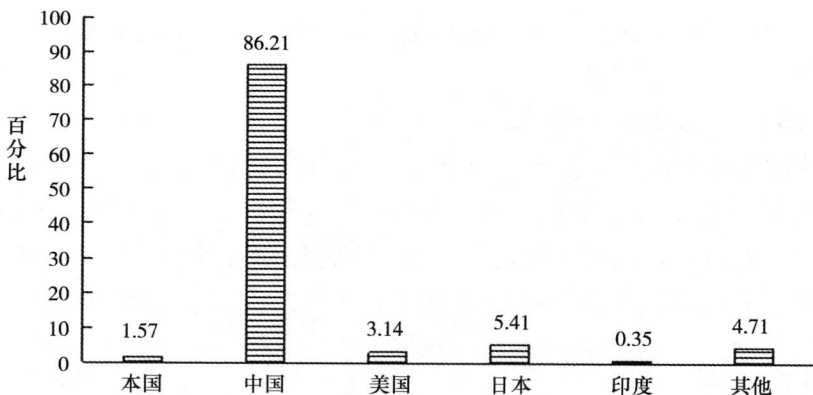

图 7-5　家庭拥有移动电话的原产国百分比分布（N=573）

（五）冰箱原产地

从图 7-6 来看，冰箱的原产国为中国的占比过半，达到 62.04% ，中国作为制造业大国，品牌多样性价比高，所以选择的人数偏多。日本产品的质量较好，所以是坦桑尼亚员工的第二选择（13.89%）。总的来看，坦桑尼亚的冰箱市场开放度极高，全球各地的产品都有涉及，并不局限于某一国家。

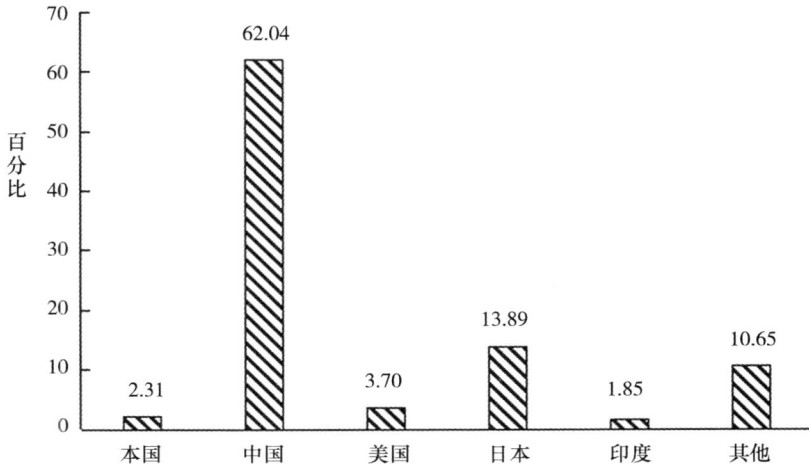

图 7 - 6　家庭拥有冰箱的原产国百分比分布（N = 216）

本章提要

　　本章探讨中资企业员工的职业发展与工作条件。在职业发展方面，本章主要描述分析了员工的工作经历、就业情况、工作内容、职业培训、职业前景、工作态度等内容。在工作条件方面，包括员工的工作环境、工作时间、收入情况、家庭生活条件等内容。

　　从职业经历与工作环境来看，坦桑尼亚中资企业七成以上的当地员工在企业入职一年以上，且八成以上员工是自己到企业应聘或者通过亲戚朋友介绍入职，且都存在一定数量的家人在本企业工作。从一定程度上也说明了员工的相对稳定性以及企业的工作条件和工作环境较好。

　　从职业培训与晋升的角度来看，坦桑尼亚员工在中资企业担任管理层职位的人数较少，管理层一般由中国员工担任。员工进入企业后，六至七成的员工接受过培训，培训内容一般以安全生产方面为主。在晋升层面上，坦桑尼亚员工相对较难，其中女性晋升比男性晋升的比例要相对大一些，但总体来看，职业晋升都比较难。从每周工作时间来看，坦桑尼亚中资企业员工工作时间为 6 天的占大多数，其中管理人员一周工作 7 天的比例要比普通员工的比例低得多。

本章第三节和第四节探讨了坦桑尼亚员工的收入与社会地位。首先中资企业很少出现拖欠工资超过一个月的情况，所以员工能够有一个稳定的收入。从月收入来看，男女性别差异对于工资差异影响不大，而不同年龄段收入差异较为明显，呈现为年龄与工资成正相关分布态势。家庭年收入相对较为均衡。从家庭地位自评来看，进入企业时的家庭社会经济地位和当前的家庭社会经济地位都处于第 4 档位。从家庭耐用消费品拥有率来看，学历在本科及以上的员工在家庭耐用消费品的拥有率上远远高出其他受教育程度的员工。比较了家庭耐用品原产地后，我们发现，接近八成的汽车源自日本，八成以上移动电话源自中国，接近七成的电视机源自中国，六成以上的摩托车和冰箱源自中国。

第八章

交往与态度

交往随着人和人类社会的产生而产生。当代世界是交往的世界，社会交往作为人们重要的存在方式受到各界的普遍关注。人在交往中获得了社会属性，也总是在一定的社会关系中展开交往活动的。交往（communication）含有沟通、交换、交流、分享、传播、联络等十多种意义，① 包括心灵、语言、大众传播介质等方面。随着经济全球化和我国"一带一路"倡议的深入推进，社会交往在研究企业运营环境中的重要地位不言而喻，并且日益显著。

社会交往在本质上是一个关系性范畴。马克思在《1844年经济学哲学手稿》中指出，社会交往使得相关主体间发生相互作用，在此过程中相互联系代替了原有的隔离状态，反映出主体间的内在相关性。人只有通过交往才能实现其社会性，因为只有通过交往，个体的活动才能转化为社会的总体活动。因此，社会交往还是一个实践性范畴，并且，由于人自身的发展变化，同时还处在与自然界和他人不断进行物质、信息交换的过程中，其交往意识、交往能力等不断展开、形成和完善，因而社会交往又是一个过程性范畴。

马克思最初关注交往问题时是从人与自然相互作用的角度着手的，② 后来，在同一著作中他进一步将交往升华为"直接同别人的交

① 《国际社会百科全书》（1968年版），转引自李鹏飞《社会哲学视野中的社会交往探究》，博士学位论文，中共中央党校，2015年，第27页。

② 《马克思恩格斯全集》第42卷，人民出版社1972年版，第95页。

往活动"①。随后，在《德意志意识形态》中，马克思和恩格斯初步论述了交往的内涵与外延。交往是个多维度的概念，可以包括人与自然的主客体之间、人与人之间、人与社会组织之间的交往关系和交往活动，并且常常涉及物质交换和精神交流。在这样一个多层次、多维度的动态系统中，社会交往的空间性既是其本质属性，又是其突出特点，因而必然成为研究社会交往的一个不可忽视的重点。因此，采用空间理论，对企业和员工的社会交往进行考察，将会为更为理想的交往模式的构建提供新思维、新路径。

社会交往与态度虽然不涉及企业的生产和销售等经济活动，却能够为了解员工思想、维系企业与员工和谐关系提供重要参考信息，是企业健康运转的必要环节。从社会哲学层次上说，社会交往就是指主体间相互联系，相互作用，实现多层次需要的活动。② 从结构上看，社会交往是由主体、理念、网络、工具和规则等要素构成的一个动态系统。

本章关注员工与外国公民社会交往情况、员工对企业的评价两个方面，试图揭示企业在社会交往方面的一般特点和规律，并基于此探讨社会交往评价。社会交往的评价就是对主体与社会交往的功能之间价值关系的衡量或评判。社会交往的重要原则主要包括：主体性、客观性、时效性、综合性和可变性原则。③

第一节　社会交往与社会距离

本节着重考察员工对外国公民的接纳程度，尤其是对中国公民的态度。根据性别差异、在企业中是否属于管理职位，并分别从企业内

---

① 《马克思恩格斯全集》第 42 卷，人民出版社 1972 年版，第 125 页。

② 李鹏飞：《社会哲学视野中的社会交往探究》，博士学位论文，中共中央党校，2015 年，第 30 页。

③ 同上。

部、企业外部两个范围聚焦员工与中国公民的社会交往情况。

一 对外国友人的接纳程度

图 8-1 给出了员工与中、美、印、日四国民众的社会距离分布情况。数据显示,半数受访员工表示愿意与四国民众成为社会距离最亲密的伴侣关系,其中按照受欢迎的程度,美国人(54.09%)居首位,中国人(50.78%)次之,日本人(44.65%)和印度人(43.57%)再次之。对于社会距离较亲密的朋友关系,三成以上的员工愿意与四国民众成为朋友,排名分别是中国(37.98%)、印度(35.58%)、日本(35.06%)、美国(31.13%)。其他社会关系意愿,如愿意成为同事,点头之交和居住在同一城市的数据均处于低位,其中愿意与美国民众成为邻居的为低位中的最高点(5.66%)。值得注意的是信息表中"拒绝来我们国家"一项中,数据虽然都不到 1,但也均不为 0,显示出一种抗拒的迹象。另外,选择"以上均不"的数据也表示了一种社会距离多样化的趋势,值得思考的是,除了问卷提供的选项之外,还有哪些社会关系的意愿隐而未显。

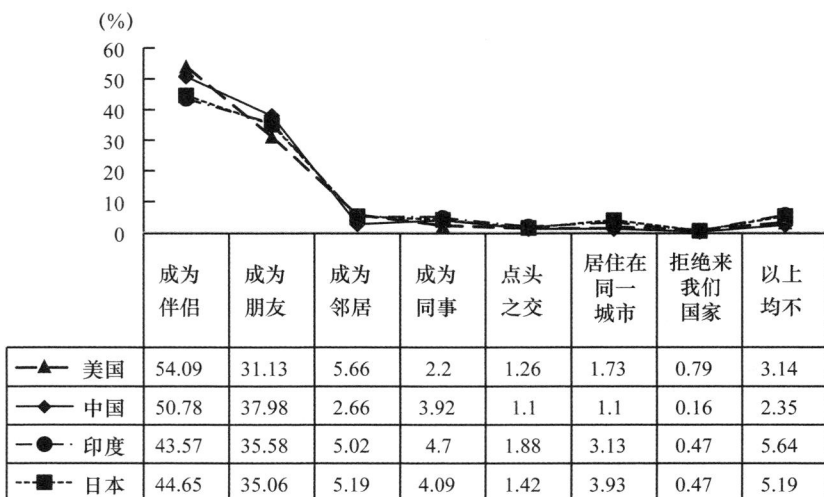

(%)

	成为伴侣	成为朋友	成为邻居	成为同事	点头之交	居住在同一城市	拒绝来我们国家	以上均不
▲ 美国	54.09	31.13	5.66	2.2	1.26	1.73	0.79	3.14
✦ 中国	50.78	37.98	2.66	3.92	1.1	1.1	0.16	2.35
● 印度	43.57	35.58	5.02	4.7	1.88	3.13	0.47	5.64
■ 日本	44.65	35.06	5.19	4.09	1.42	3.93	0.47	5.19

图 8-1 员工与中、美、印、日四国民众的社会距离分布

二 企业内中国朋友的数量

（一）不同性别的员工在本企业拥有的中国朋友数量差异

表8-1给出了按性别划分，员工在本企业拥有的中国朋友数量的情况，数据显示，男性员工样本量（521个）是女性样本量（117个）的4倍多。男性员工在本企业拥有的中国朋友数量最大值达到50个，远高于女性员工在本企业拥有的中国朋友数量最大值（20个），男性员工的中国朋友是女性员工的2.5倍。此外，男性员工样本的标准差高于女性员工样本的标准差近1个。然而男性员工（1.31）与女性员工（1.11）的中国朋友均值却很接近。从上面的数据描述中，我们可以看出，男性员工和女性员工在本企业拥有的中国朋友数量都是1个左右。

表8-1 　　　　按性别划分的员工在本企业拥有的中国朋友数量差异　　（单位：个）

性别	样本量	均值	标准差	最小值	最大值
男	521	1.31	3.58	0	50
女	117	1.11	2.59	0	20

（二）管理人员与非管理人员在本企业拥有的中国朋友数量差异

表8-2给出了管理人员与非管理人员在本企业拥有的中国朋友数量差异的情况。数据显示，非管理人员样本量（584个）是管理人员样本量（53人）的11倍。总体上看，管理人员在本企业拥有的中国朋友数量（5.34个）平均为非管理人员拥有的中国朋友数量（0.90个）的5倍多。根据标准差显示，管理人员拥有的中国朋友数量的标准差是（5.89），而非管理人员的标准差（2.84），也就是说，非管理人员拥有的中国朋友数量比管理人员在本企业拥有的中国朋友数量更加稳定。就个体差异而言，在本企业拥有中国朋友数量最多的员工属于非管理人员身份，多达50个。

表 8 - 2 管理人员与非管理人员在本企业拥有的中国朋友

数量差异 （单位：个）

是否管理人员	样本量	均值	标准差	最小值	最大值
是	53	5.34	5.89	0	30
否	584	0.90	2.84	0	50

三　企业外中国朋友的数量

（一）不同性别的员工在企业外拥有的中国朋友数量差异

表 8 - 3 给出了按性别划分，员工在中资企业外拥有的中国朋友数量的情况。数据显示，男性样本量是（522 个）女性样本量（117个）的近 4.5 倍。男性员工和女性员工在企业外拥有的中国朋友数量最小值都是 0，男性在企业外拥有的中国朋友数量最大值达到 200 个，而女性在企业外拥有的中国朋友数量的最大值是 20 个。从标准差来看，男性样本标准差（9.97）是女性样本标准差（2.14）的近 5 倍，因此可知，相对而言男性员工比起女性员工来说，在企业外拥有的中国朋友数量个体差异明显较大。

表 8 - 3 按性别划分的员工在企业外拥有的中国朋友数量差异

（单位：个）

性别	样本量	均值	标准差	最小值	最大值
男	522	1.18	9.97	0	200
女	117	0.54	2.14	0	20

（二）管理人员与非管理人员在企业外拥有的中国朋友数量差异

表 8 - 4 给出了管理人员与非管理人员在企业外拥有的中国朋友数量差异的情况。数据显示，非管理人员样本量（585 个）是管理人员样本量（53 人）的 11 倍。总体上看，管理人员在企业外拥有的中国朋友数量（7.94 个）平均为非管理人员拥有的中国朋友数量

（0.44 个）的 18 倍。标准差显示，管理人员拥有的中国朋友数量的标准差是 30.24，也就是说管理人员企业外拥有的中国朋友数量个体差异较大，最小值为 0 个，而最大值为 200 个。比较而言，非管理人员的标准差为 1.87，也就是说，非管理人员在企业外拥有中国朋友的数量差别波动不十分明显，非管理人员企业外拥有朋友数量最多有20 个。

表 8 - 4　　　　管理人员与非管理人员在企业外拥有的中国朋友
数量差异　　　　　　　　　　　（单位：个）

是否管理人员	样本量	均值	标准差	最小值	最大值
是	53	7.94	30.24	0	200
否	585	0.44	1.87	0	20

第二节　企业评价

本节从族群、宗教信仰、是否是管理职位三个维度，考察员工是否认同企业在以下四个方面的表现：企业尊重本地风俗习惯，企业尊重员工个人的宗教信仰，企业作息时间，以及（中外）员工晋升制度。

一　企业尊重本地风俗习惯情况

（一）不同族群的员工是否同意"本企业尊重本地风俗习惯"

针对按族群划分的员工"是否同意本企业尊重坦桑尼亚本地风俗习惯"的信息，从总计的比例来看，同意的比例不到四成（36.47%），"一般"的比例接近五成（48.95%），不同意的比例为14.59%。从所列出的五大族群来看，苏库马族对"本企业尊重本地风俗习惯"表示同意的比例超过半数（53.13%），哈亚族（45.83%）、查加族（43.48%）以及赫赫族（41.18%）也都均超过四成。相对而言，尼亚姆韦齐族表示同意的比例仅为二成（20.69%），不同意的比例（27.59%）也是五大组群中最高的，其余四个组群不同意的比例都不超过一成，并且尼亚姆韦齐族组群选择"完全同意"和"完全不同意"的比例相同（都是6.90%）。（见表8-5）

表8-5 按族群划分的是否同意"本企业尊重本地风俗习惯"（$N = 617$）

（单位：%）

族群	完全不同意	不同意	一般	基本同意	完全同意
苏库马族	6.25	3.13	37.50	31.25	21.88
尼亚姆韦齐族	6.90	20.69	51.72	13.79	6.90
查加族	0.00	4.35	52.17	26.09	17.39
赫赫族	0.00	8.82	50.00	14.71	26.47
哈亚族	0.00	4.17	50.00	33.33	12.50
其他	3.79	11.79	49.26	27.58	7.58
总计	3.57	11.02	48.95	26.58	9.89

整体看来，除苏库马族以外，其他组群对于"是否同意本企业尊重本地风俗习惯"，选择"一般"的比例都是五成上下，苏库马族选择"一般"的比例为四成不到，比其他组群少10个百分点左右，而苏库马族选择同意的比例正好比其他四个组群高10个百分点左右，因此可以看出五大组群中，苏库马族对本企业尊重本地风俗习惯的不仅满意度最高，总体上态度也更明确。

（二）不同宗教信仰的员工是否同意"本企业尊重本地风俗习惯"

表8-6的数据显示，从总计比例来看，按宗教信仰划分，员工是否同意"本企业尊重本地风俗习惯"的信息显示，"同意"的比例不到四成（36.34%），"一般"的比例接近五成（48.71%），不同意的比例为一成以上（14.95%）。信仰锡克教员工的数据集中而单一，应该考虑样本数量是否单一，造成比例集中。

表 8 - 6　　　　　　　　按宗教信仰划分的是否同意"本企业尊重
本地风俗习惯"　　　　　　　　（单位：%）

宗教信仰	完全不同意	不同意	一般	基本同意	完全同意
伊斯兰教	4.12	12.37	52.23	23.71	7.56
基督教	3.75	10.24	46.76	27.30	11.95
天主教	0.00	12.50	25.00	45.83	16.67
新教	0.00	16.67	33.33	50.00	0.00
锡克教	0.00	0.00	100.00	0.00	0.00
其他	0.00	0.00	71.43	14.29	14.29
总计	3.70	11.25	48.71	26.37	9.97

　　从所列出的其他四种宗教来看，信仰天主教的员工对"本企业尊重本地风俗习惯"表示同意的比例最高，超过六成（62.50%），同时不同意的比例是四大宗教中最低的（12.50%），而且选择"一般"的比例也是最低的，表明信仰天主教的员工对于"是否同意本企业尊重本地风俗习惯"同意的趋势比较明显。信仰基督教新教的员工的同意率（50%）是五成，居第二位，而其中"完全同意"的占比为零，因此信仰基督教新教的员工对"本企业尊重本地风俗习惯"同意度也很高，但相对于天主教来说，不论从数量还是程度上还是有较大差别的。信仰基督教的员工同意的比例将近四成（39.25%），近半数（46.76%）选择"一般"，不同意的比例合计超过一成（13.99%），说明信仰基督教的员工对"是否同意本企业尊重本地风俗习惯"的选择上有所保留或者不确定。信仰伊斯兰教的员工也体现了相似的并且更加明显的保留态度或不确定，同意度为三成左右（基本同意、完全同意的合计比例为31.27%），超过五成的员工样本（52.23%）选择"一般"，选择"不同意"和"完全不同意"的员工样本的比例趋近二成（16.49%）。信仰其他宗教的员工，选择"一般"的比例（71.43%）更高，意愿表达趋向于保留和不确定，同意度接近三成

（28.58%）。

（三）不同职位的员工是否同意"本企业尊重本地风俗习惯"

表8-7比较了管理人员与非管理人员对于"本企业尊重本地风俗习惯"这一问题的看法。数据显示，管理人员与非管理人员总体选择的趋势是：接近四成（36.23%）的人员选择"基本同意"和"完全同意"，接近五成（48.79%）的人员选择"一般"，超过一成（14.97%）的人员选择"不同意"和"完全不同意"。

表8-7　　　　管理人员与非管理人员是否同意"本企业尊重
本地风俗习惯"（N=621）　　　　（单位：%）

是否管理人员	完全不同意	不同意	一般	基本同意	完全同意
是	1.89	5.66	24.53	26.42	41.50
否	3.87	11.80	51.06	26.23	7.04
总计	3.70	11.27	48.79	26.25	9.98

由于管理人员与非管理人员所处的角度和对企业相关规定的认识不同，管理人员同意（含基本同意、完全同意）的比例（67.92%）显著高于非管理人员同意的比例（33.27%），而且，管理人员选择"完全同意"选项的比例占到四成以上（41.50%）。值得注意的是管理人员选择"一般"的比例（24.53%）明显低于非管理人员选择"一般"的比例（51.06%），仅为后者的一半左右，说明管理人员态度更为明确。从不同意的比例来看，管理人员不足一成（7.55%），而非管理人员明显超过一成（15.67%）。

二　企业尊重员工宗教信仰情况

（一）不同族群的员工是否同意"本企业尊重我的宗教信仰"

表8-8中的数据显示，在按族群划分来看，员工"是否同意本企业尊重我的宗教信仰"的总计比例中，同意的比例接近五成

（46.33%），"一般"的比例为四成左右（39.01%），不同意的比例为14.65%。从所列出的五大族群来看，除尼亚姆韦齐族外，整体上其他族群对"是否同意本企业尊重我的宗教信仰"表示同意的比例都超过或者接近五成，查加族达到六成（60.86%），苏库马族（54.83%）、赫赫族（52.94%）均超过五成，哈亚族接近五成（45.83%）。相对而言，来自尼亚姆韦齐族的员工表示同意的比例较低仅为二成（24.13%），并且不同意的比例也是二成（20.69%），为五大族群中最高。同时，尼亚姆韦齐族选择"一般"的比例超过五成（55.17%），显示出相比其他组群而言，尼亚姆韦齐族员工对"本企业尊重我的宗教信仰"这一问题的看法，有更多不确定或者保留。选择"一般"的比例同样超过五成的是哈亚族（54.17%）。值得注意的是，该族群选择"不同意"和"完全不同意"的比例都为0，在各大族群中比较突出，对此应当考虑该组群的样本数。五大族群以外的其他族群，同意的比例（46%）接近五成，不同意的比例接近二成（15.6%），而选择"一般"的比例（38.40%）接近四成，与总计的趋势相似。

表 8 - 8 　　　　　按族群划分，员工是否同意"本企业尊重我的
宗教信仰"（ $N = 628$ ）　　　　　（单位：%）

族群	完全不同意	不同意	一般	基本同意	完全同意
苏库马族	6.45	9.68	29.03	35.48	19.35
尼亚姆韦齐族	6.90	13.79	55.17	13.79	10.34
查加族	0.00	8.70	30.43	30.43	30.43
赫赫族	2.94	5.88	38.24	20.59	32.35
哈亚族	0.00	0.00	54.17	33.33	12.50
其他	4.31	11.29	38.40	34.50	11.50
总计	4.14	10.51	39.01	32.64	13.69

（二）不同宗教信仰员工是否同意"本企业尊重我的宗教信仰"

根据表8-9给出的情况，从总计的比例来看，按宗教信仰划分的是否同意"本企业尊重我的宗教信仰"的信息中，同意的比例接近五成（46.21%），"一般"的比例接近四成（38.80%），不同意的比例为14.99%。锡克教的数据表现为集中单一，应该考虑样本数量是否单一，造成比例集中。从所列出的其他四种宗教来看，天主教（66.47%）和新教（66.67%）对"本企业尊重我的宗教信仰"表示同意的比例大致相同，超过六成，同时天主教（12.5%）、新教（16.67%）不同意的比例都在一成左右，而且选择"一般"的比例在二成左右，表明天主教对于"是否同意本企业尊重我的宗教信仰"同意的趋势比较明显。其他宗教，同意度接近三成（28.58%），选择"一般"的比例达到七成（71.43%），意愿表达趋向于保留或不确定。

表8-9　　　　　　　　按宗教信仰划分的是否同意"本企业
尊重我的宗教信仰"（N = 634）　　　　（单位：%）

宗教信仰	完全不同意	不同意	一般	基本同意	完全同意
伊斯兰教	4.33	12.67	40.67	32.33	10.00
基督教	4.39	9.12	37.84	32.09	16.55
天主教	4.17	8.33	20.83	41.67	25.00
新教	16.67	0.00	16.67	50.00	16.67
锡克教	0.00	0.00	100.00	0.00	0.00
其他	0.00	0.00	71.43	14.29	14.29
总计	4.42	10.57	38.80	32.49	13.72

（三）不同职位员工是否同意"本企业尊重我的宗教信仰"

表8-10给出的信息来看，就管理人员与非管理人员是否同意"本企业尊重我的宗教信仰"，管理人员基本同意或完全同意的比例（76.92%）接近八成，而非管理人员基本同意或完全同意的比例为

四成左右（43.38%）。管理人员选择"一般"的比例（15.38%）接近二成，而非管理人员选择"一般"的比例（40.96%）达到四成，由此可以看出，管理人员态度更为明确，更倾向于选择同意"本企业尊重我的宗教信仰"。从不同意的比例来看，管理人员不足一成（7.70%），非管理人员（15.67%）超过一成。从总计数据来看，总体上，五成以上（46.13%）的管理人员与非管理人员同意"本企业尊重我的宗教信仰"。

表 8 - 10　　　　管理人员与非管理人员是否同意"本企业尊重
我的宗教信仰"（N=633）　　　　　（单位：%）

是否为管理人员	完全不同意	不同意	一般	基本同意	完全同意
是	3.85	3.85	15.38	25.00	51.92
否	4.48	11.19	40.96	33.05	10.33
总计	4.42	10.58	38.86	32.39	13.74

三　企业作息时间

（一）不同族群员工对企业作息时间的态度

表 8 - 11 给出了按族群划分的员工是否同意"喜欢本企业作息时间"，从总计的比例来看，四成（40.85%）受访对象基本同意或完全同意"喜欢本企业作息时间"，选择"一般"的比例接近五成（46.06%），选择"不同意"或"完全不同意"的比例（13.09%）较低，为一成左右。就五大族群的员工来看，查加族员工基本同意和完全同意"喜欢本企业作息时间"的比例（56.52%）接近六成，在五个族群中比例最高，尼亚姆韦齐族"基本同意"和"完全同意"员工的比例仅为二成（20.68%），其他族群的员工选择基本同意和完全同意的比例从高到低依次分别是苏库马族（54.54%）超过五成，哈亚族（50%）五成，赫赫族（47.06%）接近五成。从不同意和完全不同意的比例来看，除尼亚姆韦齐族（20.69%）达到二成，其余列出的各大族群均不到一成（苏库马族9.09%，查加族8.70%，

赫赫族5.88%，哈亚族4.17%）。另一个值得注意的情况是，所列出的五大族群中"完全不同意"的比例除苏库马族（6.06%）外，其余四大族群都为0。

表8-11　按族群划分的是否同意"喜欢本企业作息时间"（$N = 634$）（单位：%）

族群	完全不同意	不同意	一般	基本同意	完全同意
苏库马族	6.06	3.03	36.36	39.39	15.15
尼亚姆韦齐族	0.00	20.69	58.62	10.34	10.34
查加族	0.00	8.70	34.78	30.43	26.09
赫赫族	0.00	5.88	47.06	20.59	26.47
哈亚族	0.00	4.17	45.83	41.67	8.33
其他	4.28	9.78	46.44	30.55	8.96
总计	3.63	9.46	46.06	29.97	10.88

（二）不同宗教信仰员工对企业作息时间的态度

表8-12给出了从按宗教信仰划分，员工是否同意"喜欢本企业作息时间"的情况。根据总计的比例，总体的趋势是四成（40.78%）受访对象基本同意或完全同意"喜欢本企业作息时间"，选择"一般"的比例接近五成（45.78%），不同意或完全不同意的比例为13.44%。所列出的五种宗教中，锡克教员工的数据集中为完全同意，应结合样本数量考虑。除锡克教员工外其余四种宗教员工选择"基本同意"和"完全同意""喜欢本企业作息时间"的比例如下：新教和天主教都是50%，比基督教（42.86%）、伊斯兰教（37.88%）多10个百分点左右。除锡克教（0%）外，其他教派选择不同意和完全不同意的比例与总计的情况相当，都在一成上下，其中新教的不同意比例稍高（16.67%）。

表 8 - 12　　　　　　按宗教信仰划分的是否同意"喜欢本企业

作息时间"（N = 640）　　　　　（单位：%）

宗教信仰	完全不同意	不同意	一般	基本同意	完全同意
伊斯兰教	3.32	11.63	47.18	29.24	8.64
基督教	4.65	7.64	44.85	29.90	12.96
天主教	0.00	8.33	41.67	41.67	8.33
新教	0.00	16.67	33.33	33.33	16.67
锡克教	0.00	0.00	0.00	0.00	100.00
其他	0.00	14.29	57.14	14.29	14.29
总计	3.75	9.69	45.78	29.84	10.94

（三）不同职位员工对企业作息时间的态度

表 8 - 13 给出的数据显示，从管理人员与非管理人员是否同意"喜
欢本企业作息时间"的情况来看，总计 639 份样本中有四成受访对象基
本同意和完全同意（40.84%）"喜欢本企业作息时间"，不同意和完全
不同意的比例为 13.46%，选择"一般"的比例为 45.70%。就管理人
员方面看，基本同意和完全同意的比例（75.47%）接近八成，高出非
管理人员基本同意和完全同意的比例（37.71%）近四成。管理人员选
择完全不同意和不同意的比例（5.66%）是非管理人员的 2 倍
（14.16%）。此外，约有五成（48.12%）的非管理人员选择"一般"，
比管理人员（18.87%）多出三成。

表 8 - 13　　　　　管理人员与非管理人员是否同意"喜欢本企业

作息时间"（N = 639）　　　　　（单位：%）

是否管理人员	完全不同意	不同意	一般	基本同意	完全同意
是	1.89	3.77	18.87	30.19	45.28
否	3.92	10.24	48.12	29.86	7.85
总计	3.76	9.70	45.70	29.89	10.95

四 对企业晋升制度的评价

表 8 – 14、表 8 – 15、表 8 – 16 从族群、宗教信仰、工作职位的维度，基于坦桑尼亚员工的视角，考察中资企业中中国员工和坦桑尼亚员工的晋升制度是否一致。

（一）不同族群员工对企业晋升制度的评价

表 8 – 14　　　　　　按族群划分的是否同意"中外员工晋升制度一致"（N = 569）　　　　（单位：%）

族群	完全不同意	不同意	一般	基本同意	完全同意
苏库马族	13.79	34.48	20.69	31.03	0.00
尼亚姆韦齐族	25.93	29.63	44.44	0.00	0.00
查加族	13.04	26.09	43.48	8.70	8.70
赫赫族	3.23	25.81	38.71	22.58	9.68
哈亚族	17.39	30.43	34.48	17.39	0.00
其他	16.51	30.28	33.94	14.68	4.59
总计	15.99	30.05	34.45	15.11	4.39

根据表 8 – 14，从按族群划分的是否同意"中外员工晋升制度一致"的总体情况来看，总计显示 569 份样本中，不同意和完全不同意的比例有近五成（46.04%），超过基本同意和完全同意的比例 26.54 个百分点。总体上看，各个族群不同意（包括完全不同意）"中外员工晋升制度一致"的比例都明显高于同意（包括基本同意和完全同意）的比例，其中尼亚姆韦齐族不同意（包括完全不同意）的比例（55.56%）高出同意（包括基本同意和完全同意）的比例（0%）近六成，最为突出。

（二）不同宗教信仰员工对企业晋升制度的评价

表 8 - 15　　　　　　按宗教信仰划分的是否同意"中外员工
晋升制度一致"（N = 575）　　　　　　　（单位：%）

宗教信仰	完全不同意	不同意	一般	基本同意	完全同意
伊斯兰教	16.13	29.75	33.33	15.41	5.38
基督教	16.73	30.04	36.12	13.31	3.80
天主教	10.00	20.00	35.00	35.00	0.00
新教	20.00	40.00	40.00	0.00	0.00
锡克教	0.00	100.00	0.00	0.00	0.00
其他	14.29	57.14	0.00	28.57	0.00
总计	16.17	30.09	34.26	15.13	4.35

根据表 8 - 15 的数据，按宗教信仰划分，员工是否同意"中外员工晋升制度一致"的总计结果显示，不同意（含完全不同意）的比例高出同意（包括基本同意和完全同意）的比例近三成（26.78 个百分点）。锡克教员工的数据集中为 100% 不同意。比较突出的是新教，不同意（含完全不同意）的比例达到 60%，而同意的比例为 0%。此外，天主教员工的同意（包括基本同意和完全同意）、一般、不同意（包括完全不同意）的比例比较均衡，各占三成左右，分别为同意 35%，一般 35%，不同意 30%。

（三）不同职位员工对企业晋升制度的评价

表 8 - 16　　　　　　管理人员与非管理人员是否同意"中外员工
晋升制度一致"（N = 575）　　　　　　　（单位：%）

是否为管理人员	完全不同意	不同意	一般	基本同意	完全同意
是	10.20	36.73	32.65	14.29	6.12
否	16.73	29.47	34.41	15.21	4.18
总计	16.17	30.09	34.26	15.13	4.35

按表 8 - 16 给出的数据，从管理人员与非管理人员是否同意"中外员工晋升制度一致"的情况来看，总体上不同意（含完全不同意）的比例（46.26%）高过同意（包括基本同意和完全同意）的比例（19.48%）近 26.78 个百分点。管理人员与非管理人员对该问题的回复都呈现出与总计情况相似的趋势，表现出不同意（含完全不同意）的比例高过同意（包括基本同意和完全同意）的比例近 30 个百分点。此外，管理人员与非管理人员选择"一般"的比例也相似，分别是32.65% 和 34.41%。

本章提要

本章主要分析了"人与人"、"人与企业"的交往关系和交往活动，并且侧重于文化和精神的交流。本章基于员工样本和企业样本，聚焦于员工的社交情况，分析了中资企业员工在社会交往方面的突出特点，为构建更为理想的交往模式提供了有价值的信息。

第一节讨论了员工的社会交往与社会距离情况。通过数据分析，我们发现：从员工对外国公民的接纳程度来看，半数受访员工愿意与四国民众结成社会距离最亲密的伴侣关系。三成以上的员工愿意与四国民众成为亲密的朋友。受欢迎的程度依次为：美国、中国、日本和印度。根据统计，男性员工在本企业内和企业外拥有的中国朋友数量都明显高于女性，但男性员工拥有的中国朋友数量个体差异明显较大。此外，管理人员在企业内和企业外拥有的中国朋友数量都远高于非管理人员所拥有的中国朋友数量。

第二节从企业在尊重本地风俗习惯、尊重员工宗教信仰、工作时间安排、企业内部晋升制度等方面，考察员工的社会交往情况，了解企业在员工心目中的形象。

对于"是否同意本企业尊重本地风俗习惯"按族群划分的信息显示，从总计的比例来看，同意的比例不到四成，"一般"的比例接近五成，不同意的比例为一成左右。从所列出的五大组群来看，苏库马族对本企业尊重本地风俗习惯的不仅满意度最高，总体上态度也更明确。按宗教信仰划分是否同意"本企业尊重本地风俗习惯"的信息显示同意的比例不到四成，"一般"的比例接近五成，不同意的比例为一成左右。天主教员工对"本企业尊重本地风俗习惯"表示同意趋势比较明显，而信仰其他宗教的员工意愿表达趋向于保留和不确定。由于管理人员与非管理人员二者所处的角度和对企业相关规定的认识不同，针对是否同意"本企业尊重本地风俗习惯"，管理人员同意的比例接近七成，显著高于非管理人员同意的比例。

天主教和新教员工对"本企业尊重我的宗教信仰"表示同意的比例相同，都超过六成以上，同时天主教和新教员工不同意的比例都在一成左右，而且选择"一般"的比例在二成左右，表明天主教员工对于"是否同意本企业尊重我的宗教信仰"同意的趋势比较明显。信仰其他宗教的员工意愿表达趋向于保留或不确定。

针对是否同意"喜欢本企业作息时间"，按族群划分，有四成受访对象选择了"基本同意"或"完全同意"，其中，查加族员工选择"基本同意"和"完全同意""喜欢本企业作息时间"的比例接近六成，在五大族群中比例最高，尼亚姆韦齐族同意的比例最低。

对于是否同意"喜欢本企业作息时间"，按宗教信仰划分的比例，总体的趋势是四成员工基本同意或完全同意，选择"一般"的比例接近五成。从是否管理人员来看，管理人员基本同意和完全同意的比例接近八成，高出非管理人员基本同意和完全同意的比例近四成。

对于是否同意"中外员工晋升制度一致"，按宗教信仰划分的结果显示，不同意的比例高出同意的比例近三成；而是否是管理职位总体上对同意与不同意的比例影响不十分显著。

第 九 章

媒体与文化消费

媒体与文化消费是员工业余生活的重要方面，对员工的文化生活加以考察有助于了解员工兴趣爱好，并为建立积极的沟通渠道提供重要信息。本章聚焦媒体与文化消费，考察年龄、性别、受教育程度和月收入水平等因素对员工了解中国信息的渠道分布的影响，同时关注从坦桑尼亚媒体收看中国相关新闻内容的状况。

第一节　互联网和新媒体

本节关注互联网与新媒体在员工获取信息中的作用。随着科技的飞速发展，互联网已经成为人们日常生活和工作必不可少的部分。而新媒体也越来越受到人们的关注，成为人们议论的热门话题。目前，坦桑尼亚的互联网发展势头迅猛，人们获取信息的渠道日益多元化，新媒体与传统媒体并驾齐驱的格局正在形成。新媒体相对于传统媒体而言，是报刊、广播、电视等传统媒体以后发展起来的新的媒体形态。然而对于新媒体的界定，学者们可谓众说纷纭。联合国教科文组织对新媒体下的定义是"以数字技术为基础，以网络为载体进行信息传播的媒介"[①]。因此，可以说新媒体是利用数字技术、网络技术、

[①] 《新媒体》，2019 年 8 月 12 日，维基百科（https：//www. bk. gugeso. site/wiki/新媒体）。

移动技术、通过互联网、无线通信网、有线网络等渠道以及电脑、手机、数字电视机等终端，向用户提供信息和娱乐的传播形态和媒体形态。新媒体就是能对大众同时提供个性化的内容的媒体，是传播者和接受者融会成对等的交流者，而无数的交流者相互间可以同时进行个性化交流的媒体。新媒体具有交互性与即时性、海量性与共享性、多媒体与超文本、个性化与社群化的特征。

一 信息渠道基本情况

本问卷中的"信息渠道"，特指当地员工了解中国信息的渠道。员工了解中国信息的渠道既包括本国的媒体，也包括中国媒体。具体方式有电视、网络、杂志以及微博、推特、微信等新媒体以及企业内部资料等。

根据图 9-1，在近一年内，受访员工获取有关中国的信息的渠道主要来源于本国媒体，75.58% 的员工选择了本国的传统媒体来获取中国的信息。这些媒体包括本国电视（56.56%）、本国报纸杂志（38.28%）、本国网络（26.09%）。数据显示，这三种渠道中，报纸杂志和电视是员工了解中国的重要渠道。

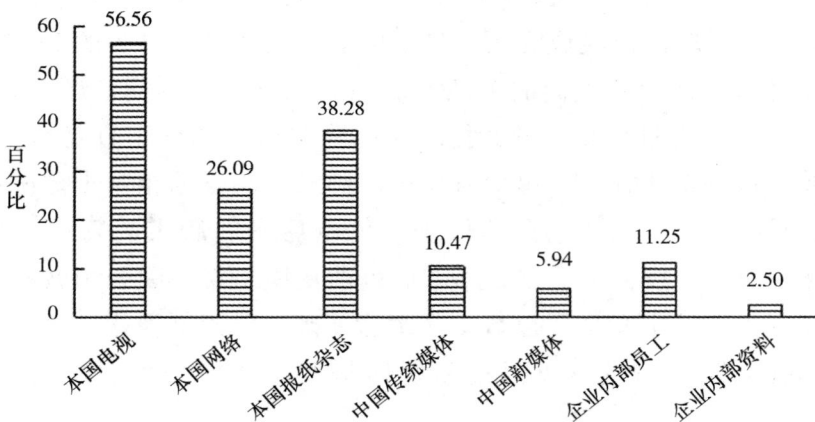

图 9-1 近一年内员工了解中国信息的渠道分布（$N = 640$）

此外，通过企业内部员工，获取有关中国信息的比例为11.25%。说明当地员工之间的日常交流优于中国传统媒体、新媒体以及企业内部宣传的贡献。中国传统媒体、中国新媒体以及企业内部资料等渠道的占比分别仅为10.47%、5.94%和2.50%。说明中资企业的对外宣传力度有限，当然我们不排除受语言障碍以及当地经济发展水平等因素的影响，当地员工获取中国传统媒体和新媒体的渠道有限。

二　收看中国相关新闻的情况

表9-1显示近一年内坦桑尼亚员工是否从坦桑尼亚媒体收看中国相关新闻的情况，反映出绝大部分受访对象留意到了与中国相关的新闻。如：中国大使馆对坦桑尼亚的捐赠，中国援助坦桑尼亚修建道路、桥梁、医院和学校，坦桑尼亚学生前往中国留学，中国艺术团体到坦桑尼亚演出，等等。其中，中国援助坦桑尼亚修建道路、桥梁、医院和学校（84.54%），与坦桑尼亚学生前往中国留学（82.65%）的相关新闻受到的关注最高，达到八成以上，比中国艺术团体演出的新闻高出二成，说明受访员工在总体关注中国新闻的基础上，对关乎自身切身利益的新闻更为留意。

表9-1　　　　近一年内坦桑尼亚员工是否从坦桑尼亚媒体收看
中国相关新闻的状况　　　　（单位：个、%）

相关新闻	样本量	是	否
中国大使馆对本国的捐赠新闻	631	70.52	29.48
中国援助本国修建道路、桥梁、医院和学校的新闻	634	84.54	15.46
本国学生前往中国留学的新闻	634	82.65	17.35
中国艺术团体演出的新闻	631	61.97	38.03

三　不同因素对信息渠道分布的影响

（一）性别因素对信息渠道分布的影响

根据图9-2，从按性别划分的近一年内员工了解中国信息的渠道分布来看，女性员工乐于通过多种渠道了解中国。在当地电视这一渠道中，男性员工和女性员工的比例相当，均为五成以上。在坦桑尼亚报纸杂志这一渠道中，男性比例高于女性，但差距仅是 2.91 个百分点。而在其他渠道中则是女性比例高于男性，尤其在网络、新媒体以及企业内部资料等渠道，女性员工均高于男性员工 5 个百分点。此外，当地员工通过企业内部员工了解中国信息的男女比例基本相当。

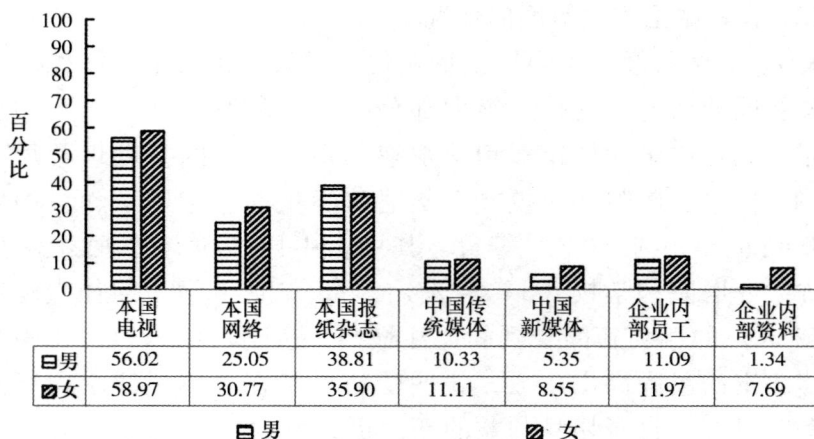

	本国电视	本国网络	本国报纸杂志	中国传统媒体	中国新媒体	企业内部员工	企业内部资料
男	56.02	25.05	38.81	10.33	5.35	11.09	1.34
女	58.97	30.77	35.90	11.11	8.55	11.97	7.69

图 9 - 2　按性别划分的近一年内员工了解中国信息的渠道分布（$N = 640$）

（二）年龄因素对信息渠道分布的影响

图 9 - 3 给出了不同年龄段的员工获取中国信息的途径。数据显示，通过坦桑尼亚电视获取中国信息的员工比例高于其他渠道，在各个年龄段的比例都超过了五成以上。由此可知，当地电视是员工获取有关中国信息的重要渠道，而且这样的渠道与员工的年龄结构成正相关关系，也就是说，年龄越大的群体，越容易依赖当地电视作为获取中国相关信息的渠道。此外，坦桑尼亚当地报刊杂志是中资企业员工获取中国信息的第二大渠道，比例接近四成。再次之，网络也是获取有关中国信息的重要渠道，这对于 17—25 岁的年轻员工群体尤为显著，他们当中有将近三成（28.42%）的人主要是通过这一渠道获得

中国信息。需要注意的是，有 12.11% 年龄在 17—25 岁的年轻员工通过企业内部员工来了解中国，以及 12.46% 年龄在 26—35 岁的年轻员工通过企业内部员工来了解中国，对他们而言，企业内部员工也是一个不可忽视的重要渠道。相对而言，中国新媒体和企业内部资料在帮助坦桑尼亚员工了解中国方面的作用比较有限。

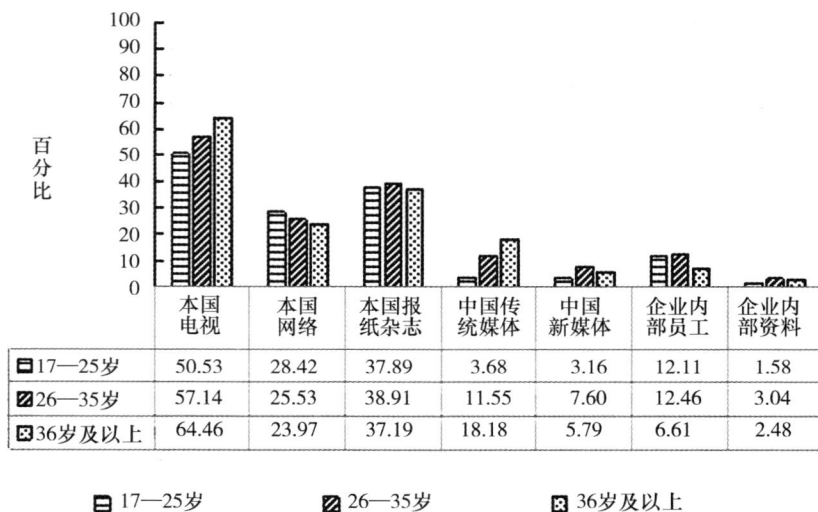

百分比	本国电视	本国网络	本国报纸杂志	中国传统媒体	中国新媒体	企业内部员工	企业内部资料
17—25岁	50.53	28.42	37.89	3.68	3.16	12.11	1.58
26—35岁	57.14	25.53	38.91	11.55	7.60	12.46	3.04
36岁及以上	64.46	23.97	37.19	18.18	5.79	6.61	2.48

☰ 17—25岁　　　🮑 26—35岁　　　⊠ 36岁及以上

图 9-3　按年龄组划分的近一年内员工了解中国信息的渠道分布（N = 640）

（三）受教育程度因素对信息渠道分布的影响

图 9-4 给出了按受教育程度划分的近一年内员工了解中国信息的渠道分布情况。数据显示，在未上过学的员工群体中，当地的电视、网络、报纸杂志是他们获取中国信息的最主要渠道，比例分别为 59.09%、27.27% 和 31.82%。这一群体基本不通过中国传统媒体、中国新媒体和企业内部资料来了解中国信息。

当地的电视和报纸杂志也是小学学历的员工群体获取中国信息的最主要的两种渠道，分别为电视 47.29%，报纸杂志 41.47%。同时值得注意的是，小学学历的员工群体也通过中国传统媒体和中国新媒体以及企业内部资料了解中国信息，虽然比例不高，但信息渠道与未上过学的员工群体相比，更加多样化。

拥有中学或专科学历的员工群体，了解中国信息的渠道主要分布在当地电视、报纸杂志和本国网络。其中，60.74%的员工使用当地电视了解中国信息，35.19%的员工使用当地报纸杂志，33.33%的员工使用本国网络。

对本科及以上学历的员工来说，当地电视是他们了解中国信息的最主要的渠道，占比达到了70.79%。同时，相比于其他教育背景的员工群体，本科及以上学历的员工了解中国有信息渠道上更加多样化。使用本国网络和报纸杂志的员工比例一致，达到了将近四成（39.33%）。

总的来说，本国电视、网络和报纸杂志是员工获取有关中国信息的重要渠道。中资企业内部资料、中国新媒体、中国传统媒体在帮助员工了解中国方面的作用尚有限。一方面说明中资企业在理解当地文化，融入当地文化方面，有待进一步提高。另一方面也说明，中国媒体需要改变对外传播的方式和内容。

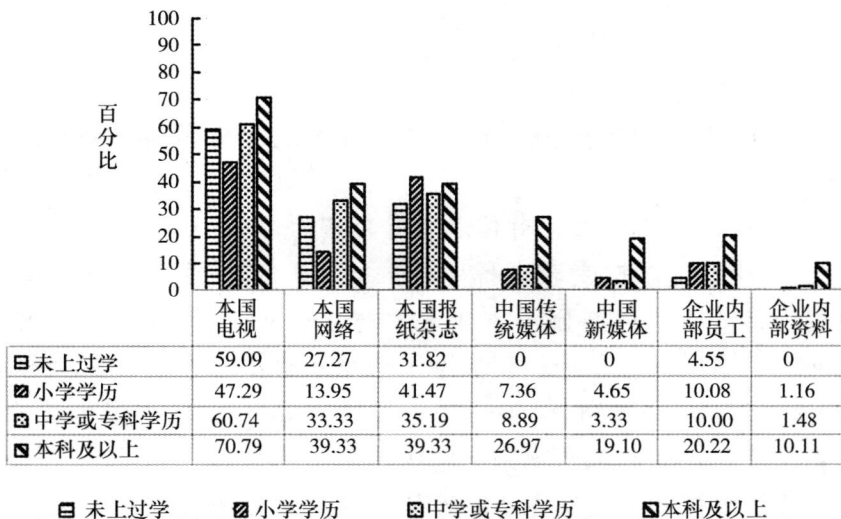

	本国电视	本国网络	本国报纸杂志	中国传统媒体	中国新媒体	企业内部员工	企业内部资料
☐ 未上过学	59.09	27.27	31.82	0	0	4.55	0
☒ 小学学历	47.29	13.95	41.47	7.36	4.65	10.08	1.16
☒ 中学或专科学历	60.74	33.33	35.19	8.89	3.33	10.00	1.48
◼ 本科及以上	70.79	39.33	39.33	26.97	19.10	20.22	10.11

☐ 未上过学　☒ 小学学历　☒ 中学或专科学历　◼ 本科及以上

图 9-4　按受教育程度划分的近一年内员工了解中国信息的渠道分布（$N=639$）

从总样本比例来看，整体上电视和报纸杂志是员工获取有关中国信息的重要渠道，而且这样渠道与员工的受教育背景结构呈负相关，也就是说，学历越高的群体依靠电视和报纸杂志尤其是电视获取中国相关信息的比例越少。除此之外，网络和企业内部员工也是获取有关中国信息的重要渠道。需要特别强调的是，不同的教育背景群体都通过网络了解中国信息，但中学或专科学历的员工使用网络的比例比其他教育背景的群体要明显高出5—9个百分点。总体上看，企业内部资料、中国新媒体、中国传统媒体在帮助员工了解中国方面的作用尚有限。

（四）月收入水平对信息渠道分布的影响

图9-5给出了按月收入划分，近一年内员工了解中国的信息渠道分布情况。数据显示，月收入100000—190000坦桑尼亚先令的员工群体中，将近五成（48.41%）通过本国电视获得中国信息，在月收入190001—260000坦桑尼亚先令的员工群体中，通过本国电视获

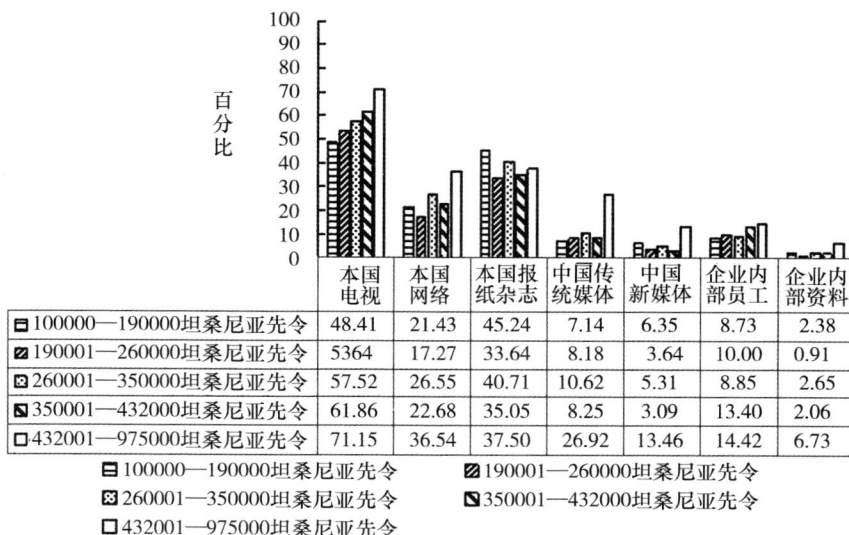

	本国电视	本国网络	本国报纸杂志	中国传统媒体	中国新媒体	企业内部员工	企业内部资料
⊟100000—190000坦桑尼亚先令	48.41	21.43	45.24	7.14	6.35	8.73	2.38
⊿190001—260000坦桑尼亚先令	5364	17.27	33.64	8.18	3.64	10.00	0.91
⊠260001—350000坦桑尼亚先令	57.52	26.55	40.71	10.62	5.31	8.85	2.65
◥350001—432000坦桑尼亚先令	61.86	22.68	35.05	8.25	3.09	13.40	2.06
☐432001—975000坦桑尼亚先令	71.15	36.54	37.50	26.92	13.46	14.42	6.73

⊟100000—190000坦桑尼亚先令　　⊿190001—260000坦桑尼亚先令
⊠260001—350000坦桑尼亚先令　　◥350001—432000坦桑尼亚先令
☐432001—975000坦桑尼亚先令

图9-5　按月收入划分的近一年内员工了解中国信息的渠道分布（N=550）

取中国信息的占比为 53.64％，而月收入 260001—350000 坦桑尼亚先令的为 57.52％，而月收入在 350001—432000 坦桑尼亚先令的为 61.86％，月收入在 432001—975000 坦桑尼亚先令的为 71.15％。

由此可知，从整体来看，本国电视是员工获取有关中国信息的重要渠道，而且这一渠道比例与员工工资收入水平呈正相关。其次，本国网络和本国报刊杂志也是当地员工获取中国信息的主要渠道，但与员工工资收入水平关联性不强。相对而言，中国传统媒体、中国新媒体和企业内部资料对员工了解中国方面作用不明显。

第二节　文化消费

文化消费涉及范围广，边界宽泛，渗透到生活的方方面面，本节主要考察员工对外国影视和音乐这两项最为普遍的外国文化产品的消费习惯和偏好以了解员工对不同国家文化的态度。

一　员工观看各国影剧的频率分布

表 9-2 显示，从员工观看不同国家的电影/电视剧的频率可以看到，三成以上（33.59％）受访坦桑尼亚员工有时会观看华语电影和电视剧，另有二成以上（24.22％）经常观看，超过一成（11.88％）很频繁观看，也就是说超过七成的受访员工对华语电影和电视剧感兴趣。受访员工对日本电影和电视剧的兴趣比对中国少 10 个百分点左右，并且有 33.02％的受访员工表示从不观看日本电影和电视剧，这一比例明显高出从不观看其他几个国家电影和电视剧的比例。韩国和印度的电影和电视剧在坦桑尼亚员工中受到关注的程度与华语电影和电视剧的情况相似。但是员工中从不观看印度的电影和电视剧的比例（28.13％）比从不观看华语电影和电视剧的比例（22.66％）高 5.47个百分点，比从不观看韩国电影和电视剧的比例（23.51％）也略高 4.62 个百分点。最为突出的是，美国电影和电视在坦桑尼亚员工中

观看频率最高。二成以上（21.09%）受访坦桑尼亚员工很频繁观看、近三成经常观看、超过三成有时会观看美国电影和电视剧，由此可以看出，超过八成受访坦桑尼亚员工群体会观看美国的电影和电视剧，可以说受访员工对美国电影和电视剧非常感兴趣。

表 9 - 2　　　　　员工观看不同国家的电影/电视剧的频率分布　　　（单位：%）

频率	华语电影/ 电视剧 （N = 640）	日本电影/ 电视剧 （N = 639）	韩国电影/ 电视剧 （N = 638）	印度电影/ 电视剧 （N = 640）	美国电影/ 电视剧 （N = 640）
从不	22.66	33.02	23.51	28.13	14.22
很少	7.66	9.70	7.37	7.19	3.91
有时	33.59	28.95	31.66	32.03	33.59
经常	24.22	21.44	25.39	23.13	27.19
很频繁	11.88	6.89	12.07	9.53	21.09

二　员工对各国音乐的喜爱程度

表 9 - 3 显示，从员工对不同国家音乐喜爱程度的频率分布情况，观察中国、日本、韩国、印度、美国五个国家音乐对坦桑尼亚的影响。从员工对五个国家的音乐喜爱的程度看，按照员工选择"非常喜欢"和"喜欢"的比例之和由高到低排列依次是：美国音乐接近五成（47.34%），印度音乐超过二成（24.68%），华语音乐二成（20.32%），韩国音乐超过一成（11.28%），日本音乐不到一成（8.94%）。从五国音乐不受喜欢的角度来看（包括不喜欢和非常不喜欢），受访员工中超过七成（70.89%）表示不喜欢日本音乐，接近七成（66.83%）不喜欢韩国音乐，超过五成（54.56%）不喜欢华语音乐，四成（44.34%）不喜欢印度音乐，只有二成（22.1%）不喜欢美国音乐。有二成到三成的员工选择了一般，对这五国音乐没有表现出显著偏好或不喜欢。

表9－3　　　　　　　员工对不同国家音乐喜爱程度的频率分布　　　（单位：%）

喜欢程度	华语音乐 （N＝625）	日本音乐 （N＝615）	韩国音乐 （N＝621）	印度音乐 （N＝636）	美国音乐 （N＝638）
非常喜欢	7.20	1.46	2.58	3.77	16.46
喜欢	13.12	7.48	8.70	20.91	30.88
一般	25.12	20.16	21.9	30.97	30.56
不喜欢	47.36	57.72	54.43	34.59	16.14
非常不喜欢	7.20	13.17	12.40	9.75	5.96

本章提要

　　本章调查显示，坦桑尼亚本国报纸杂志、本国电视和本国网络是近一年内受访员工获取有关中国的信息的前三种最主要途径。三大途径占据了各类信息渠道近八成的比例。表现出目前阶段，传统媒体与新媒体在员工获取信息方面具有等量齐观的重要性。

　　员工收看中国相关新闻的状况反映出绝大部分受访对象注意到了涉及中国的各项新闻，包括中国大使馆对坦桑尼亚的捐赠，中国援助坦桑尼亚修建道路、桥梁、医院和学校，坦桑尼亚学生前往中国留学和中国艺术演出的新闻。结果显示，员工十分关注与自身利益密切相关的新闻，如：中国援助坦桑尼亚修建道路、桥梁、医院和学校，坦桑尼亚学生前往中国留学两则新闻的关注度均超过八成。

　　在年龄、性别、受教育程度和月收入水平等影响员工了解中国的信息渠道分布的可能因素中，性别因素对信息渠道分布有一定影响，女性员工的信息渠道更加多样化。而年龄因素对信息渠道的分布有一定影响，例如：年龄越大的群体，依靠本国电视作为信息渠道的比例越大，但是依靠本国网络的比例越小。受教育水平对信息渠道也有影响：在未上过学的员工群体中，主要通过电视和报纸杂志获取中国信息。而本科及以上学历员工除了使用常规信息渠道外，还使用本国网络、中国传统媒体、企业内部员工等渠道获取中国信息，表明出高学历员工具有较强的信息获取能力。月收入对员工的信息渠道影响一般。较明显的特征的是，低收入员工的信息渠道相对集中，高收入员工的信息渠道相对分散。

调查显示，员工在外国影视和外国音乐为代表的文化消费中偏好中，有超过七成的受访员工对华语电影和电视剧感兴趣，韩国电影和电视剧在坦桑尼亚员工中受到关注的程度与华语电影和电视剧的情况相似。相似的偏好也出现在印度电影和电视剧的观看频率上，但员工对日本电影和电视剧的兴趣要少一成。最为突出的是，美国电影和电视在坦桑尼亚员工中观看频率最高。

员工对各国音乐的喜爱程度由高到低依次为美国音乐、印度音乐、华语音乐、韩国音乐、日本音乐。另外，从五国音乐不受喜爱的角度来看（包括不喜欢和非常不喜欢），受访员工中超过七成表示不喜欢日本音乐，接近七成不喜欢韩国音乐，超过五成不喜欢中国音乐，显示出音乐偏好上显著的文化差异。

第 十 章

品牌、社会责任与大国影响力

本章主要讨论坦桑尼亚中资企业员工对本企业以外的中国品牌的认知状况以及本企业在当地开展援助、履行社会责任的认知情况，此外，还对大国在非洲的影响力进行阐述。

第一节 中国品牌

本节从性别、受教育程度、管理人员与非管理人员、上网频率四个维度，考察了中资企业员工对本企业外的中国产品品牌的认知情况；从性别、上网频率的角度，分析了坦桑尼亚员工印象最深的中国企业分布情况。

一 员工对本企业外中国品牌的认知情况

在图10-1中，超过一半的员工不知道本企业以外的中国产品品牌。其中，男性员工知道得较少，有60.36%的男性员工不知道中国其他品牌。女性员工，有55.65%的不知道其他中国品牌。女性知道本企业以外的中国产品品牌的比例高于男性，高出4.71个百分点。

在图10-2中，近六成的员工不知道本企业以外的中国产品品牌，按受教育程度划分，未上过学的员工不知道的比例最高，达

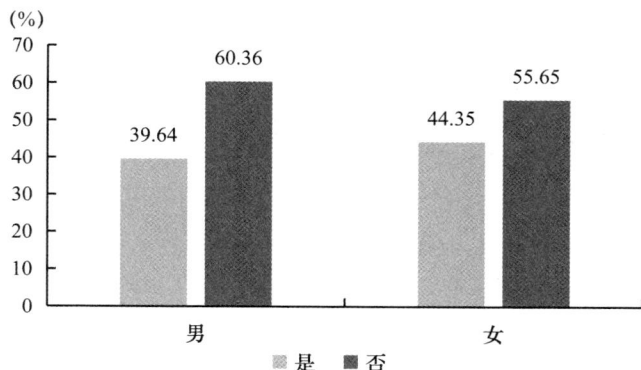

图 10 - 1 按性别划分的员工对本企业外的中国产品品牌的
认知状况（*N* = 622）

85.71%，本科及以上的员工知道本企业以外的中国产品品牌的比例
最高，为 72.73%。说明受教育程度越高，知道本企业以外的中国产
品品牌的比例越高。

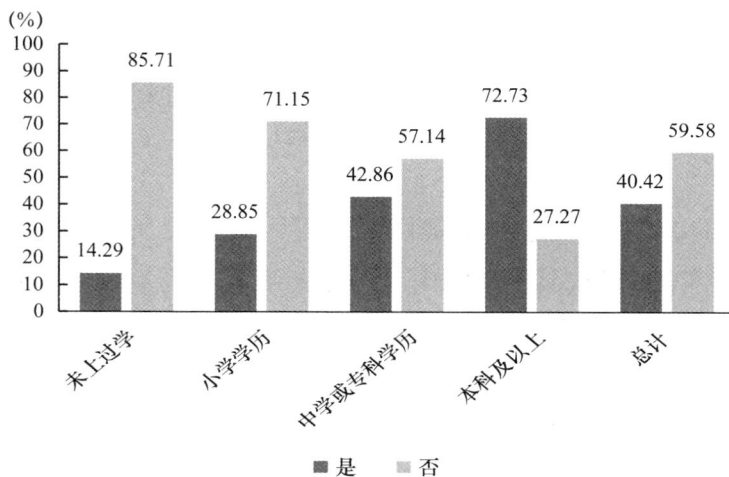

图 10 - 2 按受教育程度划分的员工对本企业外的中国产品品牌的
认知状况（*N* = 621）

在图 10-3 中，管理人员比非管理人员更了解本企业以外的中国产品品牌，其认知比例为 73.08%，是非管理人员比例的近两倍。不知道本企业以外的中国产品品牌的员工中，非管理人员较多，高达 62.57%。

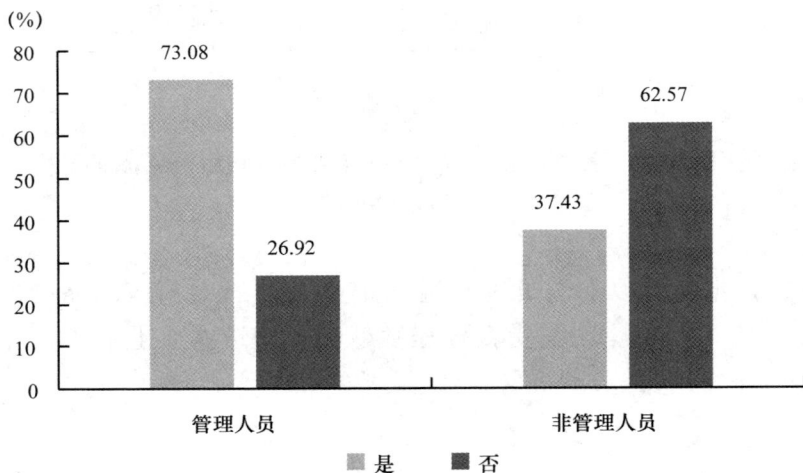

图 10-3　管理人员与非管理人员对本企业外的中国产品品牌的认知状况（N=621）

表 10-1 中，按上网频率划分，近六成的员工不知道本企业以外的中国产品品牌，说明中国品牌的宣传度不高。一个月至少上一次网的员工对本企业以外的中国产品品牌认知度最高，达 83.33%，其次是一天半小时到一小时的员工，为 72%。几乎不上网的员工对其他中国产品品牌的认知度最低，为 4.59%，为一个月至少上一次网的十八分之一，有 95.41% 的几乎不上网员工不知道本企业以外的中国产品品牌。从总体趋势来看，常上网的员工更了解本企业以外的中国品牌。

表 10 - 1　　　　按上网频率划分的员工对本企业外的中国产品
品牌的认知状况（N = 621）　　　　（单位：%）

上网频率	是	否
一天几个小时	58.29	41.71
一天半小时到一小时	72.00	28.00
一天至少一次	60.76	39.24
一周至少一次	34.62	65.38
一个月至少一次	83.33	16.67
一年几次	27.78	72.22
几乎不	4.59	95.41
从不	28.30	71.70
总计	40.42	59.58

从以上图表可以看出，中国品牌在坦桑尼亚的整体知名度不高，有近六成的员工不知道本企业以外的中国品牌。

目前，中国品牌在非洲的知名度确实不高。2017 年，非洲品牌网举办了 2016—2017 年"非洲最受欢迎品牌"评选活动。在前 100 名中，美国有 24 个品牌进入榜单，中国只有 5 个品牌入选。这五个品牌是华为、四达时代以及传音公司旗下的 Tecno、itel 以及 infinix。其中 Tecno 位列第十四，超过百事可乐和微软；itel 排在第二十五位，超过惠普和谷歌。① 但是，随着中国与非洲国家的进一步合作，随着中国技术和企业实力的加强，更多的中国品牌可以在非洲发展，成为非洲消费者信赖的产品。

二　员工印象最深的中国企业

图 10 - 4、图 10 - 5 给出了男性员工和女性员工印象最深的中国

---

① 李志伟：《中国品牌在非洲迎来快速发展期》，《人民日报》2017 年 11 月 27 日第 3 版。

企业分布情况。

图 10 - 4 的数据显示，在 523 名坦桑尼亚男性员工中印象最深的中国企业是传音、华为、海信和小米，其知道的比例依次为 9.56%、4.78%、1.53%、1.53%，这四类企业中，知道传音的男性稍多一些，说明该企业在坦桑尼亚男性中的知名度相对其他企业较高。近六成的男性员工未回答他们印象最深的中国企业，有 21.03% 的人提名其他中国企业。

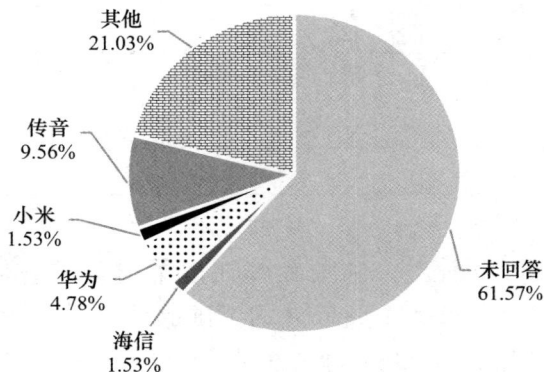

图 10 - 4　男性员工印象最深的中国企业分布（$N = 523$）

在图 10 - 5 对坦桑尼亚 117 名女性员工调查中，其印象最深的中国企业是华为、传音、海信和小米，其比例依次为 14.53%、6.84%、0.85%、0.85%，这四个企业中，知道华为的女性员工稍多一些，说明该企业在坦桑尼亚女性的知名度相对其他企业较高。超过一半的女性员工未回答他们印象最深的中国企业，有 20.51% 的人提的是其他中国企业。

在表 10 - 2 中，传音、华为、海信和小米四个中国企业，一年上几次网的员工相对其他上网频率的员工对传音印象深刻些，比例为 16.67%，一天上半小时到一小时网络的员工相对其他员工对华为印象深刻一些，比例为 15.38%，一个月至少上一次的员工相对

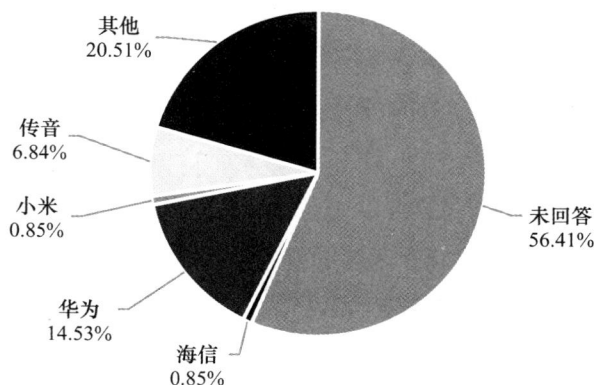

图 10 - 5 女性员工印象最深的中国企业分布（N = 117）

其他员工对小米的印象更深刻一些，比例为 12.5%。说明传音、华为、小米在坦桑尼亚相对其他企业知名度更高些。有六成的员工未回答他们印象最深的中国企业，其中几乎不上网的员工有95.61% 未回答，其次是从不上网的员工，也有 72.39% 的人未回答。由此可见，常上网的员工更了解中国的企业。

表 10 - 2   **按上网频率划分的员工印象最深的中国企业分布（N = 639）**   （单位：%）

上网频率	未回答	海信	华为	小米	传音	其他
一天几个小时	42.57	3.47	11.39	2.97	12.38	27.23
一天半小时到一小时	30.77	0.00	15.38	3.85	11.54	38.46
一天至少一次	39.24	1.27	8.86	1.27	13.92	35.44
一周至少一次	68.97	0.00	3.45	0.00	6.90	20.69
一个月至少一次	37.50	0.00	12.50	12.50	12.50	25.00
一年几次	72.22	0.00	11.11	0.00	16.67	0.00
几乎不	95.61	0.88	0.88	0.00	1.75	0.88
从不	72.39	0.00	1.84	0.00	6.75	19.02
总计	60.72	1.41	6.57	1.41	9.08	20.81

从表 10-2 可知，传音和华为在坦桑尼亚知名度相对较高。传音手机能够在非洲这么受欢迎，说明企业做了很多努力，得到了用户的认可。首先是产品的设计和性能上，传音公司抓住了非洲人的真实需求。传音手机屏幕足够大，且专门针对非洲消费者需求开发了一系列功能，如：更多的手机卡插槽，更好的音乐品质，更长的待机时间，更强的拍照功能，俘获了非洲消费者的心。传音手机还专门研发了针对非洲消费者的拍照软件，通过眼睛和牙齿来定位识别，在此基础上加强曝光，自动美颜，成像效果非常好，因而受到广大非洲消费者的追捧。其次是满足了非洲民众的价格要求。因为非洲经济较落后，所以传音手机的价格也特别低。价格每台约 100 美元，人民币最多 700 多元，多数人都买得起。再次，传音公司的市场营销做得也很好，在坦桑尼亚达累斯萨拉姆市、姆贝亚市等地，到处有它的广告。放眼望去，街上最显眼的广告标志莫过于传音手机（Tecno），蓝底白字的标志出现在巨幅广告牌、楼顶、店门口甚至台阶上。公司通过发展代理商，建立起广泛的分销和营销渠道，也有利于其市场的拓展。可见，传音手机知名度相对较高，全得益于它的非洲本土化策略。

第二节　企业社会责任

本节主要描述员工最希望本企业在本地开展的援助类型以及对本企业在本地开展援助项目类型认知情况的调查结果。

一　员工对企业援助的看法

在图 10-6 员工最希望本企业在本地开展援助类型的调查中，七成以上（75.16%）的员工最希望中资企业在当地开展教育援助，此外还有将近七成的员工希望本企业在本地开展卫生援助，超过三成的员工希望开展基础设施援助和培训项目。其他依次为直接捐钱、社会服务设施、修建寺院、水利设施、公益慈善捐赠、文化体育设施和文体交流活动。由此可见，坦桑尼亚民众希望中资企业能够帮助当地教育和卫生的发展，提高人口素质，助推坦桑尼亚的发展。这与坦桑尼亚教育水平落后、医疗卫生条件差、合格劳动者较少有密切关系。

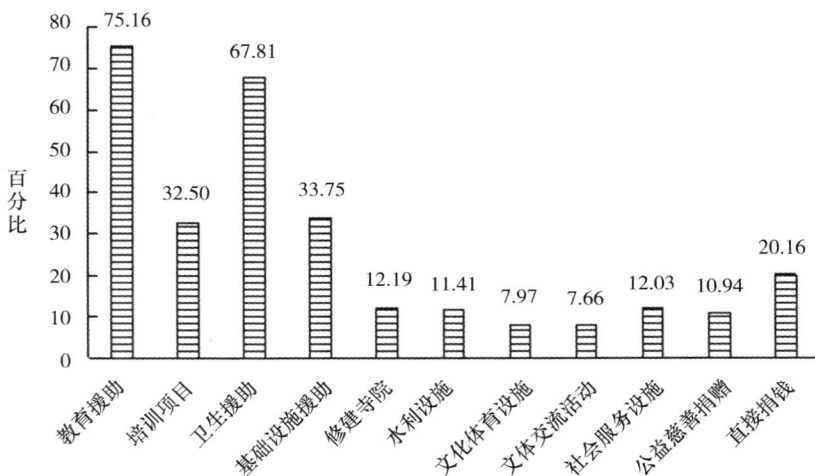

图 10 - 6　员工最希望本企业在本地开展的援助类型分布（*N* = 640）

二　员工对本企业援助项目的认知度

表 10 - 3 的数据显示，绝大部分坦桑尼亚员工知晓本企业在当地有援助项目，但是对于企业援助项目的类型认知度并不高。

在调查问卷提供的 11 个选项中，有 45.48% 的受访员工认为有"卫生援助"项目[1]，有 43.71% 的员工认为有"培训项目"[2]；39.01% 的员工认为有"以钱或实物形式进行公益慈善捐赠"项目；34.43% 的员工认为有"文化体育设施"项目，32.55% 的员工认为

---

[1]　卫生援助项目包括修建诊所和医院、提供医疗设备、培训医护人员、引进医疗手段等与卫生相关的援助行为。

[2]　培训项目包括面向当地人进行农业技术培训、教师培训等培训项目。

有"水利设施项目"。除此之外，员工认为，本企业还援助过电力设施援助、基础设施援助、文体交流活动、社会服务设施、修建寺院、教育援助等项目。

值得注意的是，图 10 - 6 中的数据显示，坦桑尼亚员工最希望企业在本地开展的援助项目是基础设施援助和公益慈善捐赠。然而，表 10 - 3 的数据显示，知晓本企业有基础设施援助项目的员工比例仅仅是 26.32%；说明企业在履行社会责任时，与当地民众的想法有一定差距。当然有可能与各企业的经费预算有关，因为基础设施建设经费相对较高。除此之外，"教育援助"项目的数据与企业样本的数据差距较大，这可能与企业内部的宣传工作有关，也可能与坦桑尼亚员工的参与度有关。

表 10 - 3　　　　　员工对企业在本地开展援助项目类型的
认知状况（N = 622）　　　　　　（单位：%）

类别	有	没有	不清楚
教育援助	30.32	49.71	19.98
培训项目	43.71	41.95	14.34
卫生援助	45.48	41.60	12.93
基础设施援助	26.32	56.87	16.80
修建寺院	30.67	50.53	18.80
水利设施	32.55	52.53	14.92
电力设施	25.73	57.58	16.69
文化体育设施	34.43	50.53	14.69
文体交流活动	30.32	55.93	13.75
社会服务设施	27.50	54.76	17.74
以钱或实物形式进行公益慈善捐赠	39.01	41.60	19.39

第三节　大国影响力评价

本节主要描述中资企业员工按性别划分、按年龄组划分、按受教育程度划分、按族群划分、按在本企业工作时长划分、按工作中是否使用电脑划分、按是否去过其他国家外资企业工作划分、按家庭是否联网划分以及按手机是否联网划分时，对非洲影响力最大的国家的认识，以及中美在本地区的影响力差异评价，坦桑尼亚未来发展需要借鉴的国家的分布，最后按受教育程度划分、按管理人员与非管理人员划分、按工作中是否使用电脑划分、按是否去过其他国家外资企业工作划分、按家庭是否联网划分以及按手机是否联网划分，来描述坦桑尼亚员工心目中对坦桑尼亚提供援助最多国家的调查情况。

一　员工对在非洲影响力最大的国家的看法

表 10 – 4 的数据显示，按性别划分，82.36% 的坦桑尼亚员工认为中国在非洲的影响力最大，其次是美国，再次是英国、日本和法国。极少数男性员工认为欧盟在非洲有一定影响力。女性员工则认为，欧盟和法国在非洲的影响力较小。

数据显示，女性员工对于中国和美国的认可比例略高于男性员工；男性员工对于英国、法国和日本的认可比例略高于女性员工。

表 10 – 4　　按性别划分的员工认为哪个国家在非洲的
影响力最大（N = 618）　　　（单位：%）

性别	中国	日本	美国	法国	英国	欧盟	其他
男	82.02	1.98	10.87	1.58	2.37	0.20	0.99
女	83.93	0.89	12.50	0.00	1.79	0.00	0.89
总计	82.36	1.78	11.17	1.29	2.27	0.16	0.97

表 10 - 5 的数据显示，按年龄组划分，82.36% 的坦桑尼亚员工认为中国在非洲的影响力最大。11.17% 的员工认为美国的影响力最大，其他依次为英国、日本、法国。

表 10 - 5　　按年龄组划分的员工认为哪个国家在非洲的影响力最大（N = 618）　　（单位：%）

年龄组	中国	日本	美国	法国	英国	欧盟	其他
17—25 岁	86.49	1.08	10.27	1.08	0.54	0.00	0.54
26—35 岁	80.76	2.21	11.99	1.26	2.52	0.00	1.26
36 岁及以上	80.17	1.72	10.34	1.72	4.31	0.86	0.86
总计	82.36	1.78	11.17	1.29	2.27	0.16	0.97

各年龄组对于中国影响力的认可度略有差异。在 17—25 岁年龄组中，认为中国影响力最大的员工占比 86.49%；26—35 岁年龄组中，占比 80.76%；36 岁及以上年龄组中，占比 80.17%。说明随着年龄的增长，当地员工的看法更加理性。

表 10 - 6 的数据显示，按受教育程度划分，82.5% 的坦桑尼亚员工认为中国在非洲的影响力最大，其他依次为美国、英国、日本、法国。

从中国影响力的角度看，中国在未上过学的员工中影响力最大，达 90%，中学或专科学历的员工次之，为 84.79%，小学学历的员工排名第三，为 80.89%。在本科及以上学历的员工中，中国的影响力略微减弱，为 78.41%。

表 10 - 6　　按受教育程度划分的员工认为哪个国家在非洲的影响力最大（N = 617）　　（单位：%）

最高学历	中国	日本	美国	法国	英国	欧盟	其他
未上过学	90.00	0.00	0.00	5.00	5.00	0.00	0.00
小学学历	80.89	2.44	13.01	0.81	1.22	0.41	1.22

最高学历	中国	日本	美国	法国	英国	欧盟	其他
中学或专科学历	84.79	1.52	11.03	0.76	1.52	0.00	0.38
本科及以上	78.41	1.14	7.95	3.41	6.82	0.00	2.27
总计	82.50	1.78	11.02	1.30	2.27	0.16	0.97

表 10-7 的数据显示，按族群划分，82.35% 的坦桑尼亚员工认为中国在非洲的影响力最大。

从中国影响力看，尼亚姆韦齐族员工的比例最高，为 85.71%，其次为赫赫族员工，占比 84.85%，哈亚族比例最低，占比 69.57%；从美国影响力看，苏库马族员工的比例相对较高；从英国影响力看，哈亚族员工的比例相对较高；从日本影响力看，哈亚族员工的比例相对较高；从法国的影响力看，查加族员工的比例相对较高。

表 10-7　　　　　　　**按族群划分的员工认为哪个国家在非洲的**
影响力最大（N = 612）　　　　（单位：%）

族群	中国	日本	美国	法国	英国	欧盟	其他
苏库马族	75.76	3.03	12.12	3.03	6.06	0.00	0.00
尼亚姆韦齐族	85.71	0.00	10.71	0.00	3.57	0.00	0.00
查加族	78.26	0.00	8.70	4.35	4.35	4.35	0.00
赫赫族	84.85	3.03	9.09	3.03	0.00	0.00	0.00
哈亚族	69.57	8.70	8.70	0.00	13.04	0.00	0.00
其他	83.26	1.48	11.44	1.06	1.48	0.00	1.27
总计	82.35	1.80	11.11	1.31	2.29	0.16	0.98

表 10-8 的数据显示，按在本企业工作年限划分，82.25% 的坦桑尼亚员工认为中国在非洲的影响力最大。

从中国影响力看，工作年限不同的员工的比例相当，均在82%以上。其中，以工作三到四年的员工比例最高，为82.43%。说明中国在非洲的影响力与员工在本企业工作年限这个因素没有直接关系。从美国影响力看，员工的工作年限有一定影响。数据显示，认为美国在非洲影响力较大的员工，随着其在中资企业工作年限变化，比例逐渐增加。

表 10-8　　　　　按在本企业工作年限划分的员工认为哪个国家
　　　　　　　　　在非洲的影响力最大（N=614）　　　（单位：%）

工作年限	中国	日本	美国	法国	英国	欧盟	其他
两年以下	82.14	2.14	10.00	2.14	2.86	0.36	0.36
三到四年	82.43	1.35	12.17	0.00	2.70	0.00	1.35
四年以上	82.26	1.61	12.37	1.10	1.10	0.00	1.34
总计	82.25	1.79	11.24	1.30	2.28	0.16	0.98

表 10-9 的数据显示，按工作中是否使用电脑划分，82.50%的坦桑尼亚员工认为中国在非洲的影响力最大。

从中国的影响力看，是否使用电脑办公，对于员工的看法影响不大，比例都差不多。然而从美国的影响力看，未使用电脑办公的员工对于美国的认可比例高于使用电脑办公的员工2.81个百分点。

表 10-9　　　　　按工作中是否使用电脑划分的员工认为哪个国家
　　　　　　　　　在非洲的影响力最大（N=617）　　　（单位：%）

工作中是否使用电脑	中国	日本	美国	法国	英国	欧盟	其他
是	82.64	0.69	9.03	2.08	4.86	0.00	0.69
否	82.45	2.11	11.84	1.06	1.27	0.21	1.06
总计	82.50	1.78	11.18	1.30	2.11	0.16	0.97

表10-10的数据显示的是在其他外资企业工作过的员工，对于"哪个国家在非洲的影响力最大"这一问题的看法分布。从中国影响力的角度看，在印度企业工作过的员工认为"中国在非洲的影响力最大"的比例为88.89%，在其他国家企业工作过的员工比例较高，为81.82%。从美国影响力的角度看，在日本企业工作过的员工，认为中国和美国的影响力持平，其次是在美国企业工作过的员工比例略高。从英国影响力的角度看，在欧盟企业工作过的员工认为其在非洲的影响力最大，占比25%。

表10-10　　　　　按在其他外资企业工作过划分的员工对
"哪个国家在非洲影响力最大"的看法分布（N=64）　（单位：%）

工作过的外资企业	中国	日本	美国	法国	英国	其他
美国企业	61.11	11.11	16.67	11.11	0.00	0.00
印度企业	88.89	0.00	11.11	0.00	0.00	0.00
日本企业	50.00	0.00	50.00	0.00	0.00	0.00
欧盟企业	75.00	0.00	0.00	0.00	25.00	0.00
其他企业	81.82	0.00	4.55	0.00	9.09	4.55

表10-11的数据显示，按手机是否联网划分，72%的坦桑尼亚员工认为中国在非洲的影响力最大，其他依次为美国、英国、日本、法国。欧盟除了在有手机但不联网的员工中有一点影响力外，在其他员工中的影响力为零。

从中国影响力的角度看，85.27%的有手机且联网的员工认为中国的影响力最大，高于没有手机的员工5.76个百分点。在没有手机的员工中，只有中国和美国对他们有影响力，分别是72.73%和27.27%。

表 10 - 11　　　　　按手机是否联网划分的员工认为哪个国家在

非洲的影响力最大（ N = 618 ）　　　　（单位：%）

手机是否联网	中国	日本	美国	法国	英国	欧盟	其他
没有手机	72.73	0.00	27.27	0.00	0.00	0.00	0.00
是	85.27	0.63	10.03	0.94	2.51	0.00	0.63
否	79.51	3.13	11.81	1.74	2.08	0.35	1.39
总计	82.36	1.78	11.17	1.29	2.27	0.16	0.97

在图 10 - 7 中，按家庭是否联网划分，绝大多数坦桑尼亚员工认为中国在非洲的影响力最大，其他依次为美国、英国、日本、法国，欧盟的影响力最小。

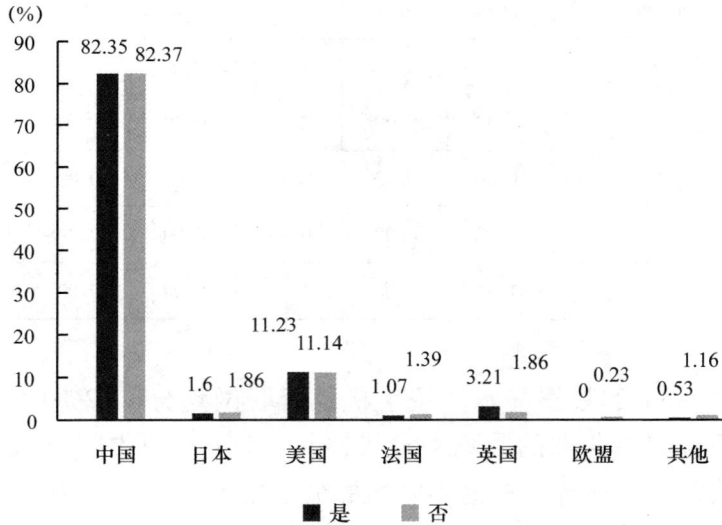

图 10 - 7　按家庭是否联网划分的员工认为哪个国家在非洲的
影响力最大（ N = 618 ）

从以上的图表可以看出，基于多维度的视角，我们从员工的性别、年龄、民族、受教育程度、工作经历、工作年限、工作岗位、是否联网等维度，考察了美、中、英、法、日等大国在坦桑尼亚的影响力。数据显示，约80%的坦桑尼亚员工认为，中国在非洲的影响力最大，其次依次为美国、英国、日本和法国。

中国政府历来重视发展与坦桑尼亚的友好关系。自中坦建交以来，中国政府在政治、经济、文化、科技、军事、卫生等方面都给予了坦桑尼亚极大的支持和帮助。尤其在冷战后，非洲国家的战略地位在西方国家下降，中国依然重视与非洲国家发展友好关系，并在2000年建立中非合作论坛，中非关系得到全面提升。在这样的背景下，中坦传统友谊历久弥新，合作更加全面和深入，从公路、铁路、电信到基础设施建设，中国企业积极参与坦桑尼亚的建设，中国的影响力正在扩大。当然，我们也清醒地看到，本次调研访问的是中资企业当地员工，他们的选择有可能受到企业因素的影响。

我们观察了坦桑尼亚员工对于其他大国的看法。美国是传统的世界大国，综合实力强，其在坦桑尼亚的影响力不容忽视。英国是坦桑尼亚原宗主国，现在的坦桑尼亚还是英联邦成员国，因此，英国的影响力一直比较大。随着日本对非战略的变化，日本在坦桑尼亚的影响力也在不断加深。

二　员工对中美在本地区的影响力评价差异

表10－12比较了坦桑尼亚员工对中美影响力的评价。628个员工样本显示，62.42%的坦桑尼亚员工认为中国的影响以正面影响为主，28.5%的坦桑尼亚员工认为，中国在坦桑尼亚的正面影响远多于负面影响。由此可见，认为中国的影响以正面为主的员工比例超过90%。

表10－12　　　　　员工对中美在本地区的影响力评价的差异　　　　（单位：%）

国家	负面远多于正面	负面为主	正面为主	正面远多于负面
中国（N = 628）	3.50	5.57	62.42	28.50
美国（N = 606）	6.27	11.55	70.46	11.72

606 个员工样本的数据显示，70.46% 的坦桑尼亚中资企业员工认为美国的影响以正面影响为主，高于中国 8.04 个百分点；11.72% 的员工认为，美国的正面影响远多于负面影响。由此可见，认为美国的影响以正面为主的员工比例为 82.18%。

总的来说，中国的影响力以正面影响为主，略高于美国的比例。

三　员工认为坦桑尼亚未来发展需要借鉴的国家

图 10-8 给出了当地员工对坦桑尼亚未来发展需要借鉴的国家的看法。来自 622 个员工样本的数据显示，76.53% 的员工认为坦桑尼亚未来发展需要借鉴中国，说明中国模式在坦桑尼亚比较有吸引力。除此之外，员工认为需要借鉴的国家依次是美国、日本和印度。

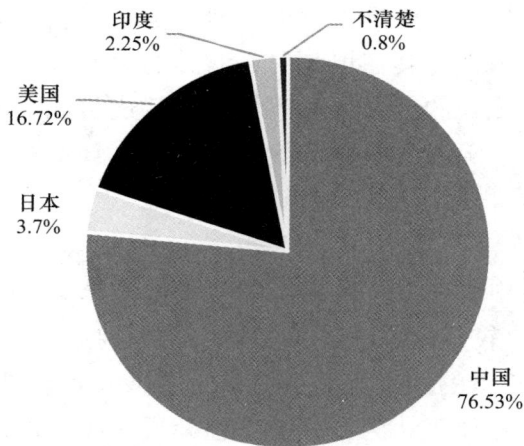

**图 10-8　员工认为坦桑尼亚未来发展需要借鉴的
国家分布（N = 622）**

四　员工认为援助坦桑尼亚最多的国家的分布

在表 10-13 中，630 名坦桑尼亚员工样本的数据显示，83.65% 的员工认为援助坦桑尼亚最多的国家是中国。其他国家依次是美国、日本和印度。

在认为中国提供援助最多的员工中，中学或专科学历的员工比例最高，达 86.19%；本科及以上学历的员工比例最低，占比 78.82%。

表 10-13　　　　　按受教育程度划分的员工认为"援助坦桑尼亚

最多的国家"分布（N=630）　　　　　（单位：%）

最高学历	中国	美国	日本	印度	不清楚
未上过学	81.82	9.09	4.55	4.55	0.00
小学学历	82.75	14.90	1.96	0.00	0.39
中学或专科学历	86.19	11.19	0.75	1.49	0.37
本科及以上	78.82	14.12	3.53	0.00	3.53
总计	83.65	13.02	1.75	0.79	0.79

在图 10-9 中，630 个坦桑尼亚员工样本的数据显示，按是否是管理人员划分，80% 的员工认为中国是援助坦桑尼亚最多的国家。其中，非管理人员持此看法的员工占比 84.46%，略高于管理人员。

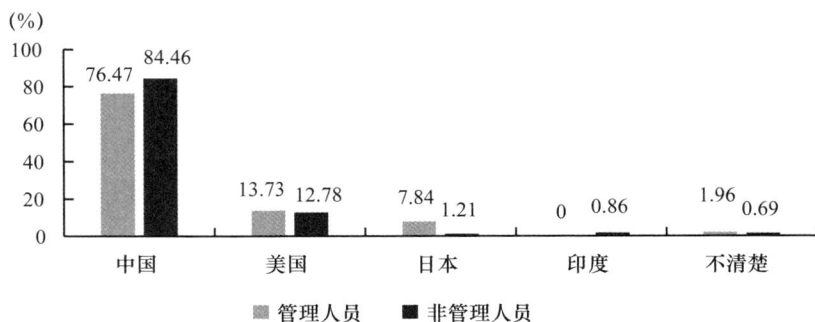

图 10-9　按是否是管理人员划分的员工认为"援助坦桑尼亚

最多的国家"分布（N=630）

除此之外，还有部分员工认为美国或者日本是援助坦桑尼亚最多的国家。持此看法的员工中，管理人员的占比高于非管理人员。

在图 10-10 中，坦桑尼亚 630 个员工样本数据显示，按工作是否使用电脑划分，83.35% 的员工认为中国是援助坦桑尼亚最多的国家。

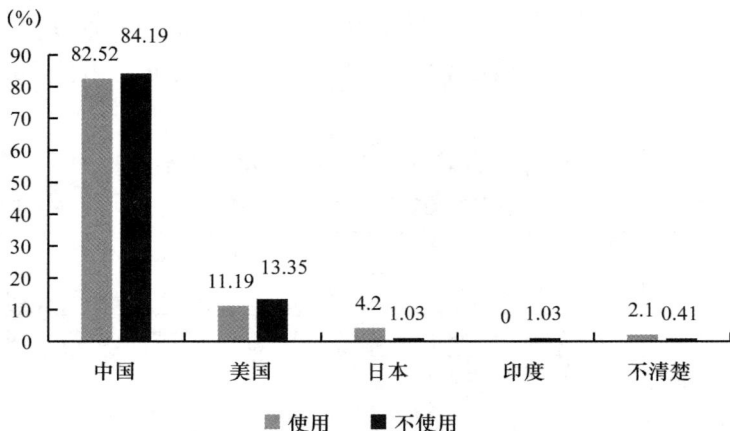

图 10 - 10　按工作是否使用电脑划分的员工认为"援助坦桑尼亚
最多的国家"分布（N = 630）

　　其中，工作中不使用电脑的员工认为中国是援助坦桑尼亚最多的国家占比略高于工作中使用电脑的员工，高出 1. 67 个百分点。

　　表 10 - 14 显示的是在其他外资企业工作过的员工，对于"提供坦桑尼亚援助最多的国家"这一问题的看法分布。在持"中国是提供坦桑尼亚援助最多的国家"看法的员工中，占比最高的是在印度企业工作过的员工，其次是其他国家企业工作过的员工，占比最低的是在日本企业工作过的员工。值得注意的是，在日本企业工作过的员工中，有一半员工认为日本是援助坦桑尼亚最多的国家。

表 10 - 14　按在其他外资企业工作过划分的员工对"提供坦桑尼亚
援助最多的国家"的看法分布（N = 63）　　　　（单位：%）

工作过的外资企业	中国	美国	日本
美国企业	61. 11	33. 33	5. 56
印度企业	82. 35	17. 65	0. 00
日本企业	50. 00	0. 00	50. 00
欧盟企业	75. 00	25. 00	0. 00
其他国家企业	80. 95	9. 52	9. 52

在图 10-11 中，按家庭是否联网划分，631 个坦桑尼亚员工样本显示，82.59% 的员工认为中国是援助坦桑尼亚最多的国家。

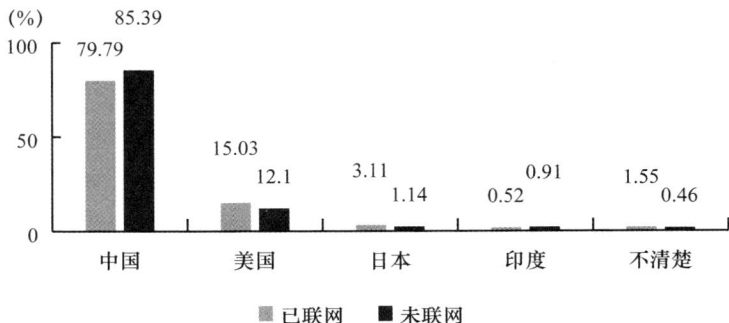

图 10-11　按家庭是否联网划分的员工认为"援助坦桑尼亚最多的国家"分布（$N=631$）

在持有"中国是援助坦桑尼亚最多的国家"看法的员工中，来自未联网家庭的员工占比略高于来自联网家庭的员工（5.6 个百分点）。有趣的是，认为"美国是援助坦桑尼亚最多的国家"的员工中，来自联网家庭的员工占比略高于来自未联网家庭的员工。认为"日本是援助坦桑尼亚最多的国家"的员工比例，与美国的情况相似。

在图 10-12 中，按手机是否联网划分，631 个坦桑尼亚员工样本显示，平均 84.64% 的员工认为中国是援助坦桑尼亚最多的国家。持有这一看法的员工中，没有手机的员工占比最高，其次是有手机不联网的员工，最后是有手机且联网的员工。

认为"美国是援助坦桑尼亚最多的国家"的员工中，有手机且联网的员工占比高于没有手机或者有手机不联网的员工。

综合以上图表的分析，我们发现，中资企业的坦桑尼亚员工普遍认为，中国是援助坦桑尼亚最多的国家。持有这一看法的员工中，比例较高的是中等或者专科学历员工、非管理人员、没有手机的员工或者手机不联网的员工。

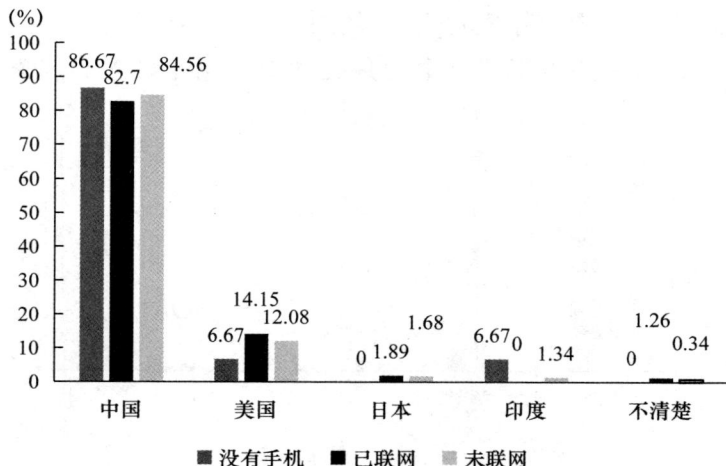

图 10 - 12 按手机是否联网划分的员工认为"援助坦桑尼亚最多的国家"分布（N = 631）

值得注意的是在其他外资企业工作过的员工的看法，尽管样本量不大，但是他们的看法来自亲身体验和比较的视角。

本章提要

中国品牌在坦桑尼亚的影响力不大，中国企业还有很长的路要走。中资企业的坦桑尼亚员工中，不论男女、受教育程度、管理人员与非管理人员或者上网频率，有六成的人不知道本企业以外的中国产品品牌，相对来说，女性、受教育程度高、管理人员、一个月至少上一次网的员工知道的比例稍高，他们印象最深的中国企业为传音和华为。

七成以上（75.16%）的员工最希望本企业在当地开展教育援助，此外还有将近七成的员工希望本企业在本地开展卫生援助，超过三成的员工希望开展基础设施援助和培训项目。其他依次为直接捐钱、社会服务设施、修建寺院、水利设施、公益慈善捐赠、文化体育设施和文体交流活动。大部分员工知道本企业在本地进行了援助，不清楚的人较少，不到两成。

基于按性别划分、按年龄组划分、按受教育程度划分、按族群划分、按在本企业工作时长划分、按工作中是否使用电脑划分、按是否去过其他国家外资企业工作划分、按家庭是否联网划分、按手机是否联网划分等多个维度，考察了坦桑尼亚员工对大国影响力的评价。分析结果表明，坦桑尼亚员工认为对非洲影响力最大的国家是中国，其次依次为美国、英国、日本和法国。中国在当地的正面影响力高于美国。认为坦桑尼亚未来发展需要借鉴的国家依次为中国、美国、日本和印度。

按受教育程度划分、按管理人员与非管理人员划分、按工作中是否使用电脑划分、按是否去过其他国家外资企业工作划分、按家庭是否联网划分、按手机是否联网划分认为，为坦桑尼亚提供援助最多的国家是中国。

参考文献

一　专著

李小云、徐秀丽、王海民、武晋：《处在十字路口的坦桑尼亚——历史遗产与当代发展》，世界知识出版社 2015 年版。

李湘云：《当代坦桑尼亚国家发展进程》，浙江人民出版社 2014 年版。

裴善勤编著：《列国志·坦桑尼亚》，社会科学文献出版社 2008 年版。

刘树成主编：《现代经济词典》，江苏人民出版社 2005 年版。

Adam Szirmai, Paul Lapperre, ed. , *The Industrial Experience of Tanzania*, New York, Palgrave, 2001.

二　期刊文章

潘勇等：《营商环境监测评价指标体系研究》，《市场研究》2019 年第 6 期。

张晓颖、沈丹雪：《中非工会差异及中资企业在非应对劳资矛盾的行为逻辑——基于对坦桑尼亚的调研》，《中国劳动关系学院学报》2018 年第 4 期。

高天宜：《从选举制度变革探析坦桑尼亚政党政治的演变》，《西亚非洲》2018 年第 6 期。

刘鸿武:《论中非新型战略伙伴关系的时代价值与世界意义》,《外交评论》2017 年第 1 期。

殷悦:《坦桑尼亚总统约翰·马古富力》,《国际研究参考》2016 年第 4 期。

李安山:《奥巴马非洲之行及其对中国的影响》,《当代世界》2013 年第 10 期。

李鹏涛:《中非关系的发展与非洲中国新移民》,《华侨华人历史研究》2010 年第 4 期。

三 研究报告

Ministry of Finance and Planning, National Five Year Development Plan 2016/17 – 2020/21, TANZANIA, March 30, 2016.

Antonio Andreoni, Mapping industrial production in Tanzania: A disaggregated analysis based on the 2013 mainland census, UNIDO, 2017.

四 电子网站

世界银行营商环境报告网:http://www. doingbusiness. org.

坦桑尼亚国家选举委员会官网:http://www. nec. go. tz.

透明国际网站:https://www. transparency. org.

世界银行网上数据库:https://data. Worldbank. org.

美国国际开发署网站:https://www. usaid. gov.

坦桑尼亚高级委员会网站:https://tzhc. uk.

坦桑尼亚事务网:https://www. tzaffairs. org.

日本驻坦桑尼亚大使馆网站:https://www. tz. emb-japan. go. jp

中华人民共和国外交部网站:http://www. fmprc. gov. cn.

中华人民共和国商务部网站:http://www. mofcom. gov. cn

后　记

　　坦桑尼亚是一带一路沿线国家。20世纪60年代，中国与坦桑尼亚建交。应坦桑尼亚政府邀请，中国企业在坦桑尼亚援建了"自由之路"坦赞铁路、友谊纺织厂、乌本戈农具厂、姆巴拉利农场等基础设施和工农业生产项目。2000年以来，坦桑尼亚专注于发展经济，中坦两国的经贸合作不断加强，越来越多的中国企业到坦桑尼亚投资。坦桑尼亚积极响应"一带一路"倡议，期待中国企业参与坦桑尼亚的基础设施建设和工业化进程。在此背景下，坦桑尼亚调研组制订了工作目标，即到达坦桑尼亚，实地访问中资企业的中高层管理者和受雇的坦桑尼亚员工，以建立雇主与雇员相匹配的专业数据库，并在此基础上撰写调研报告，用翔实的数据和图表展示中资企业在坦桑尼亚的生产经营状况、营商环境与劳动风险、本地化经营的问题与困难、社会责任履行情况等内容。

　　为了完成工作目标，我们进行了大量的准备工作。全面了解坦桑尼亚的社会环境，包括：政治经济形势、安全卫生环境等；确定在坦中资企业信息，提前与企业沟通联系。经过近一年的准备后，调研组于2019年1月前往坦桑尼亚。在调研的过程中，我们遇到了众多有情怀有担当的企业负责人。在调研组全体成员同心协力、共同努力下，经过25天的调研，我们走访了36家企业，一对一面访了640名坦桑尼亚籍员工，得到了珍贵的一手数据。

　　本调研报告的撰稿分工如下：

　　李湘云：第二章、第三章、第四章、全文统稿。

陈秋月：第一章第三节、第四节，第五章、第六章、第十章。

张志伟：第一章第一节、第二节，第七章，第一章至第六章的图表制作。

陈　艳：第八章、第九章。

巫史政、郝栋男：第七章至第十章的图表制作。

一路走来，我们得到了太多人的帮助与支持。衷心感谢中国驻坦桑尼亚大使馆及经商处、坦桑尼亚中华总商会、中坦旅游餐饮协会等坦桑尼亚华人商会的大力支持。衷心感谢坦桑尼亚中资企业的大力支持，衷心感谢周勇、杨立军、潘磊、毕海健、王国森等朋友的帮助。感谢坦桑尼亚达累斯萨拉姆大学中国研究中心莫希教授及玛丽等师生的大力支持，感谢姆贝亚科技大学尼尔老师及斯蒂文等师生的大力支持。

这是一份基于坦桑尼亚国别组实地调研数据的报告。我们力求反映中资企业在坦桑尼亚投资过程中遇到的各类情况。我们做了最大的努力，依然感到忐忑不安。因理论视野和知识精力有限，依然有错漏之处，敬请各位专家和读者指正。

李湘云

2020 年 3 月